사막의 기적?

중남미지역원
학술총서 **23**

사막의 기적?

칠레 북부 흥망성쇠의 문화와 지역개발신화

조경진 지음

산지니

* 일러두기
1. 스페인어는 이탤릭으로 표기했으나, 고유명사는 정체를 썼다.
2. 영어는 정체로 표기했다.
3. 인터뷰 대상은 본인이 가명을 부탁한 경우를 제외하고 모두 본명으로 표기했다.

책 출판을 앞두고 리히터 규모 8.2도의 지진이 칠레를 강타했다. 가장 큰 충격을 받았던 지역은 이 책에서 다루고 있는 북부의 이키케이다. 그곳은 바다를 마주보고 있어 지진이 나면 쓰나미가 같이 닥쳐온다. 이번 강진으로 이키케 동쪽에 있는 알토오스피시오에서는 여러 집들이 붕괴되었고, 자유무역지대도 큰 타격을 받아 한 달 동안 영업을 정지했다고 한다. 여진이 계속 일어나고 있는 가운데 많은 외국인들, 특히 중국과 볼리비아 사람들은 이곳을 떠났다고 한다. 그러나 내가 알고 지냈던 이곳 지인들은 여기를 떠날 생각이 없는 것 같다. 칠레사람은 물론이고, 이곳에 정착한 한국인 사장님들도 여기를 쉽게 떠나지 못하는 것 같다. 어렵게 터전을 마련한 곳일수록 떠나는 게 힘든 것 같다.

내가 이키케와 인연을 맺은 지 이제 약 16년이 되어간다. 그간 이곳에 대한 학위논문과 학술논문을 쓰기도 했지만, 나는 이키케의 이야기가 책이 아닌 다른 형태로는 제대로 전달될 수 없다고 생각해왔다. 나는 문화에 대한 이야기가 몇 장으로 축약될 수 있는 형태의 텍스트일 수 없다고 배워왔고, 또한 경험적으로도 그렇게 생각해왔다. 그러나 빠른 속도로 많은 정보와 지식이 생산되고 유통되는, 그리고 급기야 폐기되는 시대에, 긴 글을 쓴다는 것은 불합리할 뿐만 아니라 사치스러운 '몽상가적인' 지식인의 소행으로 인식되기 마련이다. 나 역시 그 속도에 휘말려, 뇌리 한 끝에 책을 내야 한다는 생각은 항상 있었지만, 그것을 실천하는 데 10여 년이 걸렸다. 이 책은 한국사회의 속도에 대한 나의 개인적인 반성이고 도전이자, 독자를 내 편으로 끌어들이고자 하는 적극적인 초대이다. 칠레 이키케는 우리나라 반대편에 있는 곳이지만, 그곳의 사람들이 지난 한 세기 동안 어떻게 살아왔는가를 돌아보면서 지금 우리의 시간이 잠시 멈추었으면 한다. 문화란 타지 사람들에 대한 '사실들'을 나열한 지식이 아니라, 책의 이야기와 내가 소통하면서 만들어진다는 것을 독자들이 경험했으면 좋겠다. 이 책은 칠레 이키케 사람들의 이야기를 담고 있지만, 궁극적으로는 격변하는 시대에 기회를 잡고 또 생존하는 것을 고민하고 시도했던 사람들에 대한 이야기이다. 그네들의 이야기에서 도리어 우리를 되돌아보고 생각해볼 여지가 많다.

이런 나의 작은 도전을 지지해주고 지원해준 고마운 존재들이 있어 나는 무척 행복하다. 이키케 현지에 있는 지인과 친구들의 도움 없이 이 책의 내용은 채워질 수 없었을 것이다. 이키케에서 실비아 파리아스, 기예르모 로스-뮤레이 레이-킴, 베르나르도 게레로, 파블로 카냐르테는 항상 나를 반겨주고 도와주었다. 미국 벨로잇 대학의 마리오 리베라 교수와 히메나 고메스 사모님은 타라파카 대학에서 연구결과를 발표할 수 있는 기회를 마련해주셨고, 이 책도 스페인어로 꼭 번역하라고 격려해주신다. 칠레로 맺어진 이 인연은 내게 무척 소중하다. 소프리의 사장님들과 사모님들께도 감사의 인사를 올린다. 박외생 사장님 내외분, 현석근 사장님 내외분, 그리고 이정환 사장님 내외분께 깊은 감사를 드린다. 고향을 떠나 2-30년을 타지에서 보내는 그분들의 생활을 가까이서 보면서 상업이라는 것이 얼마나 어려운 것인지를 새삼 깨달았다.

출판의 기회를 안겨준 부산외국어대학교 중남미지역원의 김영철 원장님과 실무를 맡고 출판진행을 도와준 차경미 연구원, 산지니 출판사의 윤은미 편집자에게 감사한다. 또한 2013년에 원고를 정리할 수 있게 귀중한 연구년을 허락해준 고려사이버대학교 김중순 총장님께 감사드린다. 김중순 총장님은 내가 문화연구가의 길을 택하게 된 계기도 마련해주셨지만, 문화연구자에게 있어 "책"이 얼마나 중요한가를 깨우쳐주고, 항상 솔선수범해서 연구와 집필활동을 해오셨다. 그 중요한 동기부여에 감사드린다. 내가 학교에 없는 동안 학과와 학부에서 나의 빈자리를 채워주고, 선배교수와 동료로서 학문과 교육의 길을 함께 걸어가는 이기태, 이경숙, 그리고 로잘린카터케어기빙연구소의 동반자 김윤정 교수님께도 감사드린다.

학위논문을 쓰고 귀국해서 라틴아메리카 연구의 끈을 놓지 않기란 매우 어려웠다. 그 끈을 마련해주고 나를 붙잡아준 김세건, 김윤경, 김은중, 김항섭, 최금좌 선생님께 깊은 감사의 마음을 전한다. 우리 시대의 라틴아메리카는 항상 새로운 도전이지만 연구를 함께 하기에 외롭지 않고 힘이 난다. 학문공동체의 중요성을 깨우쳐주시고 몸소 보여주신 분은 조한혜정 교수님이시다. 조한 선생님은 우리가 사람에 대한 학문을 하는 만큼 이 과업이 최종적인 순간에는 도덕적일 수밖에 없음을 깨우쳐주셨다. 선생님이 90년대에 강조하셨던 살아 있는 성찰적 지식, 나아가서는 실천적 지식은 오늘날에도 여전히 유효하다. 아니 어쩌면 더욱더 절실히 요구되는지도 모른다.

나의 성찰을 도와주는, 내게 거울 역할을 해주는 사람들이 있다. 바로 고려사이버대학교에서 내가 그간 가르쳐왔던 제자들이다. 삶의 치열한 현장에서 잠을 줄이고 시간을 아껴가면서 부지런히 공부하는 그들이기에 나는 강의할 때나, 연구할 때나 긴장을 늦출 수 없다. 대부분 실용학문을 하러 학교에 입학하지만, 공부하면서 그 근간이 되는 기초학문인 인류학의 맛을 보고 더 깊이 탐색하는 학생들은 진정으로 아름답고, 내게 큰 보람을 준다. 이 책을 쓸 때, 그들을 독자로 생각하고 지면을 채웠다. 그 외에도 그간 고려대학교에서 나의 "현대라틴아메리카"를 수강했던 학생들(처음에 황당한 표정을 짓던, 그러나 학기 말에 앞자리에 진지하게 앉아 있던 치기공학과 신입생이 유독 생각난다), 그리고 전국의 박물관대학 문화역사 강좌를 찾아다니면서 퇴임 후 보람 있는 생활을 하고 계시는 나의 외삼촌처럼, 라틴아메리카에 대해서 궁금해하는 대학생이나 일반인 모두가 볼 수 있는 책이었으면 좋겠다는 마음에서 썼다. 물론 라틴아메리카 지역연구 전공자도 이 책을 읽고 참고할 수 있으면 좋겠다. 필요이상으로 주석과 참고문헌을 세세하게 담은 것은 전공자를 위한 배려이다. 나 역시 그런 참고문헌과 주석을 추적하면서 자료를 수집했기에, 출처들은 최대한으로 밝혀두려고 노력했다.

인류학도로서 나의 성장과정을 가장 가까이에서 지켜본 송도영에게 감사한다. 달이 차면 아이는 나오는데, 몇 년이 지나도 책이 나오지 않는 마누라를 보며 무척 답답했을 것이다. 그래도 묵묵히 기다려준 그가 고맙다. 우리 가족, 부모님과 시부모님, 형제들과 자녀들에게도 감사하다. 나는 내가 사회과학자가 된 것이 아버지 덕분이라고 생각한다. 우리가 살고 있는 사회와 문화에 대해 끊임없이 호기심을 갖게 해주시고 탐색하게 해주심에 감사드린다. 아이들에게 엄마의 빈자리를 사랑으로 채워주신 어머니와 언니들과 동생, 그리고 항상 정성스러운 기도로 우리를 챙겨주신 시부모님과 형님 내외분께도 감사드린다.

마지막으로 하나님께 깊은 감사를 드린다. 이 책은 하나님을 몰랐던 내가 신앙을 발견해가면서 쓴 것이다. 그것은 뜨거운 사막에서 맑고 시원한 샘물을 만나는 것과 유사했다. 신앙의 길을 찾는 데 길잡이 역할을 해주신 샌디에고 반석교회의 최동진 목사님 내외분, 신자은 교수님, 그리고 반석교회 교인들께 깊은 감사를 드린다.

2014년 4월 11일
계산 산자락 연구실에서
조경진

목차

책을 펴내며 • 5

1장 프롤로그 흥망성쇠의 사이클과 국민국가 이야기 • 11

2장 역사쓰기와 지방사 발굴의 문제 • 43

3장 흥망성쇠의 망령과 이키케 발전위원회의 부상 • 71

4장 "칠레는 명예의 빚을 갚아라!": 지방민의 반란과 검은 깃발의 시위 • 109

5장 독재자의 선물: 이키케 자유무역지대의 설립과 개발신화 • 145

6장 다시 생각하는 "자유무역": 소프리의 감시문화와 도덕경제의 문제 • 195

7장 자유무역지대의 쇠퇴와 칠레의 마지막 카우디요 • 239

8장 에필로그 2014년, 다시 사막으로 • 263

참고문헌 • 271
찾아보기 • 287

프롤로그 **흥망성쇠의 사이클과 국민국가 이야기**

북부 지방은(The North) 그야말로 자본과 사람들의 흐름에 따라 만들어
지고 또 해체되는 공간이다(Kasakoff 1999). (이곳 사람들이 말하는) 이
흥망성쇠 사이클의 잔재들은 매우 고집스럽고 때로는 모순적인 느낌의
장소로 굳어졌다.

—레시 조 프레이저(Frazier 2002a: 97)

인류학자도 소토 보체(*sotto voce*; 부드러운 낮은 목소리)로 나름대로 퍼
포먼스를 수행한다.

—제임스 페르난데스(Fernandez 1986: ix)

세 개의 산업, 세 번의 사이클

칠레의 수도 산티아고(Santiago)에서 버스를 타고 파나메리카(Panamerica)
고속도로를 따라 북쪽으로 향한다. 목적지는 이키케(Iquique)—한때 칠
레 최북단 지방이었던 타라파카 지방(Región de Tarapacá)의 수도이다.[1] 버스
를 타고 1,800km를 달리는 길은 칠레의 길이를 실감케 한다. 산티아고
의 복잡한 시가지를 빠져나가고 한참 달리다 보면 변해가는 풍경을 바
라보는 재미가 있다. 칠레의 수도권은 뱀처럼 기다랗게 늘어진 이 나라
한가운데 자리 잡고 있다. 지중해성 기후의 수도권을 둘러싼 지역은 오

---

1 지금 최북단 지방은 아리카-파리나코타(Arica-Parinacota) 지방으로, 제 15지방이라
고도 한다. 지방에 왜 숫자가 매겨졌는지는 본문에서 또 밝힐 것이다. 타라파카 지
방은 행정구역 개편이 이루어진 2006년까지(시행은 2007년부터) 칠레 최북단 지역
이었다.

렌지와 포도, 올리브를 재배하는 데 적합하다. 한국에서도 이제는 많은 사랑을 받는 칠레와인을 생산하는 코킴보(Coquimbo) 지방의 풍경은 정겹다. 고속도로를 따라 가보면 부분적으로 바닷가가 보이는 코스도 있어 쾌적하고 시원하다. 코킴보를 지나면 해양휴양도시인 라 세레나(La Serena)가 나온다. 여기까지는 창밖으로 초록색 풍경이 눈에 들어온다. 10시간 정도가 지나는 시점에서 풍경은 조금씩 바뀌기 시작한다. 아타카마(Atacama) 사막지대로 진입하니, 주변은 온통 모래산과 구릿빛 절벽들뿐이다. 내륙으로 들어가면 염호 등의 멋있는 풍경들이 나온다고 하는데, 버스에서 내다본, 세계에서 강수량이 제일 적다는 이 지역은 그다지 매력이 없다. 버스를 타고 한 20시간 가니, 구리광산을 옆에 끼고 있는 안토파가스타(Antofagasta) 시에 도착한다. 버스의자 쿠션 사이에 벼룩이 있는지, 여기저기가 가렵다. 버스 안에 화장실이 있건만, 사용이 여의치 않다. 그래도 승객들은 버스안내원이 내주는(여기 버스안내원은 남자다) 식사를 잘 챙겨먹고 즐겁게 여행한다. 달달한 홍차와 바로스 하르파(Barros Jarpa)[2]라 불리는 햄-치즈 샌드위치는 그런대로 맛이 있다. 파나메리카는 다시 내륙으로 그어져 있는지, 바다는 보이지 않고, 끝없는 사막산만 양옆으로 펼쳐진다. 출발한 지 한 24시간이 되었지만, 승객들은 라디오에 나오는 노래를 따라 부르며 즐겁게 간다. 28시간이 지나고 나니 드디어 이키케에 도착한다.

사회지리학자들은 역사가 물리적인 공간에 각인된다고 한다(Harvey 1989; Zukin 1995). 태평양을 따라 길게 뻗은 나라, 칠레 북쪽 국경 부근 아타카마 사막 한복판에 자리 잡고 있는 항구도시 이키케는, 칠레 북부 지도에 듬성듬성 퍼져 있는 몇 개 안 되는 작은 점들 중 하나이다. 비옥한

---

2   바로스 하르파는 19세기 칠레 정치가의 이름이다. 그가 즐겨 먹던 샌드위치라 하여 이름이 그렇게 붙었다고 한다.

칠레의 중부지방과 남부지방과는 달리, 북쪽의 사막지대는 척박하다. 칠레의 국화 코피우에(*copihue*)는 여기서 피는 경우가 없고, 남부 곡창지대에서 소몰이를 하는 칠레판 카우보이, 우와소(*huaso*)는 더더욱 이곳에서 볼 수 없다. 남부의 대형 농장에서 추는 민속춤인 쿠에카(*cueca*)는 이곳에서 상당히 어색할 것 같다. 남부의 천연 초록빛의 땅과 너무나도 대조적인 북부사막은 공식적으로 칠레 영토이지만 칠레 같지 않다. 오아시스가 있는 곳을 제외하고 이 땅은 수천 년 동안 정착민이 없었고, 따라서 자연부락과 촌락이 거의 없는 불모지였다. 생존이 불가능할 것 같은 그런 척박한 곳에 항구가 생기고 작은 지방도시가 생긴 것은 불과 100여 년 전에 사람들을 유인하는 강한 동력이 있었기 때문이다. 그 사람들이 남긴 흔적이 현재 이키케 구석구석에 남아 있다.

먼저, 이키케의 시내로 들어가 보도록 하자. 이키케 도심에는 스페인의 신대륙 정복 이후 거의 모든 라틴아메리카 도시에서 발견되는 탁 트인 광장(Plaza)이 자리 잡고 있다. 사막 한복판에 이런 곳이 있을까 싶을 만큼 광장은 세련되고 코스모폴리탄한 향취를 듬뿍 풍긴다. 태평양 전쟁(la Guerra del Pacífico)의 영웅 아르투로 프라트(Arturo Prat) 대령의 이름을 딴 프라트 광장(Plaza Prat) 서쪽에는 신고전주의 양식의 웅장한 시립극장(Teatro Municipal)이 자리 잡고 있다. 이키케 시(Ilustre Municipalidad de Iquique)의 신문 아카이브(*hemeroteca*) 관리자인 기예르모 로스-무레이(Guillermo Ross-Murray)에 의하면, 20세기 초, 당시 세계적인 무대배우였던 사라 베른하트(Sarah Bernhart)도 이 극장에서 공연을 했다고 한다. 광장 북쪽에는 이키케에서 가장 유서 깊은 호텔 프라트(Hotel Prat)가 위치하고 있다. 그 우측으로 이곳 이민자들이 출신 국적별로 세운 클럽들이 자리 잡고 있다: 내부에 세르반테스(Cervantes)의 돈 키호테(Don Quixote) 그림들로 장식된 스페인 클럽(Casino español), 화사한 색깔의 외벽을 자랑하는 옛 유고 이민자들의 크로아티아 클럽(Club croata)이 있다. 그 뒷골목에는 이탈리아 이주민들의 이탈리아 클럽(Club italiano)[3]이 그대로 남아 있으나 중국이주민들의 클럽(Club chino)은 이제 그 흔적을 찾을 수 없다. 광장을 가로질러 설치된 분수는 서울시청 앞 광장에서도 볼 수 있는 "바닥분수"가 일렬로 가지런하게 시원한 물을 위로 내뿜는다. 아마 가장 최근에 더해진 시설일 것이다.

광장을 가로질러 시계탑(Torre del reloj)이 높게 세워져 있다. 여타 라틴아메리카 도시와 다를 바가 없는 이 광장을 둘러보면 친숙한 레이아웃에도 불구하고 변칙적인 것이 발견되는데, 그것은 바로 성당의 부재이다. 스페인 식민지 시대에 만들어진 도시들과 달리, 가톨릭 교회는 이곳에서 힘을 발휘하지 못했다. 이곳 사람들 말로는 반교회 세력인 프리메이슨(masón)이 많았고 현재에도 많기 때문이라고 한다. 결과적으로 성당은 도심의 다른 작은 광장 앞에 세워졌다. 프라트 광장에서 이키케 구시가지의 세종로라고도 할 수 있는 바케다노 거리(Calle Baquedano)를 바다 쪽으로 걸어 내려가다 보면, 빅토리아 시대 양식의 주택들이 늘어서 있다. 미송(oregon pine, douglas fir)으로 지어진 이 집들은 규모가 꽤 큰[4] 고급 주택들이었다. 이곳 내륙에서 초석(sodium nitrate, salitre)을 캐내어 수출했던 이키케의 전성기 때, 화물선들이 초석을 싣고 이키케 항구를 떠나면, 미국의 샌 프란시스코(San Francisco)와 캐나다 밴쿠버(Vancouver)까지 이어지는 항구들에서 미송을 싣고 와 도시의 건축자재로 쓰였던 것이다. 이들 중 가장 웅장한 아스토레카 궁(Palacio Astoreca)은 스페인의 부호 아스토레카 가문이 초석광산을 개발하면서 지었던 대저택이다. 지금은 칠레의

---

3 이민자 국적별로 구성된 클럽들은 1870년대 도시가 형성될 시기에 상호부조 모임들로 시작했다가 각각 학교와 소방서를 세우며 지역공동체의 초석을 이루었다.

4 도시 형성기에 주택들이 모두 나무로 지어졌기에 화재도 그만큼 많았고 따라서 각 클럽 별로 소방서를 운영하고 있었다. 법적으로 강요된 것은 아니지만, 1990년대까지도 이키케의 남성이라면 청소년기에 소방대원 훈련을 받고 6개월 이상 소방서에 자원봉사하도록 하는 전통이 있었다.

국보로 선정되어 이곳의 아르투로 프라트 대학에서 관리하고 있다. 그간 시에서 많은 돈을 투자하여 복원하였기에 과거의 웅장한 모습을 되찾을 수 있었다. 주변의 다른 집들은 여전히 페인트칠이 필요한 허름한 상태로 남아 있다.

이키케 구시가지의 심장을 이루고 있는 프라트 광장과 바케다노 거리의 미송저택들은 이곳 초석 붐(1879-1929)의 찬란한 과거의 잔재로 남아 있다. 당시 영국과 스페인, 프랑스, 그리고 이어서 미국의 투자가들은 내륙불모지에 광산들을 세워 초석을 채굴하고 수출하였고, 이탈리아와 크로아티아 등에서 온 이민자들은 장사할 기회를 쫓아 이곳에 정착했다. 초석시장이 세계적으로 팽창하자, 남부의 플랜테이션으로부터 자유로워지고 싶었던 소작농(inquilino)들은 더 잘 살아보려고 북쪽으로 몰려와서 광산의 임금노동자가 되었다. 화려한 광장과 허름한 빅토리아 미송 저택들 사이에 우뚝 선 아스토레카 궁은 해안가에 길게 늘어서 있는 신시가지의 새로운 고층 아파트들과 또 다른 대조를 이루고 있다.

이키케 구시가지 바케다노 거리의 미송 저택들. 페인트 칠이 절실하게 필요한 듯하다.

바케다노 거리가 끝나는 지점은 서쪽으로 해안을 만나는 지점이다. 이곳에서 코스타네라(Costanera) 해안도로를 북쪽으로 따라가다 보면 먼저 이키케 항구를 지나가게 된다. 이키케 항구는 크지 않다. 확장계획이 자주 거론되는 데도 불구하고 도크가 두개밖에 없어, 한 번에 컨테이너 화물선이 두 대밖에 정박하지 못한다.[5] 초석 붐 때 초석수출항으로 기능하다가 시설을 현대화하여 확장했지만, 해안구조 때문에 한계가 있다. 그럼에도 불구하고 현재 이 항구는 이키케의 주된 관문이며 이 외진 곳을 세계와 연결시켜주는 매우 중요한 지점이다. 항구를 지나면 해안가의 공업지대를 지나가게 된다. 바닷가는 의례 관광시설로 개발되어 있는 것에 더 익숙한 탓인지(한국 동해안과 남해안에 즐비하게 늘어진 횟집들이 연상된다), 해안가 앞에 세워져 있는 커다랗고 더러운 플라스틱 드럼시설이 눈살을 찌푸리게 한다. 이곳을 지나가면 시각적으로만 거부감이 드는 것은 아니다. 갑자기 코를 찌르는 생선 썩은 비린내가 진동한다. 그러나 현지친구들 말에 의하면, 과거에는 냄새가 훨씬 심했다고 한다. 여기는 이키케의 어분(fishmeal, harina de pescado) 공장들이 있는 곳이다. 이곳 사람들은 어분 붐(1960-1973)이 초석 이후 맥이 빠진 이곳 경제를 살렸다고 한다. 멸치류에 속하는 안초베타(anchoveta, engraulis ringens)의 수확과 처리가 무슨 대단한 산업일까를 질문한다면, 여기서는 일단 칠레 최대의 재벌로 성장한 안젤리니 기업(Grupo Angelini)이 어분생산에서 시작했다고만 밝혀두자.[6] 그러나 그것도 한때, 기존의 어분공장 중 1/3만 가동한다고 한다. 나머지 빈 공장들은 여전히 처분되지 못하여 현대적인 리조트 분위기의 남쪽 해안가들과 큰 대조를 이루고 있다. 과거의 흔적을 없애는

---

5   이키케 항구관리공단(Empresa Portuaria de Iquique)이 관리한다. http://www.epi.cl/
6   이 기업의 수장인 아나클레토 안젤리니(Anacleto Angelini)는 1948년 이탈리아에서 이키케로 건너와 2007년 사망하기 전에 포브스지가 선정하는 세계갑부 순위에서 119위를 차지했던 칠레에서는 매우 영향력이 컸던 인물이었다(Wintersteen 2012: 10).

일도 자금과 시간이 드는 일이다. 여전히 철거되지 않은 이들 시설을 보면, 이곳에서의 속도가 한국과 현저하게 다르다는 것을 느낀다.

어분공장 지대를 지나 북서쪽으로 향하면, 덩치는 크지만 그다지 위엄이 없는 핑크와 보랏빛 콘크리트 건물이 세워져 있다. 이 건물은 소프리사(ZOFRI S.A.; Zona Franca de Iquique, Sociedad Anónima)의 본부이다. 소프리사는 이키케의 자유무역지대 소프리(ZOFRI)를 운영하고 관리하는 회사로, 라틴아메리카에서 가장 규모가 큰 자유무역지대 중 하나이다. 이 건물 윗부분 양쪽에 둥그렇게 튀어나온 부분 때문에 현지 사람들은 이 건물에 "코끼리(el elefante)"라는 별명을 붙여주었다. 이 건물 뒤로는 커다란 주차장과 소프리의 쇼핑몰이 자리 잡고 있다. 그 서쪽으로는 자유무역지대의 울타리가 시작된다. 울타리 각 곳에는 경비원이 서서 사람들과 차량, 물품을 모두 검문한다. 이 울타리를 지나가면 물품에 부가가치세가 매겨지지 않는 면세특구(tax-free enclave)가 펼쳐진다. 면세특구는 소프리 몰 지역과 구분되어야 하기 때문에 이곳을 두고 "제한구역(zona amurallada)"이라고도 한다. 철조망과 콘크리트 벽 안의 면세특구에는 수출입회사 사무실들과 상품전시관, 창고들이 가지런한 바둑판 모양으로 세워져 있다.

나는 "제한구역" 안에 직물수출입 사업을 하는 민사장님을 만나러 검문소 앞에 선다. 현지인이 아닌 외국인에 대한 검문은 까다롭지 않다. 특히 나처럼 동양인의 얼굴을 가지고 있으면 경비들도 의례 이곳에서 사업을 하는 사람으로, 또는 그 가족일 것이라고 생각한다. 경비는 나를 보자 "니하오마" 하고 인사를 한다. 경비의 인사는 진정한 인사이지 비꼼이 섞인 인종차별적 발언이 아니다. 나는 "저는 중국사람 아닌데요"라고 하려고 웃으면서 고개를 저었더니, 그는 한국말로 "안녕하세요!"라고 한다. 경비는 여기서 한국어와 중국어 연습을 많이 한다고 하면서 웃는다.

경비는 친절하지만 나는 섬뜩한 느낌을 지울 수 없다. 이곳의 역사는 또 다른 변주로 반복되는가? 폭스트로트(fox trot) 리듬의 이키케의 흘러간 가요가 떠오른다:

Hello, Miss

How are you?

Hello, Miss Hodge

¿Donde esta tu voz? (목소리는 어디 두고 오셨어요?)

¿Y tu sonrisa en blue? (슬픈 미소는 또 어디에?)[7]

미스 호지(Miss Hodge)는 실제 인물로 1930년대 이키케 남자고등학교(Liceo de Hombres de Iquique)에서 교편을 잡고 있었던 영국인 교사였다. 그녀는 1900년대 초기에 몰려왔던 영국과 스페인 투자가들 틈 사이에 이곳에 와서 정착하였다. 그 외에도 광동출신의 중국사람들, 크로아티아, 이탈리아, 프랑스 사람들이 몰려왔다. 어분생산이 시작될 때에는 또 다른 이민자 집단인 이탈리아와 독일 사람들이 몰려 들어왔었다. 소프리가 1975년에 문을 연 이래로 많은 동아시아와 동남아시아 상인들이 이곳에서 수출입 사업을 시작하였다. 얼굴들은 바뀌었지만 이키케의 사회구조는 지난 세기와 기괴할(uncanny)[8] 정도로 유사하다. 척박한 땅은 구체적인 개입 없이 개발될 수 없었기에 이곳은 항상 투자가들을 필요로 했다. 오늘날의 투자가들은 세계 각 곳에서 면세특권이 주는 경제적

---

7   "Hello Miss Hodge"는 이키케 출신의 칠레가수 호르헤 코크 이투라(Jorge Coke Iturra) 작곡으로, 본인이 직접 부르기도 하였다. Las Canciones del Chumbeque a la ZOFRI (1996) CD에 수록되어 있다.

8   "기괴하다(uncanny)"는 정신분석학자 지그문트 프로이트가 결코 좋은 일이 아닌 것이 반복적으로 보이거나 다시 경험될 때(déjà-vu)의 상황을 표현하기 위해 사용했다(Freud 1995).

기회를 쫓아 여기까지 들어왔다. 역사적으로 단일품목 생산 또는 단일 사업형태에 집중된 이곳 경제활동은 외부충격에 취약했고, 결과적으로 반복적인 흥망성쇠(boom-and-bust)의 사이클 경제를 지난 140여 년간 경험했다.

그런데 밀레니엄 이후로 주로 수출입 거래를 하던 이키케 자유무역지대, 소프리에서는 긴장의 분위기가 감돌고 있었다. 물품을 주로 사가던 인근의 페루와 볼리비아가 국경에서 수입관세를 매기기 시작하면서 거래물량이 급격히 감소되었다. 게다가 1996년부터 캐나다로 시작해서, 칠레는 적극적으로 다른 나라들과 자유무역협정을 맺어왔다. 칠레는 한국을 비롯한 동아시아 국가는 물론, 미국과 중남미 국가들, EU와 오스트레일리아 등 28개국(EU를 한 주체로 친다면)과 자유무역협정을 맺어왔다. 그렇게 되면 면세특구라는 유인책은 더 이상 외국인 투자가들을 끌어들이지 못할 수도 있게 된다. 소프리도 역시 초석산업과 어분산업처럼 흥망성쇠의 사이클을 거치고 죽을 것인가? 소프리와 소프리의 사람들은 이곳에 어떤 흔적을 남기고 갈 것인가? 이 흥망성쇠의 역사를 반복적으로 체험하고 살아가는 이 지역 사람들이 내다보는 미래는 어떤 미래인가?

인류학자와 스토리텔링

내가 이키케에 도착해서 사람들을 만나고 관계를 다져갈 때, 사람들은 내가 무엇을 하는 사람인지, 이곳에 왜 왔는지 도무지 이해할 수 없다는 반응을 보였다. 우리가 살고 있는 각박한 시대에—시간을 금으로 비유하는 시대에—1년간 또는 그 이상의 시간을 외딴지에서 가족들과 떨어져서 뭔가를 조사한다는 것 자체가 사치스럽게 보였을 것이고, 내가 특별히 금전으로 연결되는 '일'을 하는 것 같지는 않아서 나의 정체에 대한 여러 가지 추측들이 있었다. 실제로 구체적인 '일'을 하지 않으면서 해외에 오랜 기간 체류한다는 것 자체가 '룸펜'이라는 의혹을 사기에 충분했다. 게다가 내가 하는 공부는 공학이나 경영학처럼 이 시대에 각광받고 필요하다고 생각되는, '고부가가치'의 분야도 아니었다. 역사학은 그래도 과거의 특정한 시대를 공부하기 때문에 구체적인 면이라도 있지만, 인류학은 그 개념 자체가 모호한 '문화'를 공부하는 학문인 데다, 사람들은 흔히 인류학을 여전히 '원주민' 또는 '미개인'을 공부하는 학문으로 오해하고 있었기에 내가 왜 자유무역 덕분에 호황을 누리는 도시에 와 있는지 모두들 의아해했다.[9] 이키케에서 알게 된 친구들이나, 이곳에서 나를 반갑게 맞아준 소프리의 한국사장님과 사모님들 모두 내가 구체적으로 무엇을 하는 사람인지 오랫동안 궁금해했던 것 같다.

"이곳 문화에 대한 박사학위 논문을 쓰러 왔어요"라는 말은 일이 바쁘게 돌아가는 자유무역 현장에서는 황당하게 받아들여지는 것 같아서, "여기 자유무역지대의 역사를 공부하러 왔어요" 정도로 체류 이유를 대곤 했었다. 책을 쓴다는 것은 일상 대화에서 하기 어렵거나 모호한 내용을 설명할 수 있다는 측면에서 어딘가 해방적인 면이 있다. 책의 지면이 주어지면, 조금 더 구체적인 설명을 할 수 있게 된다. 그래서 내용적으로 내가 무엇을 공부하기 위해 이키케에 왔는지에 대한 이야기를 본격적으로 하기에 앞서, 문화에 대해서 탐색하고, 문화에 대해서 서술하는 과정, 즉 인류학에서 얘기하는 민족지(民族誌) 또는 에스노그라피(ethnography)에 대한 얘기로 시작하고자 한다.

우리 시대의 대부분의 연구는 물질적인 실체를 대상으로 두고, 행동과학에서는 숫자로 확인할 수 있는 통계를 많이 활용한다. 과거의 인류

---

9 2000년도에 이키케 현지조사 중에 현지 라디오 방송국에서 나를 인터뷰하겠다는 제안을 받았다. 인터뷰 중에 진행자는 "인류학은 미개인을 공부하는 학문 아닌가요? 그럼, 우리는 흥미로운 미개인인가요?" 하고 농담을 하곤 했다.

학도 '원주민'을 구체적인 대상으로 설정하여 공부하는 분야로 이해되기도 했다. 그러나 사실 인류학은 원주민의 '문화'가 갖는 특징들을 도출해내기 위해 그곳에서 살아가는 사람들에게 접근하는 학문이었다. 인류학은 사람이 생각하는 방식과 살아가는 방식, 그것을 의미의 체계(meaning)와 행위(practice)의 차원에서 도출하여 패턴을 찾고, 그 특수성이 하나의 그림으로 완성되면, 우리는 인류문명에 있어서 독자적인 면모와 공통적인 면모 모두를 발견하며 인류라는 종(species)에 대한 이해를 다져가는 학문이다. 문제는 겉으로 드러나는 사건이나 현상만으로 각 문화에 대한 포괄적인 그림을 그릴 수 없다는 것이다. 그 배후에는 무수한 의미들의 연결망이 존재하는데, 그것을 풀어내고 해석해주는 것이 우리가 하는 일이다. 그런데 그 의미는 단번에, 한두 회의 관찰이나 인터뷰로 드러나는 것이 아니기 때문에 인류학자들은 한곳에 오랫동안 체류하며, 지속적인 상호작용을 가지면서 그 문화의 맥락 속에서 그림의 디테일들을 그려나간다. 사실상 문화는 계속 변하기 때문에 그림을 '완성한다'는 말을 할 수는 없다. 다만 그때그때 최대한으로 포괄적이고도 깊은 그림을 그려가는 것일 뿐이다. 그래서 인류학자들은 구체적인 사실들을 많이 전한다고 한다: 인류학자들 사이에서는 그것을 두고 "짙은 묘사(thick description)"[10]라고 한다.

그러나 그렇다고 해서 인류학이 디테일만 강조하는 것은 아니다. 우리는 큰 그림을 그리는 것을 우선적으로 생각한다. 문화적 맥락을 찾고 그 속에서 문화단면들을 배치한다. 초기 인류학자들은 다른 문화에 대한 소개를 하고 설명을 하는 사람들이었다. 과거에 인류학이라는 학문은 지구 곳곳에 제국을 세우는 열강들이 정복하는 땅에 거주하는 사람

---

10 "짙은 묘사"는 미국 인류학자 클리포드 기어츠(Clifford Geertz)가 민족지를 설명하기 위해 고안한 개념으로서, 인류학이 문화적 이해를 하기 위해 꼭 거쳐 가야 하는 단계로 규정되어왔다.

들의 행태를 미개한 것으로 규정하고 정당화하면서 탄생했고, 문화연구는 문화에 대한 지식화 과정으로서, 사람들에게 타문화를 알리고 전하는 역할을 해왔다. 제국주의 시대에는 문화연구가 객관적이거나 정치적인 중립을 지키지 못했으나, 인류학은 인문사회과학의 한 분야로, 타지역과 타문화를 이해하고 설명할 수 있는 분야로 정착되어왔다. 인류학에서는 연구자가 오랜 기간 동안 현지조사를 하고 타문화가 자문화가 될 때까지, 그리하여 비로소 인류학자 본인의 문화를 객관화시킬 수 있는 수위에 도달할 때까지 현지 문화적으로 몰입하는 것을 중시한다(cf. 한국문화인류학회 2006). 그 경험 자체가 에스노그라피이며, 그 경험을 통해서 얻은 타문화에 대한 서술(또는 지식)도 에스노그라피이다.

에스노그라피를 일종의 문화보고서로 이해할 수도 있기 때문에 최근에는 "문화기술지"라는 용어도 자주 쓰인다. 인류학자는 타문화에 대한 지식을 의미의 연결망으로 재구성하여 전하는 역할을 하게 되는데, 그렇기 때문에 에스노그라피는 불가피하게 서사(narrative), 또는 최근 용어로 흔히 '스토리텔링(storytelling)'이라고 하는 구성적 속성을 갖는다(cf. Reck 1983). 에스노그라피가 소설이나 에세이에 등장하는 전형적인 서사 구조를 갖지는 않지만, 타문화에 대한 소개를 할 때 서사적인 장치들을 쓰는 것은 불가피하다. 한편, 인류학자 본인이 그 같은 기술방식을 채택하지 않아도, 독자는 타문화를 이해하고자 하는 과정에서 스토리적 장치에 기대어 텍스트를 접근한다. 인류학자들이 조사과정에서 하게 되는 인터뷰와 생애사 조사에서 사람들은 이야기의 형태로, 즉 스토리를 구성하여 자신들에 대한 이야기를 한다. 인류학자는 이를 토대로 그곳 사람들의 삶과 문화, 나아가서는 역사를 재구성하는데, 그 내용이 기승전결의 형태로 정리되지는 않아도 그 삶의 과정 자체가 하나의 스토리를 구성하게 된다. 문화적 특수성은 스토리를 통해서 드러나게 된다. 인류학자는 여러 스토리를 조합하여 그 문화의 패턴을 구성하게 된다. 그 스토리들로 구성된 문화는 특정한 의미를 갖게 된다. 스토리는 그 의미들로 하여금 "말이 되게 (make sense)" 한다. 즉, 각각의 스토리들은 인류학자가 흔히 현장에 가지고 들어가는 "무엇?", "왜?", "어떻게?"에 대한 해답을 제공하여 이해를 돕는다는 것이다. 그리고 그렇게 해서 얻어낸 답을 가지고 인류학자는 그 문화에 대한 스토리를 엮어나간다. 따라서 인류학자는 문화연구가이자, 기록자이자, 문화를 이야기하고 전달하는 스토리텔러이기도 하다.

그런데 에스노그라피는 단지 특이한 문화적 내용을 재미있는 스토리로 엮어내는 작업만은 아니다. 에스노그라피는 현지조사 과정에서 마치 양파껍질을 한 꺼풀씩 벗겨내듯이, 그 사회 속으로 몰입해 들어가면서 발견하는 새로운 사실들을 그곳의 과거와 현재의 맥락에 재배치하여 그 사회와 문화를 재해석하고 재구성하는 과정이기도 하다. 물론 이작업은 에스노그라피를 누가 하느냐, 즉 어떤 사람이 하느냐에 따라서 매우 다를 것이다. 같은 자료와 같은 현실을 두고서도 이를 재해석하는 방식은 연구자마다 서로 다르기 마련이다. 그러나 궁극적으로 에스노그라퍼(ethnographer)는 현지에서 벌어진 사건들과 이에 대한 다양한 반응들을 가지고 그곳의 특수성을 짚어나간다. 그 과정은 현지의 역사적 경험을 주된 맥락으로 설정하고 사람들의 행태를 파악하여 이에 의미를 부여하는 과정이다. 그렇게 하다 보면 영 말이 안 되는 사안도 나름대로 이유가 있었다는 사실도 새삼 발견하고, 표면적으로 서로 연관이 없어보이는 사건들도 긴밀하게 연관되어 있었다는 사실도 발견하게 된다. 그리고 질적 방법론으로서 받는, 흔히 "질척한 방법"이라는 질타, 즉 객관적이지 못하고 의미의 회색지대가 많다는 비난에도 불구하고, 그 양파껍질들을 벗겨가고 현지의 사정에 맥락화해가면서 자료는 역설적으로(!) '객관성'을 갖게 된다. 물론 그것은 어디까지나 '유일한, 최적의 진리'가 아니라, 여러 현실을 감안한 여러 개의 해석 중 하나이다. 그래서 에스노그라피는 하나의 테마로 구성된 속성을 보유하면서도, 실제로 재해석의 여지가 넘쳐나는 미완의 작업이 아닐까 싶다. 그런 면에서 에스노그라피는 나름의 완결성을 가져도, 해석의 틈을 무한히 제공하는 일종의 열린 텍스트, 소통하는 텍스트이다.

인류학 박사과정을 밟고 있는 학생의 신분으로 이키케에 처음 갔을 때, 에스노그라피에 대한 생각이 이처럼 분명했던 것은 결코 아니다. 내가 다니던 대학은 현지조사를 "현장에 가서 부딪쳐봐야지 할 수 있는 것"이라고만 간단하게 가르치고, 구체적인 훈련을 시켜주는 방법론 과목이 별도로 없었다. 이것은 궁극적으로 형식화되어가는 방법론에 대한 노교수들의 거센 반발이자 항의의 표시이기도 했다. 교수들은 "현지조사의 유전자가 있든지, 없든지, 둘 중 하나이다"라고만 할 뿐, 학생의 네트워킹 능력, 친밀한 관계를 맺을 수 있는 소탈한 성격("likeable-enough to create rapport"), 적절한 질문을 하고 이에 대한 응답들을 꼼꼼하게 기록할 수 있는 센스, 성실성과 치밀함은 각자 알아서 챙기라는 식이었다. '인류학 전문가 되기(Anthropology Professionalization)' 과목을 청강할 때, 현지조사에 대한 다양한 조언은 있었으나, 그것이 참여관찰에 대한 성경과도 같다는 제임스 스프레들리(James Spradley)의 책이 갖는 명확성과 체계성과는 거리가 멀었다.[11] 그나마 나는 사회과학방법론 과목들을 학부와 대학원에서 두루 들어둔 상태여서 큰 그림을 그려갈 수는 있었지만, 생물학이나 어문계열에서 학부를 하고 온 친구들은 적잖이 당황했었다. 우리는 모두 그렇게 OJT훈련을 하는 심정으로 현장에 들어갔다.

내가 현지조사로 처음에 칠레를 찾아간 것은 1998년이었다. 첫 현지조사는 일종의 사전조사로, 나의 연구주제를 탐색해볼 수 있는 최적의 '현장'을 찾는 작업이었다(물론 어떤 인류학자들은 현장을 먼저 정하고, 그 속에

---

11 참여관찰에 대해서 체계적으로 공부해보고 싶은 사람은 제임스 스프레들리, 2009, 『참여관찰법(Participant Observation)』 서울: Cengage Learning 참조.

서 자신의 주제를 찾아가기도 한다). 국가가, 특히 '군부독재' 치하의 국가가 주도한 지역 경제개발 프로젝트를 찾고 있었던 나는 칠레에 두 개의 자유무역지대가 피노체트 정권 초기에 설립되었다는 사실을 발견하고, 이 두 곳을 찾아 나서기로 했다. 공교롭게도, 두 자유무역지대는 지렁이같이 길고 가느다란 국토의 양 극단, 즉 중앙으로부터 가장 멀리 떨어진 언저리에 자리 잡고 있었다. 이키케 자유무역지대인 소프리는 칠레 최북단 지방인 타라파카에, 푼타 아레나스 자유무역지대(Zona Franca Punta Arenas)는 칠레 땅끝, 티에라 델 푸에고(Tierra del Fuego)를 바라보는, 최남단 마가야네스(Magallanes) 지방의 도청소재지에 위치하고 있었다. 나는 현장에 대한 탐색을 하기 위해 이 두 곳을 찾아가 몇 주간 체류하였다. 두 지역은 모두 다 극적인 근현대사, 특히 억압적인 자본세력과 중앙정부에 대한 기나긴 투쟁의 경험을 가지고 있어 사실 내가 공부하고자 했던 주제에 더할 나위 없이 적합한 현장들이었다. 사전조사를 끝내고 나는 규모도 더 크고 한국 무역상들이 더 많은, 그리고 결정적으로, 연중 내내 햇살이 따뜻한 이키케를 현장으로 정했다. 그렇게 해서 이키케에 2000년도에 장기체류를 하면서 자료를 수집하고, 그 자료를 바탕으로 학위논문을 쓰고 다시 2005년도에 이키케 타라파카 대학에서 논문발표를 할 기회를 가졌다. 한국으로 돌아와서 대학에 교편을 잡고 난 뒤로는 그토록 멀리 가는 것이 쉽지 않았고, 긴 기간 동안 가 있는 것도 어려웠다. 결국 다시 이키케를 찾은 것은 약 10여 년이 지난 2014년 초였다.

  스스로를 '토종' 이키케뇨(iquiqueño)라고 하는 사람들은 이곳의 정체를 얘기할 때 항상 '흥망성쇠(auge y caída)'로 표현을 하곤 했다. 이키케를 처음 찾아갔을 때 직감적으로 '흥망성쇠'가 현장조사, 나아가서는 논문의 키워드가 될 것이라는 사실을 알았다. 그렇지만 흥망성쇠가 이 지역에서 갖는 남다른 의미, 즉 이곳 사람들의 과거와 삶 속에 자리매김된 의미를 찾고 오늘날 겉으로 드러나는 현상들과 결부시켜서 '말이 되게'

하는 작업은 또 다른 차원의 일이었다. 그 당시에는 몰랐지만, 지금 글을 쓰며 돌이켜보니 나는 논문 지도교수였던 제임스 페르난데스(James Fernandez)의 영향을 꽤나 많이 받은 것 같다. 페르난데스 교수가 항상 궁극적으로 관심을 가졌던 주제는 "인류의 상태(the human condition)"였다. 이 말이 너무 광범위해서 헷갈려하던 우리들을 보며 그는 지긋한 미소를 지으며, "너네들도 사실 그걸 쫓고 있어"라고 항상 얘기하곤 하였다. 그의 논지를 간략하게 요약하자면 다음과 같다: 사람은 항상 미지(inchoate)를 직면하고 있기 때문에 이미지와 말, 특히 비유로 주어진 상황을 예측하고 단정(predicate)하여 자신에게 "말이 되게(make sense)" 하고자 한다. 특히, 모든 인간은 정체성에 대한 고민을 한다. 그것이 개인적 차원이든, 집단적 차원이든 간에 현실에서 주어진 미지의 불확실한 상황 때문에 우리는 그것을 가지고 고민을 하고, 그 고민을 여러 종류의 말과 이미지로 표현을 한다. 비유로 상황에 대한 재구성을 하면, 그 불확실했던 사안도 구체적인 의미를 갖게 된다. 이런 표현들은 모두 일종의 퍼포먼스이다. 그런 퍼포먼스로 스스로와 주변을 설득하고 불안했던 미지가 다시 완결성 있는 총체가 된다는 것이다(return to the whole)(Fernandez 1986). 학부와 석사과정에서 사회학을 공부했던 나는 처음에 흥망성쇠를 정치경제적인 차원에서 접근하기 시작했다. 의미의 차원도 중요하지만 소위 물적 토대라고 하는, 정치경제적인 근거를 정리하는 것이 선행되어야 한다고 생각했기 때문이다. 그런데 이키케뇨들에게 '흥망성쇠'는 남다른 것이었다. 그것은 자본과 국가가 깊이 개입한 현상이기도 했지만, 무엇보다도 그들 과거의 집단경험이었으며 여전히 언제라도 일어날 수 있는 미지의 현실이었다. 지역정체성으로서 흥망성쇠라는 발화(enunciation)는 그들에게 자신들의 과거를 이해하고 또 헤쳐나가면서 극복할 수 있게 해주는 비유적 장치이기도 했다. 결국, 나는 흥망성쇠의 경험과 이에 대한 이키케뇨들의 해석과 대응방식을 토대로 이 책을 구성하였다. 인류학자는 자신이 연구하는 사람들의 퍼포먼스를 토대로, 앞서 인용했듯이, 본인도 '소토 보체(sotto voce)'로 퍼포먼스를 하는 것이다. 그러한 나의 퍼포먼스가 이 주제와 이 지역, 이 사람들에 대한 유일한 퍼포먼스도 아니고, 가장 정확한 퍼포먼스도 아닐 것이다. 그것은 어디까지나 내가 주목하고 수집했던 자료들을 토대로 나 스스로 이 사람들의 행태를 이해하고자 했던, 그래서 모순적인 것같이 보였던 '미지'의 행태들이 왜 그같이 드러났는지를 추적하면서 나 자신을 설득시키고자 했던 과정의 소산이다. 이키케의 과거와 현재에서 나는 수많은 아픔과 용기를 목격했고, 무한한 감동도 받고 또한 차갑고 냉철한 현실에 소름이 돋기도 했다. 우리나라와 너무나도 먼 칠레이지만, 그 먼 나라의 북쪽 끝자락에 사는 사람들의 이야기는 다르면서도 유사한 근대화 과정을 겪은 우리에게 충분히 공감이 가고 또한 주목해야 할 가치가 있다. 애석하게도 모든 텍스트가 짧고 간단명료한 오늘날의 풍토에서, 에스노그라피는 마치 구습의 잔재인 양, 그 어느 누구도 주목하지 않고, 그 어느 누구도 읽어줄 것 같지 않은 것이 사실이다. 그러나 이키케 사람들의 이야기를 에스노그라피로 엮어내는 이유는 바로 여기에 있다. 그들의 스토리는 짧지도 않고, 간단명료하지도 않다. 오히려 길고 복잡해서, 몇 장으로 깔끔하게 정리되는 그런 서사는 아닌 것이다. 그래서 이 책을 읽는 독자가 인내심과 이해심이 많기를 바랄 뿐이다. 그리고 먼 나라 언저리에 있는 사람들의 삶에서, 우리의 근대화를 되돌아볼 수 있기를 바란다. 내가 그랬듯이, 독자가 낯선 곳에서 한국을 다시 되돌아보고 만날 수 있기를 바라며 이 책을 엮었다.

칠레 "노동운동의 요람"에서 "사막의 기적"으로

칠레의 이키케를 찾았을 때, 나는 근대화와 민족주의에 대한 폭넓고도 막연한 관심을 가지고 갔다. 한국은 단일민족 이데올로기와 잘 살아보겠다는 열망을 근대화의 에너지로 매우 효과적으로 활용한 경우이다. 그 배후에는 강력한 국가가 있었고, 국가의 주도로 (때로는 강압적으로) 국민적 통합과 경제개발을 이루어냈다. 1990년대 한국은 '한강의 기적'을 이루어, 1996년에는 OECD에 가입하여 소위 '선진국' 대열에 끼는 나라가 되었다. 6-70년대 라틴아메리카에서 탄생했던 종속이론은 한국에도 적잖은 영향을 끼쳤음에도 불구하고, 80년대에 들어와서는 논의의 흐름이 끊기고 말았다. 그도 그럴 만한 이유들이 있었다. 아르헨티나, 브라질, 칠레, 소위 남아메리카의 ABC, 즉 대륙을 대표하는 주도국이라 자처하는 나라들은 좌파 탄압으로 악명이 높았던 삼엄한 군부독재 치하에 있었다. 80년대의 이 국가들에서는, 수입대체산업화로 자주적 경제를 주장하던 6-70년대 목소리의 맥이 완전히 끊겨 있었다. 칠레는 1973년에 합법적 선거로 정권을 잡은 살바도르 아옌데(Salvador Allende) 대통령의 사회주의의 흔적들을 완전히 뿌리뽑기 시작했다. 1975년 쿠데타로 정권을 잡은 아우구스토 피노체트(Augusto Pinochet)는 자유시장 경제를 공격적으로 도입하여, 칠레는 세계 그 어느 나라보다 제일 먼저 신자유주의 경제정책을 적극적으로 실천한 선례가 되었다. 나는 국가가 기업을 보호해주는 한국의 개발독재와 칠레의 신자유주의적 개발독재를 비교해보고 싶었고, 경제발전과 함께 형성되는 국가에 대한 귀속감을 탐색하고자 칠레에 대한 공부를 시작했다.

　칠레 북쪽으로 들어가면서 직면하게 되는 광활한 사막산과 바다는 먼저 사람에 대한 도전으로 느껴진다. 세계에서 가장 건조하다고 하는 아타카마 사막에 오아이스가 있는 곳이 아니고서는 사람이 생존할 수 없다. 기술이 발전하여 인공적인 방식으로 물을 끌어오거나 수입할 수 있어도, 그것도 투자와 공사가 선행되어야지만 가능한 곳이다. 그러나 이처럼 척박한 땅에 사람들이 찾아와서 정착한 나름의 이유가 있었다.

사하라의 사막은 일관된 황금색 빛을 띤다. 그러나 아타카마 사막은 여러 색채가 복잡한 조합을 이룬다: 모래에 다양한 광물이 포함되어 있기 때문이다. 광물이 시장에서 거래되기 시작할 때 자본이 먼저 들어와서 시설을 세우고, 그다음에 사람들이 먹고살기 위해 일자리를 찾아 이곳까지 찾아왔다. 지금은 구리가 이곳에 사람들이 살아가는 이유이자, 도로들이 존재하는 이유이기도 하다. 칠레는 세계에서 가장 많은 구리를 생산하는 국가로, 지난 2009년도에는 약 5,320,000톤의 구리를 생산했다. 이것은 세계에서 두 번째로 구리를 많이 생산하는 미국의 약 5배에 달하는 물량이다. 그러나 19세기 말, 아직 구리개발이 본격화되기 전에, 칠레 북부는 초석을 전 세계에 수출하는 초석생산의 중심지였고, 그것도 거의 독점적으로 생산하고 수출하는 곳이었다. 그 초석을 캐내고 수출하기 위하여 사람들은 이 불모지를 찾아오고, 이곳에서 일을 하고 살아간 것이다.

칠레 북부에서는 초석을 둘러싼 이야기들이 이곳의 신비로운 풍경처럼 신화, 또는 역사로, 구분 없이 회자된다. 19세기 말의 초석개발은 이곳 탄생신화의 출발지점이며 이곳이 존재하게 된 배경이기도 하다. 스토리로 치자면, 초석개발은 그 자체로 너무나도 흥미로운 요소들이 많다. 가장 먼저, 초석광산에 대한 통제권을 가지고 칠레가 페루-볼리비아 연합군에 대항하여 싸운 전쟁(1879-1883)이 있었다. 라틴아메리카에서의 '태평양 전쟁'은 2차 세계대전 중에 미국과 일본이 태평양에서 대치한 것을 가리키는 것이 아니라, 지금 칠레 북부 영토인 이곳에서 벌어진 전쟁을 가리킨다. 이렇게 극적으로 합병하게 된 "비옥한" 초석광야를 개발하기 위해 영국과 스페인 자본이 칠레북부를 찾아왔다. 자본은 들어왔지만, 큰손들이 직접 이곳에 왔던 것은 아니었다. 이 자본은 초석광산을 개발하고, 설비를 들여놓았으며, 운반을 위한 도로와 철도를 깔고, 수출을 위한 항구시설을 구축했다. 한편, 갑작스러운 초석 붐으로 일자리를 구하기 위해 칠레 전역에서, 그리고 유럽에서 많은 인부들이 찾아와 북쪽의 내륙지방에 있는 초석광산 캠프(*oficinas*)에 정착했다. 낮에는 섭씨 40도, 밤에는 영하 5도로 떨어지는 내륙에서 살아가는 노동자들은 캠프에서만 거래되는 화폐(*fichas*)로 임금을 받는 경우가 많았는데, 이를 대부분 캠프의 매점과 술집에서 탕진했다. 칠레의 노동운동이 태동한 것은 이들 초석광산에서였다. 노동자들은 항구 이키케로 내려와 1912년에 칠레 공산당을 창당했다. 노동운동이 거셌던 만큼, 이에 대한 탄압도 거셌다. 군이 동원되어 노동자 집회에 참석한 남녀노소들을 무차별적으로 학살했던 산타마리아 학교의 대학살(*la matanza de la Escuela Santa María, de Iquique*, 1907) 사건은 여전히 이키케에서 자주 거론된다. 전형적이다 못해, 소설보다도 더 극적인 이 사건들은 좋은 스토리가 갖추어야 할 모든 요소들을 가지고 있다: 광산의 이권 때문에 발발한 전쟁, 돈에 눈이 먼 자본가, 자본가 편을 드는 공권력, 성실한 노동자와 같은 등장인물 간의 갈등과 충돌은 충분히 예측가능하고, 그 같은 예측가능성은 도리어 이곳의 숙명적인 듯한 비극적 면모를 가중시킨다. 이렇게 구성된 연속극이 실제로 칠레 텔레비전에 방영된 적이 있다.[12]

모래바람이 날리는 이키케 시내에는 초석시대의 흔적들이 당시의 주택에만 남아 있다. 지난 백여 년간, 이곳에는 많은 변화가 있었다. 이키케 해변가는 산티아고 시민과 인근 아르헨티나와 볼리비아에서 놀러온 관광객으로 인산인해를 이루어 마치 휴가철의 해운대를 연상케 하고, 도시 북쪽에 있는 소프리에서는 쇼핑하는 인파와 도매로 물건을 해가는 볼리비아 상인들이 북적거린다. 여성들이 입는 전통 복장인 포예라(*pollera*)와 가지런하게 머리를 길게 딴 모습에서 이들이 볼리비아에서 왔음을 알 수 있다. 이키케는 이곳에서 오랫동안 시장을 역임해온 호르

---

12 Pampa Ilusión(2001). TVN. Vicente Sabatini 감독.

헤 소리아(Jorge Soria)가 얘기하는 것처럼, 라틴아메리카의 "작은 마이애미(Miami)"가 된 것처럼 보인다. 그러나 실제로 이키케는 코스모폴리탄한 고학력의 상류층과 페루와 볼리비아로부터 들어온 불법이민자로 구성된 서비스업 종사자들이 공존하고, 고층건물들이 올라가고 있는 곳으로, 작은 '글로벌 도시'를 연상케 한다(cf. Sassen 1991). 실로, 곳곳에서 이루어지고 있는 토목-건설공사는 시각적으로 '한강의 기적'을 떠올리게 한다. 겉으로 보기에는 '사막의 기적'이 탄생하고 있는 듯했다.

'한강의 기적' 속에서 성장하여 분명 나 자신도 그 혜택을 받았지만, 그 기적을 일구어내는 과정은 순탄하지만은 않았고, 한국 사회에 도리어 깊은 상처와 지우고 싶은 흔적들을 남겼다는 점을 중년이 들어서면서 점점 더 실감하고 있다. 한국의 '기적 같은 근대화' 배후에는 점점 견고해지는 "차가운 근대성"이 버티고 있다(cf. 조한혜정 2006). 사실 기적이라는 것은 없다. 많은 사람들의 피와 땀과 희생이 있으니 드러나는 성과가 있는 것이고, 그 배후에는 구조적 폐해와 인간관계의 파괴, 수많은 상처와 상대적 박탈감, 그리고 근본적인 사회적 재생산을 위협하는 요소들이 산재해 있다. 이키케도 역시 마찬가지였다. 겉으로는 '경제적 발전'의 궤도를 달리는 듯해 보였지만, 오늘날 소프리의 붐(boom)이 과거의 초석 붐처럼 언제라도 꺼질 수 있는 것 같은 불길한 예감이 있었다. 그것은 이곳의 지리적 특수성과 자본주의의 속성, 그리고 국가의 개입(또는 비개입)의 예측할 수 없는 조합으로 언제든지 발생할 수 있었다. 이 지역의 역사가 흥망성쇠의 사이클을 반복적으로 경험했기에 버스트(bust), 즉 경기하락은 심지어 숙명적인 것처럼 생각되고 있었다. "소프리도 언젠가는 문을 닫을 것이다"라는 불길한 예측은 항상 들려왔다. 이때문에 경기가 좋을 때 소위 '대박'을 내야 한다는 일확천금의 심리도 상당히 만연했다.

앞서 이키케의 안팎이 다르다는 묘사를 했다면, 겉으로 드러난 이키케의 전과 후, 즉 과거와 현재도 상당한 불일치를 보이고 있다. 이 역사적인 비연속성을 가장 현저하게 느낄 수 있게 하는 것은 이곳의 정치적 성향이다. 지난 30여 년간 소프리가 몰고 온 경제 붐은 이곳을 칠레에서 비교적 부유한 도시로 만들었고, 이곳은 자유무역지대를 1975년에 설치한 아우구스토 피노체트를 열렬하게 지지하는 지역이 되었다. 피노체트는 1973년 쿠데타로 살바도르 아옌데의 민중연합(Unidad Popular) 정권을 무너뜨리고, 그 잔재를 없애기 위해 칠레의 좌파인사(그리고 좌파로 의심되는 인사)들을 무참하게 체포하고 "사라지게(desaparecer)"했다. 쿠데타 직후에 산티아고의 축구경기장(Estadio Nacional)에서 거행되었던 감금, 고문, 그리고 총살에 이어 산티아고 시내의 비야 그리말디(Villa Grimaldi)에서의 고문, 그리고 북부 사막지대를 배회했던 악명 높은 "죽음의 카라반(Caravana de la muerte)"은 널리 알려진 피노체트 군부정권의 악행들이다.[13] 이러한 테러는 타라파카 지방에서도 일어났다. 이키케 북쪽에 위치한 피사과(Pisagua) 항구는 과거의 초석수출항으로, 이제는 유령도시로 버려진 곳이 되었다. 이곳은 정치범 수용소로 개조되어, 이키케 좌파인사들을 감금하고 고문했던 곳이다. 1990년, 이곳 공동묘지 근처에서 22구의 '정치범' 시체들이 발굴되었다. 모래에 섞인 소금기와 건조한 날씨 때문에 시체들은 썩지 않고 총살당한 그날의 상태로 그대로 보존되어 있었다(Frazier 1998). 쿠데타가 이 지역에 몰고 온 테러바람에도 불구하고, 이곳은 피노체티스타(pinochetista), 즉 피노체트 지지자들이 가장 큰 목소리로 그에 대한 지지를 표명하는 곳이었다. 산티아고의 반피노체티스타들은 이키케를 "피노체트의 애완동물과도 같은 도시"라고 하면서 이곳을

---

13 Dorfman 1998, 2002; Constable and Valenzuela 1991; Spooner 1999; Frazier 1998 참조. "죽음의 카라반"은 북부의 좌파인사를 심문하고 제거하기 위해 특별히 파송된 특수부대였다. 세르히오 스타크 아레야나(Sergio Stark Arellana) 대위가 이끄는 이 부대는 북부의 사막지대를 누비며 노동조합원들과 사회당 인사, 공산당 인사, 좌파에 친화적인 교사와 의사, 변호사들을 검거, 고문하고 총살하였다.

비난했다.

지난 100여 년간 어떤 일들이 벌어졌기에 칠레 노동운동의 발생지가 좌파를 탄압하는 피노체트의 애완동물 격인 도시로 변한 것일까? 지역 경제발전에 대한 약속과 그 실현이 이 지방 사람들의 마음을 움직였던 것일까? 즉, 북쪽의 외딴 지방에 자유무역지대를 설치하고 이 도시가 상업의 중심지로 클 수 있게 한 피노체트의 정책이 이들 주민들에게 일종의 은혜로 받아들여졌던 것인가? 한국의 맥락에서 우리가 너무나도 흔히 직면하는 사실이다. 한국도 역시 '개발'과 '발전'이라는 달콤한 선물을 선사해준 지도자와 인권탄압을 일삼고 민주적 절차를 무시한 '독재자'를 동일한 인물로 인정하고 평가하는 데 어려움을 겪고 있다. 베네수엘라 인류학자 페르난도 코로닐(Fernando Coronil)은 발전과 풍요를 국민에게 약속하며 경제개발을 추진하는 국가를 두고 "마법사와 같은 국가(the magical state)"라고 했다(Coronil 1997). 국가의 강력한 개입으로 부를 창출하는 장치가 작동하면서 국민은 주술에 걸린 듯 이에 매료되어 그 국가적 힘에 압도된다. 독재자는 이곳에서도 마법사로 둔갑하여 국가의 언저리에 앉아 있는 척박한 사막주민들에게 자유무역지대를 통한 발전과 풍요를 약속했던 것일까? 그 배후에 다른 요인들은 없는 것일까?

칠레라는 국민국가에서 '국민'은 누구인가?

이 지역의 근현대사를 추적하는 과정은 이 불연속성을 이해하기 위해 비어 있는 퍼즐조각들을 찾는 과정과도 같다. 중앙정부가 지방에 부여하는 면세특권이라는 특혜가 주어지기 이전에 이 지방과 중앙정부는 복잡한 관계를 가지고 있다. 그 같은 맥락에서 이 책은 근대화를 이루고자 하는 개발도상국가와 국가의 언저리에 있는 지방의 관계에 대한 고찰이다. 스토리는 세 가지 축으로 구성된다. 먼저, 이 책은 국가적인 존재(the state)와 이 국가를 구성하는 국민이라는 두 가지 차원에서 칠레에 주목한다. 두 번째는 국가 언저리에 있는 지방, 그리고 그 지방민이 '국민국가'의 '국민'에 해당되는가를 질문한다. 칠레에서 국민에 대한 이해는 계급적인 패러다임에서 주로 접근되어왔기에, 국가에서 지방의 존재는 정치적으로 중요한 요소로 고려되지 못했다. 여기서 지방의 경험이 국가와의 관계를 어떻게 규정할 수 있는가를 탐색해보도록 한다. 세 번째는 경제사이클의 반복이 한 지방에 끼치는 영향이다. 경기를 타고 흥망성쇠하는 경제는 어떤 지역적 특수성과 정체성을 구성하는가? 국가는 이러한 지방을 보호해줄 의무가 있는가? 국가는 무엇을 해줄 수 있으며, 그 당위성은 어디에 있는가?

칠레는 라틴아메리카 국가 중에서도 중앙집권체제를 일찍 구축하고, 법치주의 공화국으로 민주적 정치체제를 안정된 형태로 세운 나라로 평가된다(Colllier and Sater 1996). 그런 연유로, 라틴아메리카 국가 중에서 칠레는 카우디요(caudillo)가 없는 나라로 인식되어왔다. 라틴아메리카에서 카우디요는 자신의 사설군대를 이끌며 지역주민들을 선동하여 중앙정부에 대항하고 또는 도전하는 지방유지를 일컫는다. 멕시코와 콜롬비아 등과 같이 영토가 광활하고 도로로 잘 연결되지 않은 국가들은 독립한 후에 중앙집권제를 공고히 하려고 해도 카우디요 때문에 지방 구석구석까지 세력을 펼치지 못했었다. 칠레는 나라가 길어도 섬 같은 특징이 있어 국가적 통합이 비교적 원활했다고 역사학자들은 진단한다. 독립 후 칠레는 라틴아메리카의 신생국가들 중에서 비교적 안정된 정치체제를 갖추고, 정치적 안정에 따른 비교적 안정된 국가경제를 구축할 수 있었다.

이들 연구들은 칠레가 안정된 국민국가임을 인정하고 논의를 시작한다. 국민국가는 현시대의 국가들을 일컫는 개념으로, 국민이 주권을 쥐고 있는 국가, 그 영토 안에서 통합되고 권리를 보장받는 국민이 구성하는 국가로 규정된다. 한국에서 다문화의 물결 이전, 즉 이주여성들과의 국제결혼이 성행하기 이전에는, 그 '국민'을 '민족'으로 대체하여 영어의 'nation-state'를 '민족국가'라고 번역하기도 하였다. 그것은 서구에서의 이 용어의 역사적 발전사를 참작해서라기보다는 자신을 '단일민족'으로 스스로 규정하는 우리의 국가적-문화적 상황과 일치했기 때문에 오랫동안 이처럼 사용된 것으로 보인다. 그러나 근대적 국민국가는 "역사적으로 볼 때 군주국가의 민주화된 형태"로서, 과거 유럽의 국가들이 군주라는 주체에게 귀속되어 있었던 것이 국민이라는 주체로 이전된 것이다 (정진영 1994: 305-6). 따라서 근대적 'nation-state'에서의 'nation'은 특정 종족이나 인종집단을 가리키는 것이 아니며, 국가의 법적, 지리적, 제도적 범위 안에서 국민으로 규정된 주체들을 가리키는 것이다. 같은 맥락에서 'nationalism'도 역시 일반적으로 '민족주의'로 번역되어 활용되고 있지만, 유럽에서 'nationalism'이 강화되고 급속도로 확산되었던 19세기에는 (독일을 제외하고) '종족주의'의 표현은 아니었다. 따라서 이 개념은 '민족주의'로 번역이 되지만 사실상 '국가주의'에 더 가까우며 국가중심으로 결집된 귀속 이데올로기를 가리킨다. 어네스트 겔너의 표현을 빌리자면, "Nationalism은 정치적 단위와 국민적 단위가 일치되어야 한다는 정치적 원리"인 것이다(Gellner 1983: 1). 즉, 엄밀한 의미에서 'nationalism'은 근대국가에 대한 귀속과 소속을 다짐하는 국민의식의 표현인 것이다. 현대사회에서 두 개념이 혼동되는 것은 종족 중심의 민족주의와 국가 중심의 국가주의가 공존하고 있기 때문이다. 특히, 한국의 경우 단일민족 이데올로기가 국가적 통합에 필수적인 국민적 통합을 이루는 데 효과적이었기 때문에 여전히 국민국가를 민족적 단위의 국가로 해석하려는 관성이 남아 있다.

서유럽과 현저하게 다른 근대화를 경험한 (유럽의 입장에서 본) '신생국가들'은 군주국가의 민주화에서 탄생한 것이 아니라 식민지 세력으로부터 독립하면서 형성되었다. 한국의 경우 조선왕조가 일제식민지 이전에도 한반도에서 영토를 보전하였기 때문에 "국가-영토-민족-국민"이 (남북한의 분단을 제외하면) 비교적 통합된 형태로 발전되어왔다. 라틴아메리카의 경우는 달랐다. 라틴아메리카의 독립은 스페인 정복자들의 후예인 백인 크리오요(criollo) 집단의 주도로 이루어졌다(Lynch 1986). 민주공화국을 표방하면서 탄생한 라틴아메리카 국가들은 서구의 자유민주주의 체제를 모델로 국가를 세웠지만 엄밀한 의미에서는 국민적 통합을 근거로 국가가 세워진 것은 아니었다. 소수 백인 지도층은 비옥한 땅의 농장들을 소유한 대지주로, 지역사회의 정치권과 경제권을 모두 장악하였다.

나라마다 다소 차이가 있으나 원주민과 메스티소(mestizo) 혼혈인은 공화국이 규정하는 '시민'이라는 개념으로부터 배제되었다. 19세기에 브라질과 아르헨티나, 칠레와 우루과이를 목적지로 하는 유럽인들의 이민이 급증하였다. 아르헨티나와 칠레에는 영국, 이탈리아, 스페인과 크로아티아인의 이민이 늘어났는데, 특히 독일인의 이민은 국가가 주도한 것으로, 원주민들이 기거하는 지방을 '백인화'하기 위해 토지를 싸게 나눠주기도 했다(Collier and Sater 1996). 칠레의 경우, 이들 이민자들은 급격히 증가하고 있는 노동계층의 일부가 되거나 신흥 상인계층과 교사, 변호사, 의사 등의 전문가 계층이 되었고, 이들 집단은 자신들의 권리를 내세우는 사회운동을 통해서 '국민'으로서의 권리를 획득하게 되었다. 칠레에도 인종주의가 깊은 뿌리를 가지고 있지만, 메스티소들이 노동계층으로 흡수되고 노동운동을 통해서 정치무대에 등장함으로써 이들의 권리는 인종적인 맥락이 아닌 계급운동의 맥락에서 주장되었다. 그렇다고 해서 칠레가 원주민이 없는 것은 아니다. 총인구에 대비해서 원주민 인구가 과테말라와 페루, 볼리비아, 에콰도르만큼 많지는 않지만, 원주민 집단인 마푸체(Mapuche)와 아이마라(Aymara)는 각각 남부와 북부에 지정된 원주민 거주지에서 생활한다.[14] 예상할 수 있듯이, 이들 집단, 특히 마푸체와 칠레정부 간의 관계는 계속 대립적이며 갈등적이었다(Bengoa 1985, 1999).[15]

그러나 칠레의 사례에서 주목해야 할 점은, 현대적인 의미로서 '국민'으로서의 귀속감은 계급개념에서 발전되었다는 점이다. 19세기 말, 도시화와 북부 지방의 광산들이 개발되면서 형성된 노동계층은 국민으로서 대표성을 가지고 권리를 행사하기 위해 정치적 세력을 구축하였고, 정당정치에 참여하게 됨으로써 대표성을 갖게 되었다. 그러나 타라파카 지방을 연구한 프레이저에 의하면, 그 과정은 결코 순탄하지 않았다. 프레이저는 북부지방에서 국가가 군을 동원하여 행사한 폭력의 사례와 이에 대한 기억들을 연구했는데, 국가는 20세기 초반까지 노동계급을 탄압하고 사살함으로써 칠레가 안정되고도 통합된 국가가 아니라 폭력의 행사로 지탱되는 취약한 국가라는 점, 노동자는 공권력에 의해 쉽게 사살되고 탄압받는 존재로서 '국민'의 대열에서 사실상 배제되었다는 점을 강조했다(Frazier 1998). 프레이저에게 있어서 폭력의 행사는 국가권력의 반영이기도 하지만, 국가에 대한 도전을 감당할 수 없는, 취약한 국가의 대응방법이기도 했던 것이다. 그러나 노동계층에 대한 탄압과 배제는 이 집단의 정치세력화를 가속화하고, 결국 산티아고의 주 정치무대에서 사회당과 공산당이 활약하게 되면서, 1971년 살바도르 아엔데의 민중연합의 승리로 비로소 국가가 포괄할 수 있는 '국민'으로서 서게 된다. 물론 이는 1973년 쿠데타에서 다시 좌절된다.

칠레 현대정치사에서 '국민'은 계급적인 구도에서, 나아가서는 좌우

---

14 2002년 총인구 센서스에 의하면, 칠레에서 원주민의 비율은 총인구 대비 4.7%이며, 마푸체가 4.0%를 차지하고 있다(INE 2002).

15 그러나 그 갈등의 수위가 꽤 높음에도 불구하고, 그 수가 적어서 현재 라틴아메리카에서 폭발적으로 일어나고 있는 원주민의 정치참여와 권력장악(볼리비아와 에콰도르가 그 대표적인 예이다)은 이루어지지 않고 있다.

이데올로기의 구도 안에서 이해되었기 때문에, 지방이라는 단위는 큰 주목을 받지 못했다. 그러나 지금의 구리가 칠레 경제에서 핵심적인 역할을 하듯이, 과거에는 초석이 칠레 국고를 채웠다. 초석시장이 죽고, 초석생산이 중단되자 북쪽의 작은 도시들은 또다시 사막의 모래에 뒤덮여 사라지는 듯했다. 칠레의 국고를 채울 때 '국민'으로서의 대우를 받지 못했음에도 불구하고 임무를 다했던 초석생산자들은 초석시장이 죽고 나서는 더 이상 칠레 '국민'이 아니었다. 초석에 의존했던 국가경제가 무너지면서 국가도 흔들렸는데, 그 과정에서 타라파카 지방에 국가의 손길이 닿지 않았다. 대안적인 경제가 존재하지 않았던 타라파카 지방에서는, 그간 사막 곳곳에 세워졌던 정착촌들이 버려지고 유령마을로 변했다. 반복되는 흥망성쇠의 경제사이클을 경험했던 이곳 주민들은 중앙에 대한 강한 불신을 키우게 되었다. 척박한 이 땅에, 거의 운명적인 것처럼 흥하고 쇠하는 경제 속에서 살아간다는 것은 과연 무엇일까? 흥망성쇠의 망령과 불안은 어떻게 떨칠 수 있는 것일까?

국가주도형 지역개발에 대한 질문을 가지고 칠레북부로 향한 나는 자유무역지대 개발 배후에 복잡하게 얽혀 있는 칠레라는 국가와 타라파카라는 지방의 관계라는 "인류의 상태"를 발견하였다. 이 지방은 대등하지 못한 관계에서 출발하여 국가에 공헌만 하고, 더 이상 공헌을 하지 못할 때에는 배제당하고 무시당하고, 버려진 것에 대한 분노를 느끼고 이를 바로잡으려고 했던 노력이 있었다. 이곳에 사는 주민들은 형식적으로는 칠레 국민이었지만, 국민으로서 받아야 할 대우를 못 받았다는 집단적 사고를 하고 있었다. 이 책은 궁극적으로 이 관계에 대한 이야기이다. 이 책에서 소개되는 스토리에는 지방민이 주인공으로 등장하지만, 한편 완전하게 국민국가를 세우지 못한, 여전히 미완성 프로젝트인 국가형성에 대한 스토리이기도 하다. 나는 칠레와 타라파카에 관한 이야기를 서술하는 것이지만, 그 내용은 19세기와 20세기에 탄생한 제3

세계 신생국가 어디에서나 발견될 수 있는 사례일 것이다.

책의 구성

이 책은 나의 박사학위 논문 「흥망성쇠의 문화와 자유무역지대: 칠레에서의 이키케의 자리를 찾기 위한 투쟁(The Culture of Boom-and-Bust and the Duty-free Zone: The Struggle to Find Iquique's Place in the Chilean Nation-State)」을 수정하여 보완한 것이다. 학술총서의 일환으로 출판되지만, 편집자들의 요구에 따라 가능한 한 논문의 성격을 덜고 지역학 전문가가 아닌 독자도 편하게 읽을 수 있도록 구성하였다. 누가 책의 성격이나 장르를 굳이 묻는다면 명료한 답을 주기가 어려울 것 같다. 사용자의 편의를 위한 인위적인 분류 항목으로 제시되는 각 '전공'에 내 자신을 어디에 두어야 할지, 내가 한 공부를 어떻게 자리매김해야 하는지는 실로 복잡한 문제이다. 국가와 지방의 관계를 다루기 때문에 정치인류학이라고도 할 수 있고, 흥망성쇠의 사이클과 자유무역지대를 다루기 때문에 경제인류학이라고도 할 수 있겠지만, 굳이 이름을 붙여야 한다면, 이 두 차원을 포괄하는 역사인류학이라는 항목이 가장 적절할 것 같다. 책의 앞부분은 역사적인 내용을 많이 다루고 있고, 뒷부분은 밀레니엄 이후의 이키케를 다루고 있다.

에스노그라피에서 사실 내가 항상 가장 재미있게 읽는 부분은 그 현장에 기거하는 사람들의 삶에 관한 이야기들이다. 다른 학문분야와 차이점이라면 차이점일까? 문화인류학은 살아 있는 사람들의 이야기를 담아내기 때문에 더욱 더 사실적이고 호소력도 있다고 생각한다. 우리는 거시적인 분석과 미시적인 분석을 동시다발적으로 수행하지만, 그곳에는 항상 우리와 함께 기거하는 현장의 사람들이 있다. 현장조사 과정 중에 많은 사람들이 그들의 삶의 이야기를 함께 나누어주었다. 그 이야기들을 각 장에 집어넣고 싶었지만, 논의의 맥이 끊기는 면이 없지 않아, 해당 장의 별도 공간에서 소개하도록 할 것이다.

본 책의 구성은 다음과 같다.

2장 「역사쓰기와 지방사 발굴의 문제」는 책의 골격이 되는 틀을 제시한다. 본 장은 사회과학 연구에서 흔히 볼 수 있는 '역사적 배경'과 유사한 역할을 하지만, 무비판적으로 '역사적 배경'을 이 지역의 역사서에 준해서 주어진 그대로 받아들이기보다는, 이 지역의 시각에서 쓰인 지방사를 구축하기 위한 사전단계로서, 이 지방을 다루지만 이 지방에 대한 것이 아닌 기존의 역사서들을 비판적으로 검토한다. 이 지방 고유의 시각에서 이곳의 현대사를 쓴다는 것은 어떤 의미가 있는지를 알아본다.

3장 「흥망성쇠의 망령과 이키케 발전위원회의 부상」은 초석의 역사에 가려져 현대사에서 빠진 이키케 발전위원회와 지역발전에 대한 지역주민들의 열망을 다룬다. 발전에 대한 소망은 그저 잘 살아보겠다는 열망이 아니라, 심한 경기변동에 따른 불안정한 생활이 청산되는 것에 대한 소망이었다. 경기의 흥망성쇠가 남긴 상처들과 이것이 다시 반복될 수 있다는 두려움과 위기의식이 망령처럼 도시 전체를 위기로 몰고 간 배경들을 살펴본다.

4장 「'칠레는 명예의 빚을 갚아라!': 지방민의 반란과 검은 깃발의 시위」는 흥망성쇠의 망령을 내쫓고 파멸시키기 위한 자구책으로서 자유무역지대에 대한 논의가 부상하는 과정을 담았다. 자유무역지대에 대한 열망과 요구는 사실상 정부주도하에서 나온 것이 아니라, 주민들의 요구로 먼저 제시되었다. 그러나 정부는 이를 무시했고, 타라파카 주민들은 칠레로부터 독립하여 '북의 공화국'을 세우겠다고 선언하고 시 전체에 검은 깃발을 걸어, 정부가 도시를 "죽였다"는 메시지를 중앙에 보냈다. 타라파카 지방은 독립하지 않았으나 이 시위는 자유무역지대를 이곳의 경제적 문제를 해결하고 흥망성쇠의 망령을 내쫓을 수 있는 대안으로 성립시켰다.

5장 「독재자의 선물: 이키케 자유무역지대의 설립과 개발신화」는 이키케 자유무역지대 설립에 대해 이곳에서 회자되는 여러 탄생신화를 소개하고, 자유무역지대의 설립자로서 피노체트를 받아들이고 추대하게 된 배경을 설명한다. 현존하는 자유무역지대는 피노체트 이전에 다른 형태로 구축 중이었지만, 쿠데타는 그 모든 과정을 중단시키고 새로운 자유무역지대를 탄생시켰다.

6장 「다시 생각하는 "자유무역": 소프리의 감시문화와 도덕경제의 문제」는 자유무역지대의 작동방식, 즉 무관세 상업거래의 관행과 특징을 정리한 장이다. 자유무역지대에서는 면세특권이 상업거래를 촉진시키는 인센티브로도 작용을 하지만, 면세특권에서 가치를 창출하기 때문에 보호하고 감시해야 하는 대상이기도 하다. 이곳에서 창출되는 가치는 이 가치를 창출하는 데 참여한 다양한 행위자들이 나누게 된다. 누가 얼마만큼을 가져가야 하는가에 대해서는 항상 이견과 이해관계의 대립이 있다. 결과적으로, 이곳에서 발생하는 가치에 대해서는 상반된 의견들이 등장하고, 이를 이키케의 "검은 돈"과 연루시키는 루머들 가운데 자유무역지대의 도덕경제가 도전받는다.

7장 「자유무역지대의 쇠퇴와 칠레의 마지막 카우디요」는 유독 이키케에서만 발견되는 지방주의 포퓰리즘에 대한 고찰이다. 중앙정부에 대항하는 이미지를 구축해온 이키케의 시장 호르헤 소리아는, 반중앙주의 카드를 잘 활용하여 이키케 시장으로서 '장기집권'을 지속적으로 해온 인물이다. 흥망성쇠의 문화가 남긴 불안감과 2000년 경기의 하락에서 새로이 등장한 흥망성쇠의 망령은 다시 소리아를 이곳의 구원자로 자리매김했다. 이를 비합리적인 선택을 하는 주민의 관점으로 봐야 하는지, 또는 비합리적인 경제에 대한 합리적인 정치적 반응으로 봐야 하는지를 질문한다.

마지막 장 「에필로그: 2014년, 다시 사막으로」는 오늘날의 이키케의 풍경을 담은 장이다. 그간 변한 것도 있고, 변하지 않은 것도 있다. 여전히 경기에 대한 걱정은 계속된다. 도시는 그간 성장했지만 삶의 질은 그다지 나아지지 않았다. 여전히 호르헤 소리아가 시장직을 맡고 있다. 그러나 소프리는 새로운 국면에 처해 있다. 입주상인들과 고용인들이 소프리사(자유무역지대 운영사)에 대항하여 노동시간과 영업시간을 줄여달라는 요구를 하며 데모가 계속되고 있다. 이키케 항만공사도 수개월간 파업에 들어가 콘테이너 선들이 이키케에 정박하지 못하고 다른 항구에 물건을 내리고 있다. 양태는 시대마다 다르지만, 이키케 사람들은 이제 외국인 입주상인을 포함해서, 여전히 중앙에 정당한 요구를 하고 저항하고 있다.

　나는 이키케를 방문하기 전부터, 칠레 정치사와 정치경제사를 공부하는 과정에서, 우리나라와 닮은 부분이 참으로 많다고 생각했다. 실제로, 인류학계의 한 원로교수님은 내게 다음과 같은 얘기를 전해준 적이 있다. 문화인류학은 문화의 특징들을 집어내서 차이를 중심으로 비교를 하는 학문이지만, 현장조사를 다니면 다닐수록 인류라는 종(種)은 차이점보다 공통점이 훨씬 더 많다는 것이다. 이키케에 가면 새삼 그분의 얘기가 자주 떠오른다. 이키케 사람들의 생활방식이 한국인과 다른 면도 무척 많지만, 우리는 사회구조적으로 유사한 데가 참으로 많다. 나는 이 책을 읽는 독자도 그 유사점들을 발견해서, 지구 반대편이지만 우리네와 비슷한 근현대사적 경험을 한 칠레에 공감을 하고 이해를 할 수 있으면 좋겠다. 그러는 한편, 차이점도 발견하여 우리 자신을 성찰하고 우리가 선택할 수 있었던, 그리고 앞으로도 선택할 수 있는 다른 길들에 대한 열린 사고도 할 수 있기를 바랄 뿐이다.

2장

역사쓰기와 지방사 발굴의 문제

지난 70년 동안 이키케의 역사는 칠레 초석의 역사로 오해되어왔다.
—라울 키나스트 데 라 로사, 이키케 발전위원회 위원장,
1954년 시민공청회 개회선언에서[1]

우리는 왜 타라파카의 초석개발시기와 이 시대를 살았던 사람들에 주목
하는가? 이 시기가 칠레 정부 예산에 큰 비중을 차지했다는 점과 칠레, 그
리고 라틴아메리카 노동운동의 주인공과 그 조직들이 등장하는 시기였다
는 점 때문에 그러할 것이다. 그럼에도 불구하고, (…) 타라파카의 역사는
지방의 관점에서 서술된 적이 없다.
—세르히오 곤살레스 미란다(González Miranda, 2002: 13)

이키케, 그리고 타라파카 지방은 칠레의 근대화 과정에 핵심적인 역할
을 했던 곳으로서, 이곳의 역사는 칠레의 현대사와 떼려야 뗄 수 없는
관계에 있다. 이 지방의 역사는 특히 칠레의 근대적 국가 형성과 깊은
관계를 가지고 있는데, 이 지역의 사회경제적 발전사와 국가의 사회경
제적 발전사는 동전의 양면과도 같다. 지금의 타라파카 지방은, 안토파
가스타 지방과 아리카-파리나코타 지방과 함께, 칠레가 태평양 전쟁(la
guerra del Pacífico, 1874-1879)에서 페루-볼리비아 연합군에 승리하여 칠레로
합병한 영토이다. 전쟁에서의 승리 이후, 칠레 정부는 이곳에서 생산되
고 수출되는 초석에 수출세를 징수함으로써 엄청난 수입을 확보했
다. 정부예산으로 편입된 이 수입은 칠레의 길다란 국토를 연결시켜

---

1   El Tarapacá, 1954년 3월 1일자

줄 철도와 도로망의 건설 등에 사용되었다. 한편, 한창 붐을 이루고 있던 초석산업은 전국으로부터 많은 노동자를 끌어들였고, 사막 한복판에서 고립된 섬과도 같은 초석광산에서 기거하며 일을 해온 그들은 칠레에서 최초로 조직적인 노동운동의 주인공들이 되었다. 칠레가 전 세계에서 최초로 사회주의 대통령을 선거로 당선시킨 전례 없는 국가가 되면서, 칠레좌파에게 이키케와 타라파카 지방은 사회주의를 탄생시킨 노동운동의 성지로, 다시 칠레 현대사의 영웅으로 자리매김되었다.

타라파카 지방은 이처럼 칠레 현대사의 중요한 사건들이 벌어졌던 장소이자 근대적 국가를 구성하는 데 필요한 주요 역사적인 (나아가서 드라마틱하고도 비극적인) 사건들을 제공해주기도 하였다: 국가는 군을 동원하여 자신의 주권과 영토를 확장하고 지키려고 했으며, 국가적 정당성을 근거로 이 지역을 관리하고 운영하는 주체로 부상했다.[2] 그러나 국가중심의 역사서술이 표방하는 것과 달리, 근대적인 국가의 형성은 필연적이지도 않으며, 역사적인 사건들 또한 꼭 '자연스럽게' 진행되지도 않는다. 칠레의 경우, 그 구성은 국가를 중심에 두면서 국가적 발전 또는 정치의 주 무대인 산티아고 정치계를 중심으로 서술된다. 그러한 서술에서 우리는 두 가지를 발견한다. 먼저, 국가적 차원의 사건들에서 타라파카 지방이 산티아고와 외국투자가들의 결정에 의해 철저하게 통제를 받았고 중앙에 종속적인 입장이었다.

---

2 막스 베버는 서구의 근대 국가를 "특별한 형태의 국가," 즉 다른 시대의 국가와 구별되는 존재로서, 그것이 추구하는 목적이나 목표보다는 권력을 구성하고 유지하는 데 활용되는 수단으로 개념화하고 접근하였다. 베버는 근대국가의 구성요소를 폭력에 대한 독점권(monopoly, control of the means of violence), 영토권(territoriality), 주권(sovereignty), 입헌성(constitutionality), 인물중심의 권력이 아닌 제도적 권력(impersonal power), 공공관료제(public bureaucracy), 권위와 정당성(authority and legitimacy), 그리고 시민권(citizenship)으로 규정하였다(Weber, 1978: 54-6). 이 요소들에 정치학자 피어슨은 "징세(taxation)"를 더했다(Pierson, 1996: 8).

두 번째는 그 사실이 지방사의 부재를 통해서 드러난다는 점이다. 타라 파카 지방의 현대사는 국가의 서사와 너무 긴밀하게 연관되어 있어 구분이 쉽지 않으며 텍스트 차원에서도 종속된다. 같은 사건이라도 지방의 시각에서 이를 서술한 것과 중앙정부의 시각에서 이를 서술한 것은 다를 수밖에 없다. 그런데 국가를 중심으로 둔 역사적 서사는 은연중에 국가중심의 역사를 재생산한다. 다른 역사가 부재한 가운데 독보적인 목소리가 되어 과거에 대한 '한 이야기(a story)'가 아니라 '유일한 이야기(the story)'가 되어버린다는 것이다. 이것은 국가권력의 속성으로, 누군가의 모략이나 음모에 따라 그렇게 되었다는 주장이 아니다. 이것은 국가권력의 텍스트적 반영이며, 국가중심의 서사는 이러한 위험성을 항상 내포하고 있다는 것이다.

그렇다면 국가가 아닌 지방을 중심에 두고 이곳 현대사를 서술할 수 있는 새로운 틀을 어떻게 구성할 수 있는가? 이 장에서는 이 과제에 도전해본다. 이키케 출신의 역사학자 루이스 카스트로와 이곳을 연구해온 역사학자이자 인류학자인 레시 조 프레이저는 타라파카 지방의 역사를 "탈초석화(desalitrizar)"시켜야 한다고 주장한다(Castro 2004, Frazier 1998). 이 지방의 역사를 "탈초석화"한다는 것은 이 지방고유의 역사를 초석생산과 그 이해관계에만 초점을 맞추고 있었던 초석에 대한 역사쓰기로부터 분리시켜야 한다는 것이다. 이 장 도입부에서 인용한, 이곳 지역지도자였던 라울 키나스트가 말했듯이, 그간 이 지방의 역사는 너무 오랫동안 초석의 역사와 혼동되었다. 초석을 좌지우지했던 세력다툼에만 초점을 맞춘 분석들은 이곳 지방사를 초석시대의 화석으로 환원시키고 있다. 이 논리를 따르게 되면, 초석산업의 종말 이후, 이곳 역사도 끝난 것이 되어버린다: 그 고비를 넘기고 여전히 살아 있는 이곳 현대사를 서술할 수 있는 근거가 없어진다. 대서사들에 묶인 이곳 지방사는 옥에 죈 듯 그 틀을 벗어날 수 없게 된다.

이곳 역사를 "탈초석화"시킨다는 것은 서사, 즉 이야기의 중심을 국가에서 지방으로 돌린다는 것을 의미한다. 이 장에서는 이 지역의 현대사를 담아내기 위한 새로운 서사의 틀을 구성해보고자 한다. 서문에서 밝혔듯이, 칠레 사회주의의 성지였던 노동운동의 발생지가 피노체트를 열렬히 지지하는 도시로 탈바꿈하고 칠레의 대표적인 '쇼핑몰 도시', 즉 소비의 중심지가 되어버렸다. 새로운 틀을 구성하는 것은 표면으로 역사적 단절, 나아가서는 모순으로 보이는 듯한 이곳의 역사를 이해하고 수긍할 수 있게 하기 위함이다. 앞 장에서 밝힌 것처럼, 에스노그라피는 문화적 이해를 시도하고 문화를 설명해내는 일종의 서사이다. 여기서는 이 지방의 역사를 국가의 역사로부터 분리시키고, 선형적이며 발전지향적인 역사가 아닌 반복적인 흥망성쇠의 사이클을 토대로 지방중심의 서사를 제시해보고자 한다. 국가에 대한 역사서술은 국가의 발전사를 다루는 것으로, 사람과 비유를 하자면 태어나는 시점에서 성장하는 과정, 질풍노도의 시기, 청년기, 그리고 발전의 열매를 맺는 성인기에 도달하는 것으로 정리되어왔다. 전형적인 근대적 대서사들이 국가발전을 중심으로 서술되면서 수많은 목소리와 경험들이 사장되었다. 국가발전의 대서사도 일종의 근대적 환상이 아닐까? 이러한 서술방식은 국민국가의 '국민'이 국가의 발전궤도와 함께 발전했다는 환상을 불러일으킨다. 그러나 이곳의 역사만 봐도 그렇지 않다는 사실을 알 수 있다. 따라서 순환적 사이클로 역사를 서술하는 것은 선형적인 역사이해에 대한 도전이기도 한 셈이다. 이 작업은 그것을 해체하기 위한 일련의 작업이다.

칠레역사에서 타라파카 분리시키기

역사를 얘기하기 전에 칠레를 먼저 들여다보자. 칠레사람들은 칠레를 두고 "길고 가느다란 띠와 같은 땅(una larga y angosta faja de tierra)"이라고 한다(Collier and Sater 1996: xvii).[3] 칠레 영토의 길이는 약 4,200km이며, 폭의 평균은 약 140km이다. 눈부시게 아름다운 산과 바다와 사막은 이 나라에 '천연 국경'을 제공한다. 칠레는 서쪽으로는 광활한 태평양, 동쪽으로는 웅장한 안데스 산맥, 북쪽으로는 척박한 아타카마 사막, 그리고 남쪽으로는 땅 끝인 티에라 델 푸에고(Tierra del Fuego)와 안타르티카(Antartica)[4]를 두고 있다. 위도 38°를 가로지르는 칠레는 다양한 기후대를 가지고 있으며, 이는 결과적으로 다양한 경제적 생산방식과 삶의 방식을 발전시켜왔다.

이키케는 칠레 북단의 작은 항구도시이며, 칠레 제1지방인 타라파카 지방의 수도이다.[5] 타라파카 지방과 그 위의 아리카-파리나코타(Arica-Parinacota) 지방, 그 아래의 안토파가스타(Antofagasta) 지방과 아타카마(Atacama) 지방은 세계에서 연중 강우량이 가장 적은 아타카마 사막이 펼쳐지는 곳이다. 사막 해안가는 포근한 기후를 가지고 있지만, 일교차가 40°C를 육박하는 내륙의 사막기후는 혹독하다. 사막이 안데스 줄기로 이어지는 동쪽으로는 계곡들이(quebradas) 생긴 지형이 있어, 이곳에서는 올리브 등의 재배가 가능하며 가축들도 서식한다. 동쪽 끝으로는 해발 4,000~4,800m의 안데스 봉우리들이 자리 잡고 있어 옆 나라 볼리비아

---

3   여기서 "띠(faja)"는 허리에 묶는 그런 띠를 의미하기보다는 정치가들이 예복을 착용하는 경우 어깨에서 허리로 이어지는 띠(달리 말하자면, 미스 유니버스 띠)를 의미한다.

4   칠레는 안타르티카에 대한 영유권을 주장하고 있다.

5   칠레는 행정적으로 원래 13개 지방으로 구성되어 있었다. 13개 지방은 고유의 명칭을 가지고 있었으나, 피노체트가 정권을 잡은 이후 지방명은 숫자로 변경되었다. 피노체트 정권에 반대하는 사람들은 이 같은 개편이 불필요하며 지방색을 없애는 의도적이고도 전략적인 술수였다고 주장한다. 1997년에 13개 지방은 15로 늘어났는데, 이 개편의 결과로 이키케 북쪽 지역과 페루 국경사이의 영토가 제15지방(수도 아리카)이 되었다. 이로써 제1지방이었던 타라파카 지방은 더 이상 최북단의 지방이 아니게 되었다. 이 책에서는 제1지방을 현지인들이 사용하는 명칭인 타라파카 지방으로 일관되게 서술했다.

와의 경계를 그어주고 있다. 2007년에 북쪽 아리카 지방이 새로운 행정 구역으로 분리되기 이전까지 타라파카 지방은 칠레의 최북단 지역으로, 북쪽에 페루를 두고, 동쪽에 볼리비아를 둔 이 나라의 국경지대였다.[6]

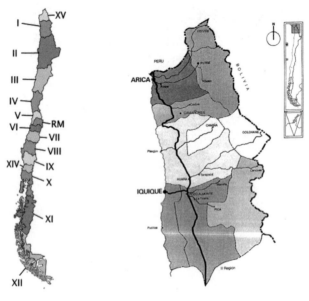

칠레의 각 지방

칠레의 노르테 그란데: 제1지방 타라파카와 제15지방 아이카-파리나코타

아타카마 지역의 사막지대는 1800년대까지 사람이 거주하지 않는 불모지였다. 안데스 산맥이 갑자기 솟아오르는 동쪽 끝 쪽의 계곡에서는 아이마라(Aymara) 원주민이 자연부락을 형성하고 살았지만, 사막지대는

---

6 스페인의 정복자들(*conquistadores*)이 현재 페루영토의 잉카문명을 재패하고 남쪽으로 진군하고자 했을 때 아타카마 사막은 큰 걸림돌이었다. 사막 남쪽으로 현재 칠레의 중부지방을 이루고 있는 비옥한 땅이 있었음에도 불구하고, 칠레는 다른 중남미권에 비해 식민지 종주국의 간섭이 그리 심하지 않았고, 따라서 독립전쟁 중에도 저항을 많이 해서라기보다는 식민지 종주국의 손길이 닿지 않는 곳에 있었기 때문에 어부지리로 독립을 한 셈이다(Collier and Sater 1996).

몇 군데의 오아시스를 제외하고는 사람이 살 수 있는 곳이 못 되었다. 1800년대 중순까지는 해안가의 갈매기들이 바위에 누고 가는 배설물을 긁어내어 이를 모아 수출하는 소규모 산업이 존재했다. 이미 페루 해안가 지방에서 성행하고 있었던 구아노(*guano*) 산업은, 이 배설물이 비료로 사용될 수 있도록 포장하여 해외로 수출하고 있었다.[7]

이 지역에서 초석[8]이 발견된 것은 1870년대 전후이다. 장차 "솔트피터(saltpeter)", "포태쉬(potash)", "백금(white gold)"이라는 명칭을 얻게 될 초석은 사막의 내륙, 즉 팜파(*pampas*)[9]에서 추출되어 해외로 수출되었다. 초석은 당시 비료와 화약을 만드는 데 중요한 천연재료였다. 유럽의 도시들이 산업혁명을 타고 급속도로 확장되고 있을 때, 팽창하는 도시민에 원활한 식품조달을 보장하기 위해, 농업생산성은 매우 중요하고도 심각한 문제였다. 한편, 서구열강들이 밖으로는 식민지적 팽창을 하고 있었기 때문에 화약에 대한 수요도 매우 높았다. 초석산업을 공부한 학자들에 의하면, 19세기 말의 초석은 비유를 하자면 20세기의 석유만큼 중요한 자원이었다고 한다(Blakemore 1965; 1974). 타라파카와 안토파가스타 지방은 세계에서 유일하게 초석이 채굴되는 지방으로, 이 자원을 독점적으로 공급했는데, 이는 영국 주식시장에서 투기의 대상이 되기도 했다.

타라파카 지방은 원래 페루의 영토, 안토파가스타 지방은 볼리비아 영토였지만, 사실상 불모지에 가까웠기 때문에 각 국가들이 신경을 쓰

---

7 구아노를 채집하는 노동력이 부족해 중국으로부터 노동력을 수입하기도 하였다. 페루 남단과 칠레 북단에는 중국 광동지방 출신 사람들의 후손들이 종종 발견되곤 한다. 그리고 쌀을 거의 매일 먹는 이 지역 식단에서도 이들의 흔적이 발견된다. 16~18세기 타라파카에 대해서는 Villalobos, 1979 참조.

8 초석의 화학성분은 질산나트륨(sodium nitrate)이다($NaNO_3$).

9 칠레북부의 "팜파스"는 아르헨티나의 광활한 초원지대를 일컫는 "팜파스"와 구별되고, 따라서 혼동되어서는 안 된다. 같은 용어를 쓰지만 의미하는 바가 다르다.

면서 관리하는 곳은 아니었다. 타라파카 지방에서 초석이 발견되어 생산되기 시작할 때 페루 자본보다는 칠레 자본이 먼저 들어가서 광산을 개발하고 항구로 연결되는 도로들을 만들었다. 초석시장이 기하급수적으로 팽창하자 페루와 볼리비아 정부는 초석생산과 세제에 대한 규정을 바꾸고, 이러한 조치가 임의적이라고 판단한 칠레 초석개발자들은 본국의 개입을 요청했다. 이 분쟁은 결국 태평양 전쟁이 발발하게 된 이유이다. 이 전쟁에 칠레가 승리함으로써 타라파카와 안토파가스타 지방은 칠레영토가 되었다. 볼리비아는 안토파가스타를 칠레에게 넘겨줌으로써 태평양으로의 출입구를 상실했고, 페루는 당시 급성장세를 보이던 초석산업에 대한 개발권을 모두 칠레에게 넘겨주게 되었다.[10] 종전 이후

10 칠레, 페루, 볼리비아 3국에게 태평양 전쟁은 매우 중요한 역사적 사건이다. 분쟁은 볼리비아 정부가 안토파가스타의 초석광산의 세율을 임의로 올리면서 시작되었다. 칠레인 소유주들이 이런 조치가 그 이전에 맺어진 조약에 위배된다고 항의하자, 볼리비아 정부는 군대를 보내 광산들을 점령하고 칠레인 소유의 재산을 몰수하였다. 이에 페루가 볼리비아와 친선협약을 맺고 전쟁준비에 돌입하자 칠레는 페루와 볼리비아 두 나라에 전쟁을 선포했다. 칠레는 페루와 그 전에도 두 차례 전쟁을 치룬 경험이 있었다. 세 차례 모두 칠레가 승리하여 칠레군이 페루 수도 리마(Lima)로 승전군으로 행진하는 경우도 있었다(첫 번째 전쟁은 1820년대 초반, 독립전쟁 때에 일어났으며, 두 번째 분쟁은 1836-1839 페루-볼리비아 연합군을 대상으로 싸운 전쟁이다). 이런 역사 때문에 페루와 볼리비아에서는 반칠레 감정이 여전히 강하며, 칠레를 신식민지 세력으로 비추는 경향도 있다. 페루의 대표적인 파우카르탐보(Paucartambo) 종교축제에서 칠레인들의 욕심과 폭력을 풍자하는 춤과 가면들이 등장한다(Cánepa-Koch 1993; 1999). 볼리비아에서는 "칠레인들을 죽여라!" 등의 구호가 도시들 곳곳에 그래피티로 발견된다. 칠레는 오랫동안 페루-볼리비아에 대한 승리들을 칠레인의 "백인성"과 연결시켜 필연적인 인종적 우월성으로 해석해왔다. 사실상 칠레도 90% 이상의 인구가 메스티소로 구성되어 있다. 그럼에도 불구하고 이 전쟁들은 촐로스(cholos), 즉 원주민 인디언에 대한 승리로 해석되고 있다. 그러나 역사학자 세이터에 의하면, 칠레는 역사적으로 전쟁을 선호하는 전투적 성격의 국가가 아니었다고 한다. 세이터는 세 번의 전쟁이 모두 우발적인 사건으로 시작되었다는 점을 언급하면서, 특히 마지막 두 분쟁에서는 칠레정부가 전쟁을 피하려고 부단한 노력을 했음을 보여주고 있다. 반면, 페루와 볼리비아 두 정부는 모두 승전할 자신감이 있었으며, 준비도 훨씬 오래 했었다는 자료를 제시해주고 있다. 태평

타라파카는 초석생산의 중심지로 발전했고, 이키케는 초석수출의 관문이 되었다. 초석추출과 정제기술은 영국에서 정교화되고, 점차적으로 영국자본이 초석광산들을 현대화시키고 대량생산을 가능하게 했다.[11]

타라파카 지방의 초석산업은 칠레 정부에겐 금광과도 같았다. 점차적으로 광산의 소유는 영국자본으로 넘어갔지만, 칠레정부는 초석에 수출세를 매겨, 초석출세에서 들어오는 수입으로 국고를 채웠다. 19세기 말, 초석수출세는 칠레국고의 약 70%를 차지했다. 전쟁 직후에 타라파카 지방의 수도는 내륙에 자리 잡고 있는 동명의 작은 마을이었으나, 수출물량이 급격하게 증가하면서 주 수출항인 이키케로 이전되었다. 이키케는 오늘날 타라파카 지방의 수도로, 도시와 인근 군(comuna) 인구는 2002년도 센서스 당시 164,396명이었고, 2012년에는 180,601명이었다(INE 2002, INE 2012).

북부의 초석산업은 몇 가지 특징을 가지고 있었다. 먼저, 광산들은 한 곳에 집중되어 있지 않았기 때문에 내륙 팜파스에 듬성듬성 흩어져 있는 작은 섬들과도 같았다. 각 광산을 사무소(oficina)라고 했는데, 초석이 발견되는 지점에 채굴시설을 정비하고 그곳에서 초석을 캐고 정제하는 형식으로 운영되고 있었다. 사무소들은 노동자와 운영진의 숙박

양 전쟁이 발발되기 직전, 칠레정부는 북쪽보다는 동쪽으로 아르헨티나가 침입해올 것을 더 중요한 사안으로 치부하고 준비하고 있었다고 한다(Sater 1986; Collier and Sater 1996: 65, 129). 그러나 태평양 전쟁은 칠레가 국가안보와 지정학을 심각하게 재고하는 계기가 되었으며, 여론 차원에서도 국가의 안보에 대한 담론을 공유하고 공론화할 수 있는 여건을 조성해주었다. 태평양 전쟁과 국가안보의 문제는 향후 피노체트를 사로잡은 매우 중요한 주제로 부상한다(이 책의 4장을 볼 것). 칠레를 중심으로 한 태평양 전쟁에 대한 저서로는 Sater 1973; 1986을 참고할 것.

11 초석산업의 발달은 칠레 역사연구에서 매우 중요한 주제이다. 특히 칠레 초석산업을 지탱하고 운영하던 영국자본가 세력과 칠레정부의 관계는 많은 주목을 받아왔다(Blakemore 1965, 1974; Bermúdez 1987; Cariola and Sunkel 1991을 볼 것). 타라파카에서의 초석생산이 주춤해지자 1900년대에 들어와서는 미국의 구겐하임 형제들이 안토파가스타의 초석광산을 개발하기 시작했다(O'Brien 1982).

시설과 오락시설(술집 등), 가게 등도 갖추고 있었다. 사무소들은 장기운영을 목표로 두고 설계된 것이 아니었기 때문에 공장을 비롯한 숙소와 생활시설들은 모두 임시적인 성격을 띠고 있었다. 그래서 사무소들은 정착민들의 마을이라기보다는 사람들이 "헤쳐 모여" 하며 이동하는 캠프에 더 가까웠다.(그런 점을 참작하여, 이 책에서는 초석사무소들을 "캠프"로 통일해서 표기했다.)

자연부락 인근에 광산들이 생긴 것이 아니었기 때문에 광산노동자들은 타지에서 모집된 이주노동자들이었다. 각 캠프에는 여성인력이 거의 없었으며, 혹독한 노동조건 속에서도 잘 견디고 일을 하는 호탕하고 강한 남성성을 강조하는 남성중심적인 문화가 발전하였다. 노동자들은 광산 캠프에서 제공하는 숙소에 기거하며 살았다. 지역적으로 집중된, 단일산업의 혹독한 조건에서의 노동은 칠레에서 처음으로 조직된 노동운동으로 발전되었다.[12] 노동운동이 확산됨과 동시에 정부는 노동운동을 탄압했다. 가장 자주 기억되고 언급되는 사건은 1907년 이키케 항구에서 벌어진 초석노동자와 그 가족들의 살상사건이다. 산타마리아 데 이키케 학교(Escuela Santa María de Iquique) 마당에서 정부와의 협상을 기다리고 있었던 약 1,000여 명의 노동자와 가족들은 투입된 (경찰이아닌) 칠레 군에 의해 무참히 살해당했다.[13] 이 사건으로 노동자들은 노동운동의 순교자가 되었고, 이키케는 칠레에서 "노동정치의 요람(cuno de la política laboral)"[14]이라는 별칭을 가지게 되면서 노동운동의 성스러운 발생

---

12 초석광산에서의 사회주의 사상의 확산과 운동에 대해서는 Stickell 1979와 Pinto Vallejos 1991참조. 초석광산의 노동자문화는 칠레의 구리광산 노동자들에게도 많은 영향을 끼쳤다(Klubock 1998; Finn 1999 참조).

13 이 사건이 칠레에서 어떻게 기억되고 있는가에 대해서는 Frazier 1998, 특히 4장을 볼 것.

14 칠레 노동운동사를 정리한 Pizarro 1998을 볼 것. 타라파카 지방의 노동계층의 형성에 대해서는 Pinto Vallejos 1991을 볼 것. 초석노동자와 노동운동은 소설에서도 많이 등장하고 칠레문학에서 고유한 한 장르를 구성하고 있다(Bahamonde 1945;

지로 인식되어왔다. 노동운동의 성역으로서의 이키케는 1970년대에 칠레의 좌파세력이 정권을 잡게 되면서 그 중요성이 더 강조되기도 하였다(Frazier 1998).

1차 세계대전 중에 독일이 합성연료로 초석대체물을 개발하게 되면서 칠레에서의 초석생산은 점차적으로 줄어들었다. 1929년 전 세계를 뒤흔든 금융위기와 함께 칠레에서의 초석산업도 일단락 정리되었다. 엄밀한 의미에서 모든 생산이 종료된 것은 아니었지만, 국가경제를 지탱했던 산업으로서의 초석산업은 정리된 셈이었다. 이키케, 그리고 타라파카 지방은 순전히 초석의 생산과 수출을 위해서 만들어진 곳이었는데, 이곳을 지탱하던 핵심적인 경제활동이 중단되면서 지방경제는 큰 타격을 입을 수밖에 없었다. 애초에 사람이 살 환경이 되지 못했던, 그래서 수천년 동안 정착민의 유래가 없었던 이곳에 초석산업은 약 50,000명의 인구를 끌어모았으나, 이제 그 인구를 지탱할 수 있었던 산업이 없어졌던 것이다. 충격을 입은 것은 칠레정부도 마찬가지였다. 초석수출세에 과도하게 의존하던 칠레의 재정은 초석산업이 쇠하면서 큰 타격을 받았다.[15] 초석산업의 붕괴는 칠레가 경제를 다변화(diversify)하기로 하는 데 중요한 동기가 되었다. 칠레정부는 일차산업과 단일품목에 의존하는 모델에서 점차적으로 국가경제를 수입대체산업화(import substitution industrialization)로 전향하는 정책들을 세웠다. 수입대체산업화 정책이 몰고 온 가장 괄목한 변화는 수입품에 대한 높은 관세였다. 칠레정부는 이 시점부터 적극적으로 자국의 제조업을 장려하고 산업을 보호하는 정책들을 폈다.[16]

1951; Plivier 1937; Guzmán 1951; Tetelboim 1995를 볼 것).

15 초석산업의 쇠퇴와 초석산업 철거 당시 칠레정부와 외국자본의 광산소유자들 간의 협상에 대해서는 Monteón 1982; 1990; 1993; Fermandois 1997을 볼 것. 종속이론의 입장에서 본 초석산업의 붕괴는 그 유명한 Gunder Frank 1967의 연구가 있다.

16 민중전선(Frente Popular 1928-1952)의 급진당(Partido Radical) 정권은 산업화를 적

타라파카의 역사는 앞에서 요약한 것과 같이 칠레가 20세기의 근대 국가의 면모를 갖추고 정비를 하는 과정과 깊이 연관된다: 타라파카에서의 전쟁은 칠레의 영토확장을 가능케 했으며, 새로운 국경을 긋게 하였다. 전승물로 얻은 타라파카와 안토파가스타 지방은 초석을 보유하고 있어, 그 수출세는 칠레 재정에서 큰 비율을 차지하였다. 초석광산은 노동자들이 권리주장을 할 수 있는 무대를 제공해주었으며, 이렇게 확산되는 노동운동에 대한 국가의 탄압은 오히려 노동운동과 제도권 정치에서의 사회주의의 확산을 가속화시켰다. 이 동력으로 1971년에 사회주의 정당의 대통령이 당선되지만, 1973년에는 극적으로 쿠데타로 전복되었다. 군부독재는 1988년 국민투표에 의해 종식이 되지만, 피노체트 정권이 감행한 신자유주의 정책의 기틀은 여전히 남아 있다. 피노체트는 1975년에 이키케에 자유무역지대를 설립함으로써 이 도시와 남다른 인연을 맺었다. 이렇게 타라파카와 이키케는 현대 칠레사의 핵심 사건과 핵심인물들과 깊이 연루되어 있다. 서사적 차원에서 봤을 때, 이곳은 칠레의 현대사에서 국가가 근대국가로서의 면모를 갖추기 위해서 필요했던 역사적(그리고 극적) 요소들을 제공해주었다고 해도 과언이 아니다. 이런 연유로 이곳에 대한 역사쓰기는 다음과 같은 두 가지 축에 중심을 두고 이루어졌다: 1) 국가 또는 해외자본가가 주된 인물로 등장하는 초석산업의 형성과; 2) 향후 정권을 잡을 칠레 노동계층의 신화적 탄생과 노동계의 정치적 조직화의 시작. 그러나 이 두 역사적 접근이 지방발달사는 아닌 것이다. 이들 사건들은 국민국가 건설에 필요했던 요소들, 선행되었던 요소들로 제시된다. 타라파카와 이키케는 국가의 대서사(grand narrative)에서 국가적 차원의 사건의 배경 또는 무대 정도로 전락한다. 그 같은 역사서술방식은 국가와의 관계에서 지방의 종속적인 서열을 보여

극적으로 추진하였다(Douyon 1972; CORFO 1990; 1997; Orgeta et al. 1989). 수입 대체산업화 정책이 사회적으로 끼친 영향에 대해서 Barr-Melej 2001을 볼 것.

주고 있다.

　그 몇 가지 예를 들어보도록 하자. 태평양 전쟁 때, 거의 모든 전투는 타라파카 지방에서 일어났다. 그중 역사적으로 가장 강조되고 또 국가가 공식적으로 기념하는 전투는 이키케 해상전투이다(1879년 5월 21일). 패배가 확실시되는 전투에서 에스메랄다(*Esmeralda*)호의 선장이었던 아르투로 프라트(Arturo Prat) 대령은 본보기로 돌진하여 페루의 강력한 철갑군함에 대항하였다. 즉사한 프라트 대령은 국가를 위해서 흔쾌히 희생한 순교자로 등극하였다(Sater 1973). 이날 칠레해군은 엄청난 피해를 입고, 결국 패했음에도 불구하고, 5월 21일은 이키케 해군전투의 날(*Día del combate naval de Iquique*)로, 칠레에서 독립기념일 다음으로 가장 중요한 공휴일이다. 오늘날까지 아르투로 프라트는 조국(*patria*)을 위해 기꺼이 목숨을 내놓은 영웅으로 추대를 받고 있다. 전사 후 프라트는 칠레 해군본부가 있는 발파라이소(Valparaíso)에 안장되었다. 에스메랄다호는 바다에 가라앉았지만, 실선을 복제한 모형이 남쪽 도시 콘셉시온(Concepción)에 전시되었다. 콘셉시온은 남부의 대표적 항구이자 해군기지가 있는 곳이다. 오랫동안 이키케에 남은 전투의 유일한 흔적은 전투지점을 알리는 칠레국기가 붙어 있는 작은 부표와 해군박물관의 작은 방 하나에 전시될 만한 이날 전투의 유물들 몇 점뿐이었다. 지난 100여 년 동안 전쟁영웅과 그가 지휘하던 군함은 이곳에는 흔적도 없이 국가의 전유품으로, 대다수의 국민들이 볼 수 있는 곳으로 옮겨진 것이다. 이키케는 전투의 장소만 제공했을 뿐, 국가적 차원에서는 중요하지 않은 곳이었던 것이다. 2010년이 되어서야 독립 200주년을 기념하는 사업으로 (내륙의 구리광산회사인 코야우아시[Collahuasi]의 후원으로) 이키케 항구에 에스메랄다 모형박물관이 개장했다.

　초석산업에 대한 역사적 서술도 마찬가지로 국가적 차원에 초점을 둔 분석들이다. 초석산업의 발달사는 주로 태평양 전쟁 이후 영국자본과 칠레정부 간의 이해관계를 다루고 있다. 초석산업에 대한 역사서술은 그 산업을 통제하고 이에 대한 의사결정권을 가졌던 행위자들에 대한 서술이다. 초석산업에 대한 중요한 결정들은 이키케에서 내려지지 않고, 수도 산티아고, 런던, 그리고 훗날 뉴욕에서 이루어졌다. 칠레 국고가 초석에 과도하게 의존을 하고 있었기 때문에, 칠레정부와 영국자본 간의 갈등과 긴장관계는 많은 주목을 받아왔다. 이 중 가장 극적인 사건으로, 여전히 칠레 사람들을 흥분하게 하는 것으로, 태평양 전쟁 직후 집권했던 호세 마누엘 발마세다(José Manuel Balmaceda, 1886-1891) 대통령과 초석광산 개발자이자 팜파스 내륙에서 항구를 이어주는 철도의 소유주인 존 토마스 노스(John Thomas North), 일명 "초석왕(King of Nitrates)"과의 갈등을 들 수 있다. 안드레 군더 프랑크의 「라틴아메리카에서의 자본주의와 저발전」에 자세하게 서술되어 있는 이 관계는 프랑크가 주장하고자 했던 제1세계에 대한 제3세계의 정치경제적 종속을 대표하는 사례였다(Gunder Frank 1967). 발마세다 대통령은 초석광산과 이키케 항구를 연결하는 철도를 통해 물에 대한 수송권을 주장하고 독점하고자 하는 노스를 견제하고자 했는데, 칠레 국회는 초석산업이 붕괴되는 것을 우려하여 발마세다의 제안에 반대하였다. 초기에 영국자본과의 대립에서 시작되었던 분쟁은 국회와 발마세다 대통령간의 분쟁으로 확대되어, 국회는 대통령을 파면시키기 위해 해군의 지원을 받고 내전을 선포하기에 이르렀다.[17] 발마세다 대통령은 결국 스스로 목숨을 끊었다. 이러한 극적인 사건을 두고 초석산업은 정치적으로 매우 중요한 자리를 차지할 수밖에 없고, 수많은 질문을 낳게 했다. 예를 들어, 발마세다의 정치

---

17 역사학자 블레이크모어에 의하면, 초석은 국회와 발마세다 간의 갈등을 일으킨 수많은 문제 중 하나에 불과했다고 주장한다. 국회와의 대치상태가 극에 달한 것은 발마세다 대통령이 국회의 승인 없이 다음 해 예산을 발표하면서 일어났다(Blakemore 1974).

적 생명은 영국의 이해관계를 위협하였기 때문에 종말을 맞이하였던 것인가? 그렇다면 칠레의 사회주의자들이 훗날 발마세다를 반제국주의의 영웅이자 순교자로 삼는 것은 그럴 만한 역사적 근거가 있었던가? 이 사건은 분명히 비극적인 사건으로, 한 약소국의 행정부 수반인 대통령과 막강한 경제력을 가진 해외자본가가 충돌했던 사건이다. 그 어마어마한 무게에 그 지방은 단순한 무대로 전락한다. 이 지역은 개발초기 시점에서부터 중앙정부의, 그리고 해외투자가들의 결정권하에 있었다.

그러나 1980년대 말부터 민주화와 더불어 사회사와 민중을 중심에 두는 역사에 대한 관심이 급격하게 증가하면서, 역사쓰기도 국가중심의 국사로부터 민중사로 초점이 옮겨갔다. 이러한 노력들은 국가의 공식적인 사건보다는 일반국민들의 일상성과 사회적 경험을 아래로부터 써가는 노력의 일환이었다. 칠레에서는 민중중심의 역사쓰기가 1970년대 민중연합(Unidad Popular) 시대에 시작되었다가, 군사정권 때 잠시 소강상태를 보이더니 민주화 이후, 즉 1990년대부터 다시 활기를 띠었다.[18] 앞서 언급한 것과 같이, 초석광산의 노동자들이 칠레에서 최초로 공산당을 결성하면서 이 지역은 "노동운동의 요람"이라는 별칭을 갖게 되었고, 칠레 노동운동사에서 성스러운 지역으로 서술되었다. 민중소설가이자 국회의원을 지낸 테텔보임의 「초석의 아들(Hijo del salitre)」은 공산당 지도자 엘리아스 라페르테(Elias Lafferte)의 생애를 다룬 소설로, 초석광산의 혹독한 조건 속에서 순수했던 청년이 의식화되고 지도자로 성장하는 과정을 영웅적으로 그리고 있다(Teitelboim 1995[1956]). 민중사 서술에서 초석 노동자들은 순교자로 등장하는데, 앞서 언급했던 산타마리아 학교에서의 대학살이 그 근거를 이룬다. 이 지역의 좌파정치가들과 운동가들은 북쪽 지방민의 진취적이고도 저항적인 성향을 강조해왔다. 특히 1973

---

18 특히 주목할 만한 성과로는 산티아고 대학(Universidad de Santiago de Chile) 역사학과의 가브리엘 살라사르(Gabriel Salazar)가 주도하는 민중사 연구회가 있다.

년 이후 군사정권에 대항하고 민주화운동을 이끌었던 북쪽의 지도자들은 이키케의 저항적 성격을 강조해왔다.[19] 이러한 저항적 성향은 '노동자'라는 근대적 주체의 극적인 탄생신화를 필요로 했던 중앙의 좌파정당에 의해서 다시 한 번 강조된다. 칠레 좌파담론에서 북쪽은 희생, 고통, 순교를 상징하는 곳으로 강조되면서, 이곳의 역사가 초석시대에 머물고 화석처럼 굳어지는 효과를 낳았다. 이 역사서술에서 타라파카 지방은 칠레좌파의 탄생지로서의 역할을 했기 때문에 인정받는 것이지 그 자체로서는 의미가 부여되지 않는다.[20]

그러나 여기서 초석노동자는 구체적인 인물이 아니라 마르크스주의 교리에서 그 당시에 형체를 갖추어가고 있었던 칠레 프롤레타리아의 전형으로 등장한다. 따라서 노동운동사에서 강조된 사실들도 주로 혹독한 기후 때문에 어려운 노동조건, 현금으로 임금을 지불받지 않고 광산 캠프의 매점(pulpería)에서만 교환할 수 있는 고유의 통화(fichas, 노동자의 잦은 이직을 막기 위한 방편)로 지급했다는 사실, 군을 동원하면서까지 자행된 국가의 노동운동 탄압 등의 내용이었다. 실제로 초석노동자의 임금과 탄광노동자의 임금, 그리고 수도권 공장지대 노동자의 임금을 비교한 연구에서 초석지대의 임금이 큰 폭으로 높았다고 한다(Stickell 1979). 그리

---

19 이키케 시의 문서보관소를 관리하는 기예르모 로스-무레이는 쿠데타 전에 북쪽이 일관되게 좌파성향을 가지고 있었다고 주장한다. 특히 칠레가 조직적인 좌파정당을 구성하기에 앞서 급진당을 중심으로 사회개혁을 하고 있을 때부터도 중앙에 저항하는 속성을 가지고 있었다고 한다. 급진당의 개혁후보였던 알레산드리(Alessandri)가 타라파카 지방의 국회의원으로 정치를 시작하고 결국 "타라파카의 사자(el león de Tarapacá)"로 대통령으로 당선된 것도 이 지역의 급진성의 반영이었다고 한다.

20 칠레 역사학자 페르만도이스(Fermandois)에 의하면, 20세기의 칠레를 연구한 외국 학자들은 1973년 쿠데타가 세계사적으로 갖는 비극적/비관적 의미 때문에 오히려 칠레 좌파의 성장에 과도하게 관심을 기울였다고 한다. 특히 민중전선에 할애된 관심은 이 정치적 연대를 민중연합의 전조로 이해하는 것으로, 과대하게 해석되었다는 주장이다(Fermandois 1997: 27-8).

고 타라파카 지방의 노동운동을 연구한 핀토 바예호스에 의하면, 노동운동의 주동자들은 초석광산 노동자라기보다는 이키케 항구에서 초석을 수출선에 운반하는 일용노동자들(jornaleros)이었다고 한다. 이 일용노동자들이 산타마리아 학교의 대학살로 이어진 집회들을 주동해서 열었다(Pinto Vallejos 1991). 이 사실은 칠레 노동사에서 그 전에 밝혀진 바가 없었다. 그뿐만 아니라, 노동운동은 북쪽에서뿐만 아니라 칠레의 중부지방에서도 일어났다: 1903년 발파라이소에서 폭력을 동원한 파업이 있었고, 산티아고에서는 당시 자주 있었던 식량부족에 대한 항의집회들이 있었다(Morris 1966: 98; Orlove 1995). 그러나 이러한 사실들도 노동운동발전사에서 크게 부각되지도 않고, 언급되지 않는다(cf. Pizarro 1988).

초석지대의 노동운동은 좌파의 정치적 도구로 쓰이기도 하였다. 1970년대에 민중연합이 구리광산을 국유화하고자 했을 때, 초석산업은 외국자본이 나라의 중요한 자원을 점유했을 때 발생할 수 있는 최악의 시나리오를 제공해주었다. 특히 구리산업에 종사하는 노동자들이 제국주의적 자본세력으로부터 해방되지 않으면 초석노동자가 겪은 고통을 그대로 답습할 것이라는 시나리오들도 회자되었다(Finn 1999; Klubock 1998). 또한, 레시 조 프레이저가 지적하는 것처럼, 타라파카에서의 노동운동에 대한 탄압이 산타마리아 학교의 대학살로만 기억되는 것이지, 그 외에도 여러 번의 폭력을 동원한 강경한 탄압들이 있었다고 한다.[21] 그러나 이러한 사건들은 선별적으로 기억되고 있고, 당대의 정치적 필요성과 미션에 따라 '역사'로 쓰여졌다.

이처럼 국사편찬에서나 좌파의 노동운동사 서술에서나, 타라파카 지방의 역사는 초석에서 시작되고 초석에서 끝난 것으로 서술된다. 그러

---

21 라코루냐 캠프의 학살(1908)의 경우에도 많은 사상자가 났다고 한다. 그러나 이 사건은 집단기억에서 지워졌다. 이 사건이 역사적으로 서술되고 강조되지 않았기 때문이라고 프레이저는 말한다(Frazier 1998).

나 이러한 국사나 노동운동사는 정작 이 지역과 지방민에 대해서 한 부분만 밝히고 있지 전체적인 그림을 그려낼 수 있는 틀이나 기반을 제공해주지 않는다. 앞서 언급한 것처럼, 타라파카 역사를 "탈초석화"한다는 것은 초석개발 시대를 뛰어넘는 통시적이면서도 공시적인 역사적 접근을 한다는 것을 의미한다. 최근에 이러한 시도들이 많이 이루어지고 있다. 다음 절에서 이러한 접근들을 알아보도록 한다.

타라파카 "탈초석화"시키기

이 지방의 역사를 "탈초석화"한다는 것은 기존의 초석산업의 대서사, 영웅적 서사를 비판적으로 검토하는 데서 출발한다. 그러기 위해서는 이 서사의 주인공들, 즉 영웅이나 반영웅과 같은 큰 인물과 극적인 사건을 빗겨가며 현지의 시각과 경험에서 역사쓰기를 다시 시도해야 한다. 타라파카 고유의 역사쓰기를 위한 노력은 지난 20여 년간 활발하게 이루어지고 있다. 이곳 출신의 학자들뿐만 아니라(Bernardo Guerrero, Sergio González Miranda, Luis Castro 등), 산티아고에서 교편을 잡고 있는 미국유학파 역사학자(Julio Pinto Vallejos), 그리고 미국인 학자들(Lessie Jo Frazier, Kristen Wintersteen 등) 등 다양한 분야의 학자들이 타라파카의 "탈초석화"를 시도하고 있다. 이들이 연구대상으로 삼는 시기는 저마다 차이가 있지만 모두 동일하게 현지인들의 경험에 기대어 새로운 지방사 쓰기를 시도하고 있다.

　최근의 연구들이 모두 강조하고 있는 것은 이 지방의 인구구성의 다양성이다. 타라파카는 태평양 전쟁 전후로 이미 다국적 인구로 구성되었으며 이키케 출신의 사회학자 세르히오 곤살레스 미란다는 다음과 같이 지역중심의 역사서술의 필요성을 강조하였다: "역사학자들은 실증주의적인 [거대]담론으로서의 노동운동의 보편적인 항목들에만 주목하였다. 따라서 이 보편성 배후에 있는 지방고유의 주민은 보지 못하였다. 그들은 일상적인 대화에는 귀를 기울이지 않았다"(González Miranda 2002 [1991]: 37). 곤살레스 미란다는 "지방고유의 주민"의 얼굴을 찾고 그 삶의 방식을 복구하고자 『타라파카 초석팽창기의 팜파의 주민(*Hombres y mujeres de la Pampa. Tarapacá en el ciclo de expansión del salitre*)』을 집필하였다. 이 책에서 그는 초석노동자는 어떤 사람이었으며 어떤 형태로 살아왔던가를 생애사 조사를 통해서 재구성하였다. 그는 특히 팜피노(*pampino/pampina*)라는 정체성에 주목한다:

> 초석시대의 타라파카는 매우 특이한 얼굴을 가지고 있었는데, (…) 칠레, 볼리비아, 페루 세 나라 출신의 사람들이 대다수를 이루는 다국적 공간이었다. 그 외에도 초석의 사회적 피라미드에 기여를 했던 자들은 아르헨티나, 중국, 스페인, 영국, 유고슬라비아 등의 사람들이었다. 이러한 얼굴은 타라카카의 초석노동자로 하여금 문화적 도가니(*crisol cultural*) 속에서 살게 했는데, 여기에는 국적이나 인종적 출신에 따른 차별 없이 새롭고도 그 이전의 것과 구별되는 정체성이 형성되었다. 그것은 바로 팜피노(pampino, 초석지대의 사람/노동자)로서의 정체성이었다 (González Miranda 2002 [1991]: 76).

곤살레스 미란다의 저서는 당시 팜피노들이 어떤 형태의 삶을 살아갔는가를 자세하게 밝혀주면서 동시에 그들의 출신성분은 서로 달랐지만 결국 팜피노라는 정체성으로 통합되었다는 점을 강조하고 있다. 그는 여전히 팜피노를 이 지역의 확고부동한 조상으로, 영웅으로 미화하여 접근하고 있다. 하지만 핀토 바예호스는 팜피노가 초석산업의 확장기 당시 꼭 위엄 있고 고결한, 의식화된 노동자는 아니었다고 한다. 태평양 전쟁이 끝난 후 칠레령이 된 타라파카 지방의 중앙의 손길이 아직 닿지 않는 상태였기 때문에 이키케와 내륙지방은 무법지대에 가까웠고

치안은 매우 불안했다고 한다. 치안을 도맡은 경찰기관이 없는 상황에서 이키케는 "사기꾼"들과 (Pinto Vallejos 1991: 256) 다양한 출신국가의 창녀들과(Bahamonde 1991: 82) 만취상태의 탈주한 선원들이 배회하는 용광로였다고 한다(cf. Guzmán 1951).

이키케의 불안한 치안은 당대의 신문사설에서 다음과 같이 정부의 무관심에서 발생한 것으로 분석하고 있다:

> 우리 지도자들은 태초부터 일관되게 이 광활하고도 풍부한 사막지대의 이익에 항상 무관심을 보여왔다. (…) 이 건조한 지방에 형성된 크고 작은 공동체들은 어렵게 아직까지도 생존하고 있지만 중앙정부로부터 최소한의 보호도 받지 못하였다. 도리어 이들의 진정으로 애국적이고도 남자다운 노력에 대한 한마디의 격려도 없었다. (…) 우리의 운명을 지배하는 자유와 산업을 중시하는 자들이 구체제에 대항하지 않는다면, 정부의 이 같은 무관심은 결국 타라파카의 완전한 쇠퇴를 초래할 것이다(*Veintiuno de Mayo*, 1884; Pinto Vallejos 1991: 263에서 재인용).

핀토 바예호스가 조사한 전후의 타라파카의 상황은 혼란스러웠다. 곤살레스 미란다가 당대에 살았던 사람들에 초점을 맞추고 있다면, 핀토 바예호스는 그들을 둘러싼 환경과 제도에 주목했다. 그에 따르면, 칠레가 승전함에 따라 얻게 된 타라파카 영토가 실제로 "칠레적인 것 (Chilean)"이 되기까지 50년이 넘게 걸렸다고 한다. 전쟁을 막 치른 칠레 정부는 효과적으로 북쪽 지방을 새로 관리하고 운영할 만한 역량이 부족했다. 따라서 엄밀한 의미에서 칠레가 전쟁으로 얻은 사실상의 전리품은 타라파카 땅과 주민이라기보다는, 이 땅이 제공해줄 수 있는 소득이라고도 할 수 있다. 실제로 지방정부를 구성하는 데 있어서도 중앙정부에서는 인사를 파견하지 않았었다. 이에 따라, 지방의 유지 역할을 하고 있었던 외국인 광산 소유주들이 임시 지방정부를 구성하였다. 전후 타라파카 지방에서의 칠레 정부개입의 부재를 핀토 바예호스는 다음과 같이 서술하고 있다:

전세가 기울어지자 페루 당국자들은 이키케의 외국 영사진에게 시의 운영을 맡겼다. 칠레군 장교들이 이키케에 진입했을 때, 그들은 외국 영사들이 종전대로 민생관리를 맡아줄 것을 원했다. 파트리시오 린치 (Patricio Lynch) 해군중령은, "외국 영주권자들이야말로 이키케 시민의 생명과 재산을 보호해줄 가장 적합한 존재"라고 믿고 영국, 독일, 프랑스, 이탈리아, 스페인, 그리고 에콰도르 영사로 구성된 시의회(city council)를 만들었다. 이 영사들은 또한 이 지역의 산업엘리트였다. (…) 시의 치안도 외국인 클럽들의 자원봉사로 운영되던 각각의 소방서에서 도맡았다(Pinto Vallejos 1991: 206).

여기서 우리는 타라파카 지방사의 두 번째 특징을 발견할 수 있다: 타라파카 지방은 중앙정부로부터 소원한 지방이었다. 타라파카 지방은 전쟁 후 칠레의 영토가 되었으나 칠레정부가 적극적으로 이 영토를 "칠레화"하고 그 주민을 "칠레국민"으로 교화하려는 태도와 행동을 취하지 않았고, 그에 따른 정책도 입안하지 않았다는 점이다.[22] 칠레 정부와 이 지방 간의 관계는 순전히 경제적인 관계로, 수출세 지급으로만 규정된

---

22 이키케는 이미 다국적 다인종으로 구성된 시민사회를 가지고 있었기 때문에, 그 시민들을 '칠레시민'으로 교화하려는 노력이 바로 국경지대에 있는 아리카(Arica)와 차원을 달리했다. 도시 옆에 오아시스가 있어 이키케보다 정착민의 역사가 긴 아리카와 타크나(Tacna)는 태평양 전쟁이 끝나고 나서도 계속 영토분쟁의 소재가 되었다. 이 국경지대를 '칠레화'하려는 정부의 노력에도 불구하고, 결국 타크나는 페루로 반환되었다. 국경지대에서의 전후 영토분쟁에 대해서는 Skuban 2007을 볼 것.

관계로 발전되었다. 정부의 입장에서는 초석광산에서의 생산과 수출이 원만하게 이루어지는 것이 가장 중요한 사안이었지 이 지역에 칠레의 정체성을 부여하는 것이 목적은 아니었다. 더 적나라하게 표현하자면, 이 지방의 역할은 중앙정부에 수출세를 지급하는 공급원으로서 채집경제(extractive economy)의 전형을 이루고 있었다. 핀토 바예호스는 이를 다음과 같이 설명한다:

> 타라파카가 가진 부에 대한 국가의 개발계획은 이미 수동적인 조건으로 규정되어 있었다: 사기업들이 실질적인 [채집] 작업을 하고 국가는 세금의 형태로 자신의 몫을 챙긴다. (…) 그 같은 이유로, 이 시기에 지방정부 지도자들이 많은 약속을 하고 기대를 걸었음에도 불구하고, 이루어진 것은 아무것도 없었다. 해가 갈수록 타라파카의 방치된 요구사항들은 칠레정부의 새로운 점령지에 대한 걱정들이 거짓임을 드러냈다. 가장 급한 토목공사와 프로젝트들은 지방정부 지도자들과 주민들의 사비로 충당되었다. 그러나 역설적으로 이때 타라파카는 중앙정부에게 가장 많은 세금을 지급하는 주체이기도 했다. 중앙정부에게는 이보다 더 좋은 조건은 없었을 것이다: 타라파카는 적은 비용으로 무한한 수입을 보장했다(Pinto Vallejos 1991: 224-5).[23]

이키케에서는 칠레정부의 무관심에 대한 서운함이 팽배했다. 이키케 시가 중앙정부에 새로운 학교의 설립을 요구했을 때 이 요청은 거부당했다. 정부는 구호적으로 "교육을 통해 북쪽 지방을 '칠레화(chilenizar)'할

---

23 핀토 바예호스는 바로 이와 같은 이유로, 칠레정부는 초석산업을 국유화할 의도가 전혀 없었다고 한다. 국가가 직접 운영을 하는 것보다 외국자본이 훨씬 더 높은 생산성을 올릴 수 있었기 때문이다. 높은 생산성은 국가에게 더 높은 수입을 의미하기도 했다(Pinto Vallejos 1991: 268).

것이라고 수차례 성명을 냈지만, 이를 구체적으로 실행하는 조치들을 취하지 않았다"(Pinto Vallejos 1991: 241; 262). 중앙정부의 타라파카에 대한 이 같은 무관심과 방치는 1960년대까지 지속되었다. 칠레 영토로의 편입 직후의 이러한 무관심은 중앙정부에 대한 서운함과 분노로 발전하고 있었다.

일상에서 부재했던 국가의 존재는 노동분쟁이 일어났을 때에만 예기치 못했던, 폭력적인 방식으로 드러났다. 노동운동과 파업조짐들이 가속화되자, 국가는 군대를 투입해서 광산소유주들의 이해관계를 대변하고 보호하였다. 앞서 언급했던 1907년의 산타마리아 학교 대학살 사건 초기에 경찰만 투입되었으나, 정부는 분쟁이 확산될 것을 우려하여 군인들을 증기선에 태워 발파라이소 항구에서 출항시켰다. 지방민의 입장에서 본 칠레정부는, 늘어나는 도시인구를 위한 도로나 식수공급과 같이 국가가 도맡아야 할 도시의 기본생활 시설공사는 전혀 수행하지 않으면서, 파업이나 노동집회를 탄압하러 멀리 중앙으로부터 군대를 파견하는 그러한 존재였다. 프레이저는 산타마리아 학교 대학살 사건에 대한 집단기억을 노동자의 자본가에 대한 도전이라기보다는, 국가에 대한 시민사회의 도전으로 해석하고 있다. 이런 면을 두고 프레이저는 칠레 역사학자들, 가브리엘 살라사르와 훌리오 핀토 바예호스의 주장에 동의한다: 칠레에서 국가의 통합(consolidation)이 국민의 통합보다 훨씬 앞서 이루어졌다(Frazier 1998: 1). 국가가 보다 더 조직적이고 효율적인 기구로서 작동했던 때, 국민을 구성하는 시민사회는 미처 같은 수준의 조직으로서 발전하지 못했다는 것이다. 타라파카 지방이 합병 후에 명목상으로만 칠레령이 되었으며, 국가는 지방이 국가의 뜻대로 움직여주지 않을 때에만 그 모습을 드러냈다. 타라파카 지방과 국가 간의 이처럼 비대칭적이고도 수직적인 관계는 중앙에 대한 불신으로 표방되는 지역감정의 핵심을 이룬다. 이러한 국가에 대한 불신과 서운함이 타라파카 지방사의 세 번째 특징이다. 특히 요동치는 세계 초석시장의 변덕에 무방비 상태로 노출되어 있었던 초석산업은 그 어떤 완충장치도 없이 그 충격을 모두 스스로 흡수할 수밖에 없었다. 초석의 개발과 수출을 둘러싼 국가와 해외자본간의 갈등 이면에는 국가로부터 방치된 지방의 모습을 발견할 수 있다. 이 지점에서 우리는 "탈초석화"를 조금 더 조심스럽게 접근해야 한다: 타라파카 역사를 거대담론과 영웅적 서사로부터 되찾되 초석 붐과 그 붕괴가 남기고 간 흔적을 되짚어야 한다.

지방사 틀의 구성: 흥망성쇠의 역사

근대국가의 국사는 사람의 출생과 성장과정을 비유로 역사적 서사를 구성한다(emplotment) (cf. White 1973). 국가는 특정한 사건을 통해서 탄생되며, 어려운 난관을 뚫고 성장하여 자기발전(그리고 때로는 팽창)을 추구하고 발전궤도를 타는 역사적 기관으로서 서술된다. 이러한 국사에 대한 가장 전형적인 서술방식은, 국가는 시간의 축을 두고 좌에서 우로 상향 이동하는 선형적 방식을 취했다(cf. Bhaba 1990). 필연적인 발전의 대서사로 서술되는 국사에 대한 성찰과 비판은 포스트모더니스트들에 의해서 이미 이루어진 바 있다(cf. Lyotard 1984). 료타르가 주장했던 것처럼, 발전 궤도를 달리는 국사는 실제로 그 국사를 이루는 모든 목소리와 주체들을 담아내지도 못할 뿐만 아니라 왜곡시킨다.

칠레의 근대정치사는 중앙집권체제를 일찍 구축한 국가를 중심으로, 1920년대 지배엘리트의 정당정치에서 시작되어 특정한 이데올로기를 반영하는 정당들의 발전으로, 이들 정당들이 헤게모니 쟁탈전을 벌이는 데 초점이 맞추어져 서술되어왔다(Edwards 1928[1972]; Caviedes 1979; Gil 1966; Petras and Leiva 1994). 칠레의 근대정치사는 계급의 이해관계를 반영하는 정당정치를 중심으로 서술되어 왔는데, 정당 간의 갈등은 계급 간의 갈등을 표명하는 것으로 이해되면서 크게 부각이 되지만 다른 종류의 갈등은 큰 주목을 받지 못했다. 단, 예외가 있다면 국가에 대항하는 세력으로서 남부지방의 마푸체 원주민은 연구된 바가 있다(Bengoa 1999). 그러나 다른 남미국가에서 흔히 발견되는 국가와 지방유지(caudillos) 간의 갈등에 대한 언급은 찾아볼 수 없는데, 이는 지주엘리트가 소위 칠레의 '귀족(aristocracia)'으로서 여러 정당을 창설하고 각각 다른 정당에 속하더라도 정치권의 헤게모니를 쥐고 있었기 때문이고, 심지어 공산당과 사회당의 많은 지도자들도 이 지배집단 출신이기 때문이다. 이 맥락에서 지방이라는 단위와 지방민이라는 주체는 칠레정치사를 서술하는 데 유의미한 항목으로 큰 주목을 받지 못했다.

타라파카 지방의 역사는 국사에서 배제되어 있을 뿐만 아니라, 그 역사를 이루는 사건들이 선형적이지 않고 순환적인 사이클을 타고 반복되고 있어, 선형적인 국사서술에 위협적이고도 도전적이다. 겉으로 보기엔, 이 지방의 역사도 국가의 거대개발담론(근대화론)과 궤도를 함께하는 것으로 보인다. 지역발전은 이 지역경제의 활성화에서 비롯되고, 지역경제는 특정한 산업의 개발에서 비롯된다. 그러나 지리적 조건 때문에 특정한 경제활동이 장려되기도 했지만(예를 들어 초석산업) 동시에 이는 다른 경제활동을 저해하는 요인이기도 했다. 이곳의 개발 그 자체가 채취경제를 목적으로 했기 때문에, 채취경제의 쇠락과 종말은 경제활동의 절대적 공백을 의미했다. 따라서 이 지역의 발전사는 선형적이지 않고, 새로운 산업의 등장과 쇠락을 반복적으로 경험하는 사이클 형식의 역사였다. 경제활동의 종류로 보면, 초석산업의 흥망성쇠 이후, 어분산업이 번창했으며, 어분산업이 쇠할 즈음 이키케 자유무역지대가 설립되어 상업적인 붐을 경험했다.

칠레는 물론, 전 세계가 근대화의 꿈을 이루고자 했던 20세기에, 타라파카 지방은 발전은커녕 경제활동의 흥망에 따라 다시 출발지점으로 되돌아오는 것을 반복적으로 경험했다. 이키케 사람들은 이런 사이클을 두고 "흥망성쇠(auge y caída)"라고 표현하고 있다(cf. Guerrero 1996). 흥망성쇠는 말 그대로 한 산업의 흥망을 가리키는 것으로 해석된다. 그 흔적은 앞 장에서 기술한 이곳 풍경에 새겨져 있고, 각 산업에 종사했던 사람들의 기억에도 남아 있다. 그러나 정작 타라파카에서의 흥망성쇠는 무엇을 가리키는가? 흥망성쇠는 초석산업과 같은 경제활동의 시작과 끝을 의미할 수도 있고, 그 산업이 몰고 온 지역경제의 활성화(boom)과 갑작스러운 공황(bust)을 의미할 수도 있다. 나아가서 사회적 차원으로 확대하면 경제적 붐이 제공했던 부와 수많은 가능성, 그리고 공황에 잇따라 무너진 가정경제와 가정의 붕괴, 개인적으로는 희망의 상실과 좌절을 의미할 수도 있다. 지방사를 흥망성쇠의 틀에서 다시 서술하고자 한다면, 타라파카에서의 흥망성쇠의 준거(reference)를 파악해야 한다. 타라파카에서 흥망성쇠는 본질적으로 무엇을 의미하며, 그곳 사람들은 흥망성쇠를 어떻게 체험하고 이해했으며 기억하고 있는가를 알아봐야 한다.

흥망성쇠 그 자체의 중요성과 더불어, 우리는 그 같은 사이클이 반복적으로 일어났다는 사실에도 주목해야 한다. 그 흥망의 경험이 일회적이지 않고, 비교적 짧은 기간에 여러 번 반복되었다는 사실은 또 다른 차원을 열어준다: 흥망이 반복해서 일어난다면, 악순환의 끝은 오지 않는다는 것인가? 현지 사회학자인 베르나르도 게레로에 의하면, 흥망을 거듭 경험한 이키케 사람은 생존능력이 강한 승리자와 같다고 한다(Guerrero 1996): 이 지역사람들은 자연의 한계를 극복하고 끈질긴 잡초처럼 잘 버텨왔다는 사실을 영웅적으로 그리고 있다.[24] 그러나 반복되는

---

24 게레로는 일상생활의 사회학으로 지역정체성을 정리하였다. 그는 특히 이키케의 뛰어난 운동클럽의 화려한 이력에 주목한다. 이키케의 스포츠 활동은 초기에는 외국 클럽 중심으로 조직되었다가 각 지역을 대표하는 학교로 활동기반을 바꿨다. 게레로는 특히 고도이(Godoy)와 로아이사(Loayza)와 같은 칠레 권투챔피언들이 이키케에서 출신임을 강조하면서, 이키케는 당시 칠레에서 "챔피언의 땅(Tierra de

흥망의 사이클은 보다 나은 미래를 설계하는 데 방해가 되며, 불안감 속에서 산다는 것을 의미한다. 이러한 경험은 이 지역에 어떠한 여운을 남겼는가? 이곳에 흔적을 깊이 남긴 세 가지 경제활동의 흥망성쇠는 어떻게 기억되고, 어떤 의미로 해석되고 있는가? 생활 속에서 흥망성쇠의 사이클을 타고 살아갈 때 어떤 종류의 지역정체성이 형성되는가?

이곳의 현대사를 흥망성쇠의 사이클이라는 틀로 분석한다는 것은 각 흥망성쇠의 사이클을 주된 탐구대상으로 삼는다는 것을 의미하지 않는다. 특정 산업의 흥망성쇠와 이에 대한 반응은 그 자체로서 중요한 역사적 의미를 갖는다. 그러나 여기서는 이것들을 개별화시키기보다는 그 합의 총체적 효과에 주목한다. 따라서 흥망성쇠는 이 지방을 들여다볼 수 있게 하는 일종의 프리즘으로서 지난 세기의 사건들에 의미론적 질서(semantic order)를 부여할 수 있게 한다. 이 틀을 통해 서로 연관이 없어 보이거나 서로 단절되어 있는 듯한 사건들이 정렬되고 연속성을 갖게 된다. 사이클들 사이에 벌어진 사건들과 그 의미들을 흥망성쇠의 맥락에 재배치함으로서 이 지방의 정체성에 대한 조금 더 구체적인 그림을 그릴 수 있다.

다행히 초석사이클과 광산 노동자들에 대한 스티켈의 연구가 좋은 출발점을 제공하고 있다(Stickell 1979). 스티켈은 1979년 인디애나 대학 역사학과에서 「채굴과 이주. 초석시대에 칠레북부에서의 노동 1880-1930(Mining and Migration. Labor in Northern Chile in the Nitrate Era 1880-1930)」이라는 박사학위 논문을 썼다. 이 논문은 당시 초석산업이 한 사이클이 아닌 여러 개의 흥망사이클로 이루어졌음을 보여주고 있고, 흥망이 거듭될 때의 상황을 생생하게 묘사하고 분석하고 있다. 초석광산 노동자에 주목하고 있는 스티켈은 이 충격에 대한 노동자들의 반응과 중앙정부의

campiones)"으로 불렸다는 점을 강조하고 있다(Guerrero 1996).

대처방식을 역사적 자료를 근거로 재구성하고 있다. 스티켈은 학위논문을 쓰고 학계를 떠났는지, 이 논문 이후에 출판된 논문이나 저서를 찾아볼 수 없다.[25] 그런 이유에서인지 이 논문은 타라파카 지방 연구에 자주 인용되지도 않고, 그다지 중요한 참고문헌으로 취급되지 않았다. 그러나 흥망의 사이클과 그 여파에 대한 이 분석은 타라파카 지방민의 흥망성쇠에 대한 태도를 이해하는 데 매우 중요한 단서를 제공해주고 있다. 1950년대 이키케를 비롯한 북쪽 지방에서 지역활성화 운동을 강력하게 폈던 발전위원회(Centro para el Progreso)를 이해하기 위해서는, 발전위원회가 그토록 극복하고자 했던 흥망성쇠 사이클의 망령을 먼저 이해할 필요가 있다. 역설적인 상황 같지만, 그 망령이 무엇이었는지를 밝혀내기 위해서 오랫동안 묻혀 있었던 논문을 재조명할 필요가 있다. 다음 장에서 스티켈의 논문을 소개하고, 초석사이클이 실질적으로 끝난 1950년대의 이키케로 되돌아가보도록 하겠다.

---

25 요즘과 같이 인터넷 검색으로 모든 사람을 "구글"할 수 있는 시대에도 스티켈의 자취는 여전히 찾을 수 없다. 2003년에 학위논문을 쓰는 중에 그와 이 주제에 대해 교신을 하고 싶어 인디애나 역사학과에 문의전화를 했었다. 그러나 대학에서도 그에 대한 근황을 알고 있지 못했다. 스티켈의 논문을 소개해준 UC 샌디에고의 몬테온(Monteón) 교수도 그의 행방에 대해 아는 바가 없었다. 존재가 희미한 논문을 찾는 과정은 기이하기도 했다: 흥망성쇠의 망령에 대한 자료를 찾는 것 자체가 유령을 쫓는 느낌이었다.

3장

흥망성쇠의 망령과 이키케 발전위원회의 부상

초석시장의 순환적 성격(cyclical nature)은 노동[력]의 부족과 잉여의 순환
을 초래했다. 이 같은 경기순환 때문에 가족 또는 개인은 저축을 할 수가
없었다. 불황이 닥치면 실직자의 수는 압도적으로 많아서 북쪽 사람들을
수용할 만한 산업이 없었다. 대부분의 사람들은 강요된 추방기간 동안 일
거리를 찾느라 단지 먹고, 자고, 이동하기만 하는 데도 그간 저축한 돈이
순식간에 바닥나는 것을 목격해야만 했다. 팜파의 남녀 일꾼 모두 자신들
의 꿈이 신기루처럼 사라지는 것을 바라봐야 했다. 기회를 맛보고, 만져
보고, 쥐어봤건만 기회는 어디론가 흘러가버리고 말았다. 이는 꿈을 품어
보지 못한 것보다 훨씬 더 고통스러웠다.

—아서 스티켈(Stickell 1979: 336)

케인즈주의 경제학은 경제위기가 닥쳐왔을 때 국가가 개입한다는 근본
적인 신념에서 출발한다. 그런 연유로 경제위기에 대한 연구들은 대부
분 국가개입의 역할과 내용에 주목하기도 한다(cf. Hirschman 1961). 위기가
발생하는 경우, 위기에 대한 반응이 따르기 마련인데, 이는 대체로 행위
자 집단(예를 들어, 노동자들의 집합행동) 또는 국가의 개입/결단의 형태로 나
타났다. 초석산업이 불황기를 맞을 때, 칠레 정부는 노동자들을 남쪽으
로 이주시키는 조치 외에 취한 것이 없다. 초선산업이 다시 호경기를 맞
으면 생산은 다시 재개되었으나, 조만간 또 불황이 닥치면 '정책적으로'
이주가 다시 시작되었다. 이 같은 경기순환이 반복적으로 일어나서 이
키케의 발전위원회가 타라파카 지방민의 대표로 국가에 항의하고 지방
경제 활성화를 위한 방안을 내놓으라고 촉구했던 것이다.

경제학에서 경기순환론(business cycle)은 경기팽창과 경기후퇴를 반복하는 경기변동을 일컫는 용어이다. 의미론적으로 이 용어는 경기변동의 상황을 묘사하는 서술적인 개념이지 설명적인 개념이 아니다. 경기변동의 원인으로는 매우 다양한 변수가 제시되어 어느 한 가지로 꼽을 수 없다. 공급대비 수요의 부족, 부채 디플레이션 등 다양한 원인이 제시되기도 하고 "순환" 대신 "변동(fluctuation)"이라는 용어로 통일해야 한다는 주장 등 이 주제는 경제학에서 매우 중요한 개념이지만 역사적으로 접근했을 때에는 상황에 따라 원인이 다르지 일관된 변수로 환원되지 않는다. 마르크스주의 경제학에서는 이윤율 하락의 법칙을 적용하여 자본주의에서 경기침체는 불가피한 것으로 접근한다. 초석산업의 경기변동은 표면적으로 수요의 감소와 그에 따른 공급과다의 문제에서 발생했다. 수요에 따라 철저하게 작동하던 초석시장은 자유주의 경제학에서 찬미하는 이상적인 시장과는 거리가 멀다. 초석산업은 변덕스러운 수요에 무방비하게 노출되어 있었는데, 여유자금과 대안적 일자리가 없었던 노동자들이 가장 큰 충격을 감내해야 했었다. 수요와 공급이 만나는 지점이 지속성 없이 일정하지 않는 한 시장은 안정적일 수 없다. 수요와 공급은 일정하지 않기 때문에 시장은 사실상 카오스이기도 하다. 수요는 예측이 안 되기 때문에 시장은 신비로울 수밖에 없다. 인류학자 코마로프 부부는 21세기의 제3세계가 경험하는 자본주의는 순식간에 엄청난 돈을 벌게도 해주지만 똑같이 순식간에 잃게 하는 기이한 속성(occult)이 있지만, 경제라는 것은 어쩌면 그 본질 자체가 기이한 것인지도 모른다고 지적한 바 있다(Comaroff and Comaroff 1999). 가격의 미스터리 배후에 있는 요동치는 수요도 여전히 미스터리이다. 왜 어떤 해는 수요가 많고, 다음 해는 수요가 뚝 떨어지는지를 정확하게, 일관되게 설명할 수 있는 변수가 없다. 수요의 변화는 충분하게(exhaustive) 예측되고 설명되지 않는다. 그런 면에서 시장이라는 것은 그 자체가 카오스인 것이다.

이 장에서 기술하는 초석경기의 순환은 불안했고, 시장변화의 충격은 노동자 집단이 모두 흡수하였다. 그러다가 칠레경제를 지탱하던 초석산업은 1930년 대공황 직후 붕괴된다. 초석산업의 역사를 연구한 몬테온은 초석산업의 종말이 다음과 같은 두 가지 이유 때문에 발생했다고 한다: 1) 독일에서 개발한 값싼 인공초석 때문에 칠레 초석에 대한 수요가 급격히 감소했다는 점; 2) 뉴욕의 대광황은 도미노 효과를 일으켜 대부억제를 몰고 왔는데, 자본의 유입이 중단되자 산업은 지탱될 수가 없었다는 점이다. 1920년대 초석산업이 이미 겪은 경기순환 때문에 영국소유의 초석캠프들은 칠레와 미국투자가들에게 매각이 됐었다. 칠레정부는 뒤늦게 초석산업의 지분을 확보하고자 구겐하임(Guggenheim) 형제와 컨소시엄을 구성하는데, 거의 모두 대출금으로 충당하였다. 대공황이 닥치자 정부는 엄청난 빚에, 더 이상 수요가 없는 산업을 고스란히 안게 되었다.[1]

그러나 초석경기(1880-1930)는 크게 한번 붐을 치고, 크게 한번 망한 일회성 사이클이 아니었다. 그리고 초석산업이 완전히 정지된 것은 1950년 중반이다. 이 장에서는 초석경기가 이 산업에 종사하는 사람들에게 미친 영향을 기술한다. 세계적 수요가 증가하면 생산량을 늘려야

[1] 몬테온의 분석은 칠레 정부의 협상대표의 성격과 협상내막을 다루는 것으로 단지 경제적인 해석에만 머물지 않는다. 그의 분석에 의하면 칠레 측 협상 대표단장, 즉 경제부 장관이었던 구스타보 로스(Gustavo Ross)가 칠레에 더 유리한 조건으로 협상을 할 수도 있었다고 한다. 그러나 그럼에도 불구하고, 초석산업은 전적으로 외국자본에 의존하고 있었기 때문에 정부로서는 사실상 할 수 있는 일이 없었다고 한다(Monteón 1991). 한편, 칠레 역사학자 페르만도이스는 기존의 접근들이 도식적으로 마르크스주의적인 분석을 내렸다고 비판하면서, 실제로는 구스타보 로스를 비롯한 칠레정부의 대표들은 해외자본에 대해 저자세를 취하지 않았다는 점을 강조하였다(Fermandois 1997). 이 서사에서 로스 재무장관은 그간 수많은 비판을 받았음에도 불구하고 일종의 영웅으로 부상한다. 그러나 그럼에도 불구하고 칠레정부는 신용이 없는 데다 별다른 협상카드가 없었기 때문에 그 충격을 받을 수밖에 없었다.

만 했고, 수요가 감소하면 생산량을 줄여야만 했다. 극한 경우에는 생산을 완전히 중단하여 재고를 없애는 방법이 반복적으로 채택되었다. 대체산업이 존재하지 않은 상황에서 일자리를 잃은 초석 노동자들은 생존할 수 없었다. 따라서 초석 캠프들의 생산중지는 일종의 사회적 위기를 초래했었다. 이미 급진적인 노동운동이 확산되고 있던 북쪽지방에 실직 노동자들이 더 크게 반발할 것을 우려하여 칠레 정부는 사이클이 하향세를 탈 때마다 이들을 남쪽으로 이주시키는 정책을 폈다. 스티켈은 초석노동자들의 급진적 성향이 노동조건이나 임금보다는 이러한 잦은 이주에서 비롯되었다고 주장했다.

초석시장이 곤두박질했던 1930년과 생산이 완전히 중단되었던 1950년대에는 그 어떤 노동운동의 흔적도 찾아볼 수 없다. "몹쓸 법(Ley Maldita)"으로 더 잘 알려진 곤살레스 비델라(González Videla) 정권의 "민주주의 수호를 위한 법(Ley permanente para la defensa de la democracia)"은 공산당을 해체시키고 노동운동을 조직적으로 탄압하였다.[2] 이때 이키케를 비롯한 북쪽지방의 여러 소도시에서 상인과 기업가, 전문인들로 대표로 구성된 "발전위원회(Centro para el progreso)"들이 조직되어 지역활성화 운동을 강하게 폈다. 발전위원회의 구성을 들여다보면, 그 인물들은 일반적으로 역사적 서사의 주인공으로 나올 만큼 중요하거나, 위대하거나, 또는 영웅적이지는 않다. 아마 그러한 이유 때문에 이키케 자체에서도 발전위원회의 행적을 구체적으로 기억하는 사람들이 많지 않은 것 같다. 그러나 이키케 시민이라면 거의 모두 다 '검은 깃발의 시위'를 기억하는데, 이 시위를 주도하고 조직했던 것은 바로 이 발전위원회였다. 1950년대

---

2 이 법의 부당함을 국제적으로 가장 널리 알린 것은 공산당원이었던 칠레 시인 파블로 네루다(Pablo Neruda)의 강제망명이었다. 안토니오 스카르메타(Antonio Skarmeta)의 원작소설을 각색한 영화 〈일 포스티노(Il Postino)〉는 이 법 때문에 이탈리아에서 망명생활을 하게 된 네루다와 현지 우체부의 이야기를 그리고 있다.

초반에 결성되어 활동을 시작했던 발전위원회는 흥망성쇠의 망령을 불러내어 이것을 다시는 반복되어서 안 되는 현실로 세우고 대안적인 지역경제 개발과 활성화를 촉구하였다. 발전위원회가 그토록 극복하고자 했던 흥망성쇠의 망령은 무엇이었으며 왜 그 유령적 존재가 타라파카를 지배했던 것일까? 본 장에서는 초석산업의 두 번째 황혼기에 발전위원회가 탄생하게 되는 배경과 활동을 지역활성화 운동(revitalization movement)으로 재평가하고자 한다.

칠레 역사에서 중산층은 크게 주목을 받지 못했었다. 이는 아마도 1970년대 민중연합 정권의 극적인 부상과 비극적인 종말 때문에 '민중' 개념에서 중산층이 희석되고 약화되었기 때문일 것이다. 그러나 최근의 연구에서 1950년대 전후로 칠레의 중산층이 급진화되고 정치적으로 좌파에 우호적인 세력으로 크면서, 좌파와 중도좌파가 연대하여 1970년대 민중연합의 승리를 이끌 수 있었다는 역사적 분석들이 나오고 있다 (Silva 2000, Barr-Melej 2001). 이키케 발전위원회의 활동은 좌우의 특정한 정치적 색채를 의식적으로 띠지 않았으나, 중산층이 조직화하고 자신의 목소리를 내고자 했던 사례로 접근되어야 한다. 이키케 발전위원회는 지방의 이해관계를 대변하는 기구로, 중앙정부에 지방민의 뜻을 전달하고, 정부의 개입과 개발의 필요성을 역설하였다. 본 장에서는 이 세력의 부상을 소개하고, 그 배경으로 한 도시를 뒤덮었던 흥망성쇠의 망령의 정체를 들여다보도록 한다.

흥망성쇠와 이주

스티켈의 연구가 유용한 것은 초석사이클이 반복되는 상황에서의 사람들의 생활과 삶을 보여주기 때문이다. 스티켈의 연구대상은 엄밀한 의미에서 초석을 둘러싼 생산관계와 관련 행위자(칠레정부, 해외자본, 노동

자) 또는 노동의 악조건과 심한 착취로 인한 노동계층의 의식화와 계급
형성 과정이 아니다. 스티켈은 초석사이클의 급격한 변화가 이 산업에
종사하는 사람들에게 준 엄청난 타격에 주목한다. 초석노동자의 공산
주의자로의 변신을 다루는 노동문학이나 노동사 서사에 나오는 것과
달리, 스티켈은 불안한 시장의 반영으로서의 이주와 이동에 초점을 맞
춘다.

칠레에서의 초석생산은 급격하게 성장을 하기는 했었지만, 수요가
안정적이지 않았기 때문에 공황이 자주 발생했다.

공급물량이 수요보다 조금만 많아도 런던시장에서 초석의 가격은 하
락하였다. 가격이 하락하면 초석캠프(oficinas)들은 조심스럽게 생산량을
줄였다. 재고가 쌓이는 기미가 보이면 초석회사들은 채굴과 정제에 종
사하는 노동자들을 해고하고 생산라인의 수를 줄이거나 캠프를 아예
폐쇄해버리기도 했다. (…) 초석산업은 생산량을 일정하게 유지하기 위
해 부단한 노력을 기울이고 엄청난 어려움들을 극복했다. (…) 그러나
그럼에도 불구하고 수요의 불안정성은 해결할 수 없었다. 초석에 대한
수요는 전쟁 중에 폭약이 필요하거나, 평화 시의 농업생산량을 늘리기
위해 꼭 필요했는데, 이러한 수요는 항상 여타 대륙의 사건들과 긴밀
하게 연결되어 있었다. 전쟁이 수반하는 불확실성은 명백하고, 농업에
서의 불확실성도 항상 존재한다. 산업도시들의 번영이 농산물에 대한
수요를 결정하고, 가공품의 높은 가격은 농부들에게 꼭 필요한 비료를
구매할 수 있게 했다. 한편, 불확실성을 가중시키는 고전적인 요인으로
는 날씨, 재난, 그리고 전쟁이 있었다. 전성기(1880-1930) 때 초석산업이
직면하던 가장 큰 문제는 고르지 않은 수요였다. 이러한 문제가 발생
했을 때 대응할 수 있는 방법은 두 가지였다: 수요를 늘리거나 공급을
제한하는 것이었다. 초석산업은 이 각각의 방법을 모두 시도해봤으나

초석시장의 기본적인 속성을 바꾸지는 못하였다(Stickell 1979: 31-33).

수요를 늘릴 수 있는 방법은 없었기 때문에 결국 공급을 중단하는 수밖에 없었다. 초석에 대한 수요가 줄어들면 회사관리자들은 생산을 중단시키고 캠프의 노동자들을 해고하였다. 그림 3.1은 초석생산량을 보여주고, 그림 3.2는 같은 기간에서 초석지대에서의 고용인구를 보여준다. 두 그래프가 그리는 곡선은 거의 동일하다: 초석생산량과 초석지대에서의 고용은 서로 깊이 연관되어 있다. 초석산업 외에 대체산업이 없었던 팜파스의 노동자들은 해고가 되면 달리 일을 구할 수 있는 방법이 없었다. 이미 충분히 과격한 노동계급이 형성되고 있는 북쪽에 폭발적인 상황이 벌어지는 것을 피하고 싶었던 정부는 초석회사들과 함께 실직자들을 남쪽으로 이동시키는 기발한 방책을 썼다. 스티켈은 이러한 이주가 자발적이었는지, 강제적이었는지를 판단하는 것이 어렵다고 한다. 실직자들은 새로운 일거리를 찾아 나서야만 하는 상황이었다. 이키케에 다른 일거리가 없는 상황에서 정부가 자비로 교통수단을 제공하고 일거리가 더 있을 법한 남쪽으로 이동시켜주는 것은 그런대로 괜찮은 조건이었다. 그러나 다른 선택의 여지가 없는 상황이었음을 참작할 때, 그리고 정부가 노동반란을 어떻게 해서든 피하고 싶었다는 사실을 참작할 때, 이는 거의 강제이주와 다를 바가 없다:

[1914년] 위기에 대한 정부의 해결책은 실직자들이 타지에서 일거리를 찾을 수 있도록 무임승차를 허용하는 것이었다. (…) 10월이 되자 48,329명이 노르테 그란데 (Norte Grande)[3]를 떠났다(행선지는 페루, 아타카

---

3 "Norte Grande"는 '광활한 북부'를 가리키는 고유명사로 당시 타라파카와 안토파가스타 지방을 포함한 지역을 일컫는다(지금은 행정구역의 개편으로 아리카-파리나코타 지방도 포함된다). "Norte Chico(아담한 북부)"는 그 아래의 아타카마

마, 코킴보, 그리고 발파라이소 등이었다). 실직자들을 분산시키는 것은 1914년의 위기가 도래하기 오래전부터 공황이 닥칠 때마다 취해졌던 조치이다. (…) 실제로 이 체제는 잔인할 뿐만 아니라 비경제적이기도 했지만, 정부와 기업은 모두 노동자 계급, 각별히 초석노동자에 대한 두려움 때문에 이를 고집했던 것이다. (…) 이 정책은 기본적인 오류들을 가지고 있었다. 시간이 지남에 따라 많은 가족들은 북쪽에 뿌리를 내리게 되어 그 자녀와 손자들은 노르티노(nortinos, 북의 사람)와 팜피노가 되어 있었다. 그들은 더 이상 남쪽의 가족들과 연이 닿지 않고 남쪽을 고향으로 생각하지 않았다. 타지에 친척이 있는 사람들의 경우, 그곳에는 일자리가 없고 피난처도 없었기에(즉, 가난을 피해 북쪽으로 이주해왔던 터라), 고향으로 돌아갈 이유가 하나도 없었다. 한편, 초석의 침체는 전반적으로 칠레경제의 불황과 일치했다. 초석의 침체는 서구열강들의 침체의 결과였고, 서구열강들의 침체는 칠레의 여타 산업에도 영향을 끼쳤다. 게다가 초석수출세가 국가예산에서 차지하는 비중이 워낙 높았기 때문에, 정부는 실직자를 구제하기 위한 토목공사나 지원 등에 할애할 돈이 정작 가장 필요할 때 없었다. 그러나 가장 근본적인 문제는, 실직과 이주자의 규모가 너무 컸기 때문에 그 어떠한 대안도 나오기 어렵다는 데 있었다(Stickell 1979: 82).

이키케 항구에서 대기하고 있는 수송선들은 실직자들을 실어서 해안가를 따라 항구도시들에 이들을 내려다주었다. 수도 산티아고와 근접한 발파라이소 항구에는 실직자들을 임시적으로 수용할 수 있게 창고들을 개조해서 수용소 캠프처럼 운영하기도 했다. 이들 중 원하면 철

(Atacama)와 코킴보(Coquimbo) 지방을 포함하는 지역을 일컫는다. 이 지역적 구분은 칠레 개발공사(CORFO)가 지리적 특수성을 토대로 칠레를 5개의 지역으로 분류한 것에서 연유한다.

도를 이용해서 남쪽으로 더 내려갈 수도 있었다. 그런데 남쪽으로 향하는 실직자들의 수송이 더 극적인 이유는 그들이 북쪽으로 향했을 때와 행로는 거의 같았지만, 처한 상황은 정반대였다는 것이다. 초석산업 팽창 초기에 북쪽에 노동력이 턱 없이 부족하여 남쪽으로부터 많은 인력을 수송해 갔다. 초석산업은 기이하고도 기발한 '엔간체(enganche, 쇠고리로 낚아채서 끌어올리기)'라는 체계적인 방법으로 인력을 모집했다. 엔간체는 다음과 같이 이루어졌다: 회사는 화술에 능한 모집자를 고용하여 많은 돈을 주고 전국에서 인력을 끌어모으도록 했다. '엔간차도르(enganchador, 즉 노동자를 쇠고리로 찍어 끌어올리는 사람)'라 불리는 모집자는 깔끔하고 부티가 나는 복장을 하고, 노동자들이 모이는 술집에서 '통 크게' 술을 사가면서 온갖 감언이설로 북쪽 초석광산에서 높은 임금을 약속하고 북쪽을 일종의 '엘도라도'로 묘사하여 사람들을 홀렸다. 술에 취해 당사자도 모르는 사이에 배에 실리는 경우도 있었다.[4] 초석수요가 많을 때 회사들

---

4 엔간차도르에 관한 묘사는 스티켈의 연구와 페드로 브라보 엘리손도(Pedro Bravo Elizondo 1983)가 엮은 책에 자세하게 나와 있다. 북의 작가 안드레스 사베야 (Andres Sabella)는 엔간차도르의 "작업"을 다음과 같이 묘사했다(Sabella 1966, 25 장):

귀를 기울이고 있던 술꾼들의 눈동자는 약간 걱정스럽게 그[엔간차도르]를 향했다. 그 환상적이고도 만만한 세상은 대체 어디 있단 말인가? 엔간차도르는 모든 의문에 종지부를 찍어주었다:
- 결정만 하면 된다니까요! 발파라이소에서 불과 3일밖에 안 걸립니다!
그러고선 손가락에 낀 반지가 더욱 빛날 수 있게, 강한 인상을 주기 위해 불빛 아래에 손을 휘저었다. 마치 엄청난 비밀을 보유한 것처럼 말이다. (…)
- 거긴 그럼 어떻게 가요?
수줍게 청년은 물어보았다.
- 그곳에 가고 싶으신가요?
엔간차도르는 도리어 물었다.
- 그냥 가는 거라면, 당연히 갈 수 있지요.
청년은 이미 넘어간 상태였다.
나머지는 '엔간차도르'가 알아서 할 일이었다. 그 손가락 사이로 와인이 흘렀다. 그

은 저마다 더 많은 인력을 고용하느라 서로 경쟁했었다. 그러나 초석수요가 떨어지면 합심해서 노동자들을 남쪽으로 돌려보냈다. 결과적으로 초석시장의 요동에 따라 타라파카 지방에서는 노동자의 유입과 유출이 반복적으로 일어났다:

> 1914년의 공황은 약 50,000명을 이동시켰다. 이와 비슷한 강도로 1921년에 초석경기가 얼어붙자 12개월이라는 기간 동안 최소한 56,000명이 타라파카를 떠났다. 1926-7년에 불황이 또 닥치자 44,099명의 노동자와 그 가족들이 또 대이동을 감행했다. 1930년 대공황 직후 6개월 동안 54,000명의 노동자와 그 가족들이 몰려나왔고, 1932년까지 약 70,000명이 떠돌이가 되었다(Stickell 1979: 84).

노르테 그란데로부터의 엑소더스는 그래프로 보면 더욱 더 충격적이다. 그림 3.3은 1919년부터 1931년까지 노르테 그란데에 들어오고 나간 인구를 보여주고 있다. 회사들은 재고를 소진하고 다시 생산에 돌입해야 할 때 엔간체, 즉 인력모집을 다시 수행했다. 북쪽의 초석지대에서 다시 고용을 한다는 소문이 돌고 엔간차도르들이 나타나기 시작하면 남쪽으로 이송되었던 노동자들은 다시 배에 올라타 북쪽으로 향했다. 다시 말해서, 경기 때문에 남하하고, 경기 때문에 또 북상을 했다는 것이다. 사이클이 짧을 때에는 남쪽에서도 미처 일자리를 구하지 못한 초석노동자들이 임시로 마련한 수용소(대형창고들을 개조한)에서 기거하고, 다시 사이클이 회복되어 배를 타고 북쪽으로 되돌아가는 경우들도 있었다. 스티켈도 이만한 아이러니가 없다고 지적하는데, "위기를 초래

는 막사에 빛을 밝혀주고 비참함 앞에 은으로 된 장막을 쳐주는 수호천사였다.
- 내일의 백만장자들을 (…) 위하여~!
엔간차도르는 외쳤다.

했던 경기순환이 결국 구제를 해준 셈"이라고 지적하고 있다(Stickell 1979: 136).

각 사이클 간의 간격은 그리 길지 않았다. 그림 3.1에서 볼 수 있듯이, 첫 번째 불황 사이클은 1914에 시작해서 1916년까지 지속되었고, 1919년까지 다시 상승세를 타다가 1921년에 급격하게 하락한다. 다시 1922년에 회복이 되었다가 1924년에 다시 곤두박질치고 1927년에 회복을 했다가 1928년에 다시 꺾인다. 이처럼 경기는 순식간에 하락하고 또 순식간에 회복되었다. 조금 회복되었다 싶으면 다시 하락하는 사이클을 반복했다. 그 같은 환경에서 초석노동자는 과연 어떻게 대처했을까? 그림 3.3의 이주 그래프를 한 초석노동자의 삶에 적용해보도록 하자. 1914년 18세에 이키케에 도착해서, 1919년까지 23세가 될 때까지 무난하게 일을 하다가, 생산이 중지되는 같은 해 노르테 그란데를 빠져나간 2,000명에 끼어 남쪽으로 향했을 것이다. 그 이듬해 24세가 되어 다시 북쪽으로 되돌아온 그는 1921년까지 25세가 될 때 또 불황을 맞이한다. 어찌어찌 버티다가 1922년 26세가 되면서 다시 남쪽으로 향한다. 경기가 회복될 때 1926년 30세 즈음해서 다시 북쪽으로 돌아온다. 그러나 1년이 되지 않아 1927년에 또 경기가 하락한다. 그때 다시 남쪽으로 내려가 생활하다가 1928년 32세에 다시 북쪽으로 되돌아간다. 그러다가 1930년 대공황이 초석산업을 거의 완전히 붕괴시켰을 때 다시 남향한다. 가상이지만 이 사람은 1914년부터 1930년까지, 나이 18세에서 35세가 될 때까지 불황을 네 번 겪으면서 네 번의 불황기에 노르테 그란데를 빠져나간 수천 명 중 한 사람일 수도 있다. 25세 즈음해서 혼인을 하거나 동거를 해서 가족이 생겼을 법하고, 이 산업에 약 15년 정도 종사한 경력을 쌓았을 것이다. 스티켈 주장에 따르면, 그만한 경력에도 불구하고 대부분의 초석노동자들은 그간 저축했던 돈으로 불황기를 버티다가, 저축한 돈을 모두 날리고 다시 원점에서 살림을 시작했을 것이다.

주로 남성들이 이주를 했기 때문에 그간 꾸려왔던 가정(또는 유사가정)은
더 이상 존속하지 않았을 것이다.

[그림 3.1] 연도별 초석생산량 1880-1930

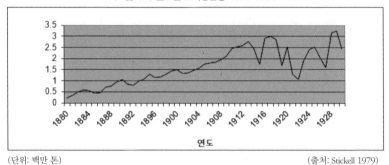

(단위: 백만 톤)   (출처: Stickell 1979)

[그림 3.2] 연도별 초석산업 생산노동자 취업현황 1880-1930

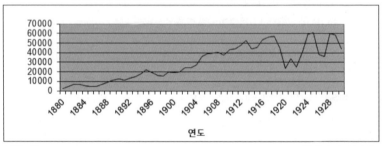

(단위: 명)   (출처: Stickell 1979)

스티켈 연구는 그 어떤 노동조건이나 임금보다, 경기순환으로 인한
강제이주가 초석노동자의 급진화(radicalization)를 초래했다고 주장한다.
스티켈은 본인의 연구가 "정치적 관계(political relationships)에 근거한 해석
들"과 상반됨을 인식하고 있었다. 여기서 "정치적 관계"란, 초석노동자
와 해외자본가의 대립관계를 의미한다. 1970년대 칠레 노동운동에 대한
접근들은 민중연합의 정치적인 성공의 흐름을 타면서 도식적인 마르크
스주의적 분석으로 초석노동자를 외국자본에 의해 홀대당하고 착취당

하는 인물로 묘사하고 있었다(cf. Teitelboim 1995). 그러나 "정치는 그 배후
의 사회적 관계를 반영하는 정확한 거울이 아닌 경우가 많다 (…) 연구
과정에서 초석노동자들이 상대적으로 더 빈곤한 농촌지역에서보다 임
금이 더 높았다는 사실을 발견하였다. 초석노동자들이 겪은 영양실조,
실직, 경제적 불안은 초석수요의 변동에 따른 경기변동에 그 원인이 있
었지 특별히 가혹한 영국 자본주의 때문은 아니었다"(Stickell 1979: ii). 물
론, 초석경기 그 자체가 영국자본주의 때문이라고 할 수 있는 여지도 물
론 있을 것이다. 그러나 스티켈은 그간 칠레 노동사에서 강조되어온 임
금착취와 노동조건이 노동운동 배후의 원인이 아니라고 주장하고 있
는 것이다. 오히려, 노동자들의 계급의식은 수년간 초석산업에 종사하
면서 시장의 변덕에 무방비로 노출된 것에 대한 반응이었던 것이다. 스
티켈의 주장을 따르자면, 초석노동자는 영국자본가에 대항하는 영웅적
인물이라기보다는(1970년대 구리의 국유화 과정에서 자주 활용되었던 제국주의 자본
담론과 일맥상통하는), 노동조건과 삶 속에서 마르크스가 묘사했던 극한 소
외를 느끼는 노동자에 훨씬 더 가깝다.

〔그림 3.3〕 연도별 초석산업 생산노동자의 노르테 그란데 유입과 유출현황 1919-1931

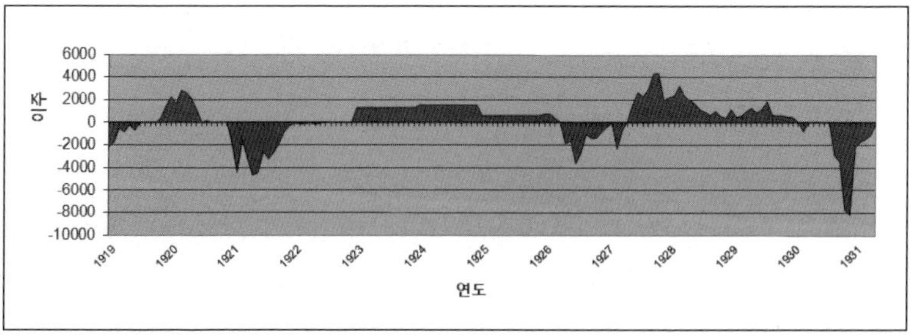

(단위: 명)   (출처: Stickell 1979)

초석산업이 막을 내린 1930년 대공황 이후에 이 산업에 종사하는 사
람들 중 노르테 그란데와 노르테 치코를 빠져나간 사람은 그림 3.3에

나오듯이 8,000명이 넘는다. 대부분의 초석캠프가 노르테 그란데에 있었던 점으로 미루어보아 이 지방을 빠져나간 인구의 규모는 짐작이 간다. 그러나 남은 사람들은 왜, 어떻게 생계를 유지하면서 남았는가? 지방경제는 어떻게 살아남았는가?

초석산업의 두 번째 황혼과 망령의 귀환

1930년 대공황 이후 초석산업은 붕괴되어 역사적으로 이 시점으로부터 초석의 전성기가 끝난 것으로 기록되고 있다(Bermúdez 1987, Gunder Frank 1967, Monteón 1982, 1998). 그러나 초석생산이 이 시점에서 완전히 멈춘 것은 아니었다. 생산규모는 현저하게 줄어들었지만, 소규모로 여전히 몇 개의 캠프가 작동하고 있었다. 현재 이키케에서 동쪽 내륙으로 들어가는 국도로 두 시간 정도 가면 험버스톤(Humberstone)[5] 캠프가 나온다. 이 캠프와 그 건너편에 있는 산타라우라(Santa Laura) 캠프는 50년대 말까지 초석을 생산했던 캠프들이다. 그래서 다른 캠프에 비해 비교적 옛 모습을 그대로 담고 있어 현재 초석산업의 유적지로, 이 지역에서 초석박물관 역할을 하고 있다. 험버스톤과 산타라우라는 1930년 이후에도 생산을 계속했던 몇 개 안 되는 캠프들이다. 그러나 1930년을 기점으로 남아 있는 캠프들도 국가에게 큰 부담과 골칫거리가 되었다.

1931년, 초석산업을 회생시키고자 하는 최후의 노력으로, 당시의 카를로스 이바녜스 델 캄포(Carlos Ibañez del Campo) 대통령은 칠레 정부와 구겐하임가가 각각 지분의 반을 부담하여 칠레 초석공사(Compañía de Salitre de Chile, COSACH)를 세웠다. 그러나 생산비용이 높은 데다 인공초석의 공급과다로, 칠레정부의 보조에도 불구하고 초석산업은 회복하지 못했다. 부채로 COSACH가 붕괴되면서 이바녜스 정권도 무너졌다. 역사학자

---

5   험버스톤은 신규 초석정제기술을 개발했던 엔지니어로, 초석산업에 큰 영향을 미친 영국출신의 인물이었다.

몬테온은 상황을 다음과 같이 서술하고 있다:

COSACH는 1931년 3월 20일에 생산을 시작했다. 이때 가동 중인 초석
캠프는 38개였으며 17,000명의 노동자를 고용하고 있었다. 그러나 한
달치 생산량은 205,000톤에서 85,000톤으로 줄어들었고, 세계초석시
장에서의 칠레산 초석의 점유율은 1929년의 22.9%에서 1932년에는
4.2%로 떨어졌다(Monteón 1982: 172).

1931년 7월에 이바네스 대통령은 아르헨티나로 도망가서 결국 프
랑스 파리까지 도주했다. 그 다음 해인 1932년에 COSACH는 1,300만
달러의 손실을 보고, 국채는 부도가 났으며 초석시장에서의 노동력은
10,000명으로 줄어들었다.
안토파가스타 지방의 많은 초석캠프들이 최신의 생산설비와 정제기
술을 가지고 가동하고 있었으므로 타라파카의 초석산업은 이미 타격을
입은 상태였다(Monteón 1982: 169). 타라파카 지방의 캠프들은 시설이 낙후
되어 있어 이미 비효율적인 것으로 판명이 나서, COSACH는 생산을 안
토파가스타 지방에 집중하고 있었다. 1931년 초석산업의 붕괴는 캠프
들의 폐쇄와 철거, 이키케로의 집단 엑소더스, 그리고 남쪽에로의 이주
를 초래했다. 이키케에 남은 사람들은 일자리가 없었다. 몬테온에 의하
면 1931년 10월에 이키케의 실직자가 1만 명에 이르렀다고 한다. 대부
분은 1년 동안 실직상태였다. 당시 타라파카의 라베 주교(Obispo Labbé)의
말을 인용하여 그때의 상황을 설명한다:

대부분은 호주머니에 단 1페소(peso)도 없었다. 대부분은 걸어다니며,
죽치며 시간을 때운다. 그 어떤 위안도 없이 그 끝도 없는 시간을 보낸
다. 한 사람 한 사람을 들여다보면 가진 것을 모두, 그간 사용했던 살

림까지 모두 전당포로 넘긴 지 오래되었다. 신혼 때 장만했던 침대와 의자, 결혼반지와 마지막까지 붙들고 있던 부모님 유품, 시계에서 마지막 양복까지, 가진 것 모두를 내놓아야만 했다(Monteón 1998: 65).

1931년, 타라파카는 엄청난 위기를 맞았다. 몬테온은 상황을 다음과 같이 서술한다:

> 1930년대 중반이 되자, 타라파카의 항구 이키케는 실직 초석노동자들로 넘쳐났다. 정부는 경기불황이 닥쳤을 때 취했던 조치를 똑같이 다시 취했다: 실직자들을 발파라이소와 산티아고의 창고형 수용소로 돌려보냈다. 또한 남쪽 농촌으로 보내기도 하였다. 정부는 지방항구에 폭발적인 사회적 상황이 벌어지는 것을 어떻게 해서든 막고자 하였다. [정부]는 50,413명을 북쪽에서 빼냈는데, 이들 중 24,328명은 실직자들이었다. (…) 북쪽에 남은 사람들은 그래도 몇천 명에 달했는데, 이들 중 초석공장과 무역상에서 일했던 화이트칼라 사무직원들도 있었다. 정부는 불법으로 칠레의 사회보장기금(*Caja Social*)을 깨고 돈을 빼돌려 이들을 가까스로 지탱시켜주었다(Monteón 1998: 33).[6]

그러나 그럼에도 불구하고 초석산업은 질겼다. 칠레역사에서 거의 언급되지 않지만, 초석산업이 1931년에 완전히 죽은 것은 아니다. 산업의 규모는 현저하게 축소되었으나, 초석은 여전히 이 지방뿐만 아니라 안포카가스타 지방에서도 1950년대까지 중요한 고용원이자 수입원이

---

6 타라파카 지방에서 빠져나간 사람의 수는 학자에 따라, 주목한 지역단위와 이주기간에 따라 약간의 차이가 있다. 역사학자 세이터와 콜리에 따르면, "1930년대 후반부터 약 29,000명이 북쪽이 마치 페스트환자 수용소인 것처럼 도망 나왔다"(Collier and Sater 1996: 221). 스티켈은 1931년 5월부로 노르테 그란데(타라파카와 안토파가스타 지방)에서 53,707명이 떠났다고 명시하고 있다(Stickell 1979: 97).

었으며, 이 지역 상업의 기반이었다. 초석산업은 그렇게 1950년대 말까지 지탱되어 결국 최후를 맞이한다. 이것이 초석산업의 두 번째 황혼이었다.

표 3.1과 그림 3.4는 초석산업이 1931년 이후에 약간의 회복세를 탔음을 보여주고 있다. 생산은 그렇게 1950년까지 이어진다. 1951년 즈음해서 두개의 사기업이 초석산업을 지배하고 있었다: 앙글로-라우타로 회사(Compañía Salitrera Anglo-Lautaro)와 타라파카-안토파가스타 초석 회사(Compañía Salitrera de Tarapacá y Antofagasta). 그러나 대부분의 초석광산은 안토파가스타에 있었고, 타라파카에서는 소량만 생산되고 있었다. 구겐하임가 소유의 앙글로-라우타로사가 의뢰했던 초석산업에 대한 컨설팅 보고서는 이 회사가 당시 칠레 초석 총생산의 2/3를 차지한다고 하면서 1951년 향후 10년간 생산량이 더 증가할 것이며 산업전망이 좋다고 보고하고 있다.[7] 그런데 1955년 이후에 생산은 급격히 감소한다. 1950년 인구센서스 자료에 의하면 타라파카의 초석산업은 6,527명을 고용하고 있었다고 보여준다.[8] 1958년이 되자, 타라파카의 초석캠프는 1,389개의 자리만 창출한 반면에 안토파가스타는 10,886개의 자리가 있었다. 생산이 중지된 캠프 중 28개는 타라파카 소재였고, 안토파가스타는 16개였다.

---

7 Ford, Bacon and Davis Inc., Engineers. 1951 Report Determination of Relative Values of Anglo-Chilean Nitrate Corporation and the Lautaro Nitrate Company, Limited.

8 Chile. Dirección General de Estadística. Finanzas, Bancos y Cajas Sociales Año 1950. 향후 소개할 발전위원회는 한 홍보책자에서 1957년에 타라파카에서 초석산업에 종사하는 사람을 약 6,000명으로 잡고 있다(Centro para el Progreso 1957).

[표 3.1] 칠레 초석산업에서의 초석생산량, 수출과 고용 1931-1958

연도	초석생산 (천톤)*	초석수출 (천톤)	초석산업에서의 고용 (명)
1931		1,020	
1947	1,632	1,666	21,754
1948	1,786	1,697	22,944
1949	1,770	1,548	23,544
1950	1,614	1,664	22,746
1951	1,680	1,601	22,495
1952	1,428	1,320	22,390
1953	1,420	1,234	22,413
1954	1,584	1,633	20,667
1955	1,540	1,326	20,307
1956	1,149	1,218	17,908
1957	1,390	1,252	14,725
1958	1,281	1,182	15,152

*수출물량이 생산물량보다 높은 경우가 있는데, 이는 전해의 누적된 재고가 수출된 것을 의미한다.
출처: Chile. Dirección de Estadística y Censos. Boletín 24 No. 1-2 1951.
　　　Chile. Dirección de Estadística y Censos. Anuario Estadística 7 1953.
　　　Chile. Dirección de Estadística y Censos. Boletín 28 No. 11 1955.
　　　Chile. Dirección de Estadística y Censos. Boletín 29 No. 1-12 1956.
　　　Chile. Dirección de Estadística y Censos. Boletín 30-31 No. 11-12 1957-58.

[그림 3.4] 초석산업에서의 초석생산량, 수출과 고용 1931-1958

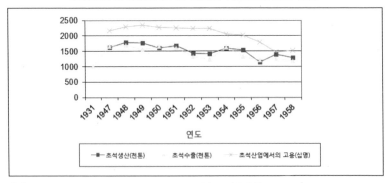

출처: Chile. Dirección de Estadística y Censos. Boletín 24 No. 1-2 1951.
　　　Chile. Dirección de Estadística y Censos. Anuario Estadística 7 1953.
　　　Chile. Dirección de Estadística y Censos. Boletín 28 No. 11 1955.
　　　Chile. Dirección de Estadística y Censos. Boletín 29 No. 1-12 1956.
　　　Chile. Dirección de Estadística y Censos. Boletín 30-31 No. 11-12 1957-58.

1955년 초석산업의 쇠퇴는 "초석제도에 대한 의결(Referendum Salitrero)" 때문에 발생했다. 이 법안은 1955년 11월에 국회에서 통과되었다. "초석제도에 대한 의결"은 대통령이 국회에 안을 보내어 제시되었는데, 생크스 방식(Shanks system)—고비용의 비생산적인 구식 생산방식—으로 작동하는 초석캠프들에 정부지원금을 더 이상 조달하지 않겠다는 내용을 가지고 있었다. 또한 이 제안은 산업별로 국가가 다르게 책정하는 고정환율을 유지하려는 것을 골자로 하고 있었다. 정부는 시장가치보다 싸게 페소를 설정하고 이를 일종의 수출세로 취급했었다. 정부가 시세의 환율과 고정환율 간의 차익을 챙겼던 것이다. 그 외에도 초석회사들이 요구해왔던 외국 또는 국내 투자가들에 대한 금융지원도 거부했다.[9] 초석수출은 다른 품목의 수출과 마찬가지로 품목에 따라 국가가 설정해놓은 환율의 적용을 받았다. 고정 환율제도를 통해 정부는 초석을 더 싼 가격에 구매하여 더 비싼 가격으로 외국시장에 판매하는 중개상의 역할을 하였다. 이러한 제도 때문에 이윤의 일부가 생산자가 아닌 국가로 돌아갔기 때문에, 타라파카의 생산자들은 수출에 시세의 환율을 적용할 수 있게 해달라고 요청해왔던 바였다. 초석은 정부가 환차익을 챙겼던 가장 중요한 산업 중 하나였다. 특히 1950년대 인플레이션이 심화되자, 정부가 환율의 차익을 챙기고 나면, 수익은 생산비용에 미치지 못하였다.[10]

타라파카에서는 두 개의 캠프만 제외하고 모두 생크스 체제로 작동하고 있었다.[11] 타라파카와 이키케는 여전히 초석에 의존하는 정도가 높

---

9   El Tarapacá de Iquique, 1955년 11월 11일. 정부의 공식신문인 "El Diario Oficial"에 실린 법안 전문이 그대로 옮겨졌다.

10 인위적 환율정책(artificial exchange rate)과 여타 라틴아메리카 정부의 인위적 환율정책의 도입과 활용에 대해서 Monteón 1993을 볼 것. 칠레뿐만 아니라 많은 라틴아메리카 국가들에서 이러한 고정환율정책을 대안적인 세금정책으로 활용했다.

11 이 두 개의 캠프는 규모가 제일 큰 빅토리아 캠프(Oficina Victoria)와 네브라스카 캠

아서 이 초석법안은 사형선고와도 같았다. 법안이 국회에서 통과되자, 내륙에 있던 작은 캠프들이 문을 닫기 시작했다: 1956년 2월에 산 엔리케(Oficina San Enrique), 1956년 7월에 산타 로사 데 우아라(Oficina Santa Rosa de Huara) 캠프들이 문을 닫았다. 산 엔리케의 폐쇄는 1,100명의 실직자를,[12] 산타 로사 데 우아라는 600명의 실직자를 냈다.[13]

ESPERAN QUE SE LES PROPORCIONE ALIMENTOS

산에리케 광산이 문을 닫자, 이키케로 내려온 노동자와 그 가족들이
무료급식소 앞에 줄을 서서 식사를 받아 가려고 기다리는 모습

1956년에 또 다른 사회적 위기에 대한 공포가 이키케를 뒤덮었다. 1931년과 같은 공황이 이키케를 다시 칠 것인가? 지역신문에는 도시 전체의 불안과 걱정을 반영하는 기사를 계속 실었다:[14] "오늘 공청회에서

프(Oficina Nebraska)였다. 이 캠프들은 1960년대 초반에 문을 닫았다.

12 El Tarapacá de Iquique, 1956년 2월 21일자.

13 El Tarapacá de Iquique, 1956년 7월 13일자.

14 이키케의 지역신문인 "엘 타라파카 데 이키케(El Tarapacá de Iquique)"는 타라파카-안토파가스타 초석 회사(Compañía Salitrera de Tarapacá y Antofagasta)가 최대주주로, 초석기업의 입장을 대변하는 신문이었다. 세기 말에 좌파입장을 대변하던 "엘 데스

타라파카는 살아갈 권리를 수호할 것이다"[15]; "산 엔리케의 숙명적인 무료급식소가 문을 열었으나 정부는 실직자를 위한 그 어떤 조치도 취하지 않았다"[16]; "부랑자가 될 위기에 놓인 노르테 그란데는 고뇌와 걱정으로 괴로워하고 있다"[17]; "이키케의 생(生) 또는 사(死)"라는 제목의 사설도 있었다.[18]

그러나 초석캠프들이 최종적으로 정리된 1956년에 그 이전과 같은 엑소더스, 엄청난 이주는 없었다. 실직자들이 남쪽으로 이동될 것이라는 예측도 있었고, 이런 우려가 인구의 유출과 도시의 종말을 가져올 것이라는 우려도 있었으나,[19] 1950년대의 인구는 꾸준히 같은 수위를 유지했다(표 3.2 참조). 그리고 1950년대 이키케에서는 실직자들을 위한 무료급식소가 운영되기는 했어도, 1930년대와 같이 도시를 배회하는 거지들에 대한 기록은 없다.

그럼에도 불구하고 이키케에서는 도시의 생사를 거론할 만큼 위기의 분위기가 감돌았는데, 실제로 이키케 북쪽의 피사과(Pisagua) 항구가 순식간에 이미 유령도시로 변했기 때문이다. 피사과는 초석의 전성기 때 이키케와 어깨를 겨루며 초석수출항으로 번성했던 도시이다. 1930년대

페르타도르 데 로스 트라바하도레스(El Despertador de los Trabajadores)"는 좌파를 체계적으로 탄압했던 50년대에는 이미 그 자취가 한참 없어진 후였다.

15 El Tarapacá de Iquique, 1956년 2월 9일자. (공청회에서 타라카나는 생존에 대한 권리를 수호할 것이다. "En cabildo abierto Tarapacá defenderá su derecho a vivir.")

16 El Tarapacá de Iquique, 1956년 2월 22일자. (산 엔리케에 재앙을 예고하는 임시급식소가 생겼지만 정부는 실직자를 위한 대안을 마련하지 못하고 있다. "Ya funciona en San Enrique la tan fatídica olla común y aún el gobierno no toma medidas en favor de cesantes.")

17 El Tarapacá de Iquique, 1956년 5월 24일자. ("De angustiosa inquietud ante la amenaza de despojo está poseído el Norte Grande.")

18 El Tarapacá de Iquique, 1956년 3월 1일자. ("Vida o muerte de Iquique.")

19 El Tarapacá de Iquique, 1956년 3월 2일자. ("Obreros de San Enrique serían llevados al Sur.")

초석산업의 첫 번째 붕괴 이후에는 주민이 모두 피사과를 이탈해 남은 공공건물들을 정치범(특히 공산주의자들)을 수용하는 수용소로 바꾸는 실정이었다. 초석산업의 결정적 붕괴는 또 어마어마한 파동을 가지고 올 수 있다는 공포의 분위기로 번졌다. 흥망성쇠의 사이클은 반복된다는 운명적인 해석도 이런 집단위기를 부채질했다: "우리가 지금 목격하고 있는 사태의 윤곽은 1930년의 위기와 비교될 수 있다. [그때] 이 지방의 모든 산업은 마비되었고, 가장 안정적인 산업도 붕괴되었다. 그 당시의 실직과 기근은 이 지방이 기억하는 최악의 역사이다." [20]

1931년의 망령이 데자뷰(déjà-vu)로 다시 찾아왔다. 초석광산들이 문을 닫는 것도 과거와 같았지만, 북의 입장에서 1930년대에 초석산업을 소위 '말아먹은' 무능한 대통령, 카를로스 이바녜스 델 캄포가 귀국해서 또다시 대통령 자리를 차지하고 있었다. 북의 정부에 대한 불신은 매우 높았다. 지역경제가 붕괴될 것을 우려하던 이키케 시 대표들과 소상인들은 이번에 대대적으로 연대하여 조직적인 운동을 펴기 시작했다.

이키케 발전위원회의 부상

소상인, 또는 현대적인 의미에서의 중산층은 역사적인 기록의 주인공이 되는 경우가 많지 않다. 앞 장에서 얘기했듯이, 대개 역사적인 기록은 영웅 또는 역사의 피해자, 억울한 자를 서사의 주인공으로 내세우는 경우가 많기 때문에 상거래를 통해서 돈을 벌고, 또 소시민적인 삶을 향유하기 위해 마지막 일 원 한 푼까지 세는 소상인은 주목도 받지 못하거니와 공감의 대상이 되지 않는다. 중산층은 무슨 운동을 필 때에도 별도의 계산이 있을 것이라는 의혹을 항상 남긴다. 그러나 1950년대 이키케의 소상인들과 막 부상하고 있던 전문가 집단은 이키케 발전위원회(Centro

---

20 El Tarapacá de Iquique, 1956년 2월 9일자.

para el progreso de Iquique)를 조직하여, 자신들의 삶의 터전과 가업이 살길을 찾지 못할 것을 우려하여 활발한 지역살리기 운동을 벌였다. 물론 지역을 살리면 본인들의 살림도 펴질 것이라는 동기도 작용했을 것이다. 그런데 동기와 별도로 시 대표와 소상인들은 고무되어, 뜻을 모아 범지역적으로 이키케의 정체성을 확인하고 자기주장을 폈다. 이 운동은 급기야 1957년에 이키케의 시민이라면 모두 자랑스럽게 생각하는 "검은 깃발의 시위(la protesta de las banderas negras)"로 이어졌다. 이 시위는 다음 장에서 자세하게 서술하겠지만, 지역 자존심의 표명이자 힘없는 지방의 국가에 대한 저항이었으며, 짧고 일회적이었지만 칠레에서는 유례없는 분리주의(secession)의 시도이기도 했다. 그리고 이키케 발전위원회는 최초로 이키케에 자유무역지대를 설립해야 한다고 주장했던 주체이기도 하다. 훗날, 피노체트가 자신의 '선물'로 자유무역지대를 이키케에 설치한 사실에 대한 복잡한 감정들이 그 배후에 흐르는 이유의 실마리들을 이 시점에서 찾을 수 있다. 그런 이유로 이키케 발전위원회의 성립과 활동은 칠레 현대사에서도 중요한 의미를 갖는다.

초석캠프들을 폐쇄하는 시점에서 왜 노동자들이 아닌 화이트칼라 중산층이 항의를 하고 정부에 요구사항을 전달하는 등의 일을 했는가에 대한 설명도 필요하다. 1930년 이후 타라파카 지방은 더 이상 칠레 좌파의 결집지역이 아니었다. 타라파카를 "칠레 노동운동의 요람"이라고 하는 것은 적절한데, 실제로 초석캠프들이 현대적인 의미에서 사회주의와 공산주의가 공유되고 확산되고, 노동자들이 조직화되고 정치화할 수 있는 기반을 마련했었기 때문이다. 그러나 칠레의 정치무대는 수도 산티아고인 데다, 북쪽의 노동자들의 수는 현저하게 줄어든 상태였다. 산티아고와 발파라이소, 남쪽의 콘셉시온, 그리고 중부지방의 구리지대(엘 테니엔테[El Teniente] 구리광산)는 의식화와 조직화 수준이 더 높은, 소위 칠레의 차세대 프롤레타리아였다. 그러나 그것도 잠시일 뿐, 1948년에 공산당의 활동을 금지시킨 '몹쓸 법' 때문에 좌파의 활동이 전국적으로 상당히 약화되어 있었다.

이키케의 소상인 집단도 역시 요동치는 초석경기를 심하게 탔다. 초석경기는 좋을 때 상인들에게 황금의 기회를 제공했고, 경기하강 때에는 엄청난 피해를 입혔다. 이키케의 경기는 역시 초석산업에 의존하고 있었기 때문에 그 영향을 받지 않을 수가 없었다. 이키케 경제에 대한 초석경기의 타격은 스티켈의 연구에 잘 묘사되어 있다:

> [1914년에] 23,539명의 초석노동자 중에 최소한 13,000명이 실직당했다. 팜파스의 작은 마을들이 붕괴되면서 비자발적인 망명을 거행할 수밖에 없었던 사람들이 항구로 몰려들기 시작했다: 창녀들과 주점 주인들은 초석노동자와 그 가족들과 함께 바다 쪽으로 내려왔다. 초석시장이 붕괴되자, 지방은 더 이상 주민들을 지탱할 수 없었다(Stickell 1979: 82).

경기불황은 도미노 현상처럼 팜파스에서 이키케 항구로, 그다음에는 지방 전체로 퍼졌던 것이다:

> 초석캠프들이 문을 점차적으로 닫기 시작하면서 생필품을 조달해주던 이키케의 공급처들이 타격을 받기 시작했다. 1914년 [칠레 노동청의 고용과의] 보고서에 의하면, "실직이 확장될 가능성이 많은데, 항구와 내륙의 작은 마을들은 초석캠프 사람들의 상거래 외에 다른 생계수단은 없다." 초석생산의 축소는 점차 지방의 다른 모든 경제활동의 축소를 초래했다(Stickell 1979: 87).

스티켈은 평상시의 항구의 풍경을 다음과 같이 묘사했다:

경기가 좋을 때에도 항구도시들은 노동계층에게 별반 제공할 만한 것이 없었다. 물도 제대로 공급되지 않았고, 하수도 시설도 좋지 않아 오물처리가 항상 골칫거리였다. 게다가 인구과밀로 주택공급이 턱없이 부족했고, 결과적으로 황열병과 결핵과 같은 전염병들이 돌기도 했다. 가난과 범죄가 난무했다. 토코피야(Tocopilla)[21]에는 노동자들이 해변가와 사막언덕에서 자고 있었다. 이들은 자선단체들에게 먹을 것을 제공해달라고 간청했고, 노동감독관(Labor Inspector)에게 일자리를 주거나 남쪽으로 보내달라고 했다. 1926년 공황이 닥치자, 팜파스에서 6,000여 명의 노동자들이 안토파가스타에 도착했다. 더 많은 수가 항구로 내려오고 있었다. 1년이 지나자 도지사는 상황을 다음과 같이 묘사했다: "지방의 상황은 매우 심각하다. 생계를 벌 만한 수단을 갖지 못한 실직자들이 너무나도 많다. (…) 이들은 선착장과 광장에서 숙식을 하고 있다." 대부분은 빈민을 구제하기 위한 무료급식소(ollas del pobre) 덕분에 목숨을 유지할 수 있었는데, 이들 중 실직자만 있었던 것이 아니라 버림을 받은 여자와 아이들, 그리고 공황 때문에 설 자리가 없어진 화이트칼라 노동자들도 있었다(Stickell 1979: 88).

초석경기는 도시경제, 나아가서는 지방경제 전체를 위협하고, 이에 상응하는 사회적 위기와 카오스를 수차례 초래했다. 이를 반복적으로 경험한 도시민들은 자발적인 시민단체인 발전위원회를 조직해서 지방경제 살리기 운동을 폈다. 북쪽 지방의 발전위원회들이 언제 결성되고 활동을 하기 시작했는가는 분명하지 않다. 그러나 이 조직들이 결성된 것은 분명 1930년대 초석산업의 붕괴 이후이다.[22] 발족 당시 이키케 발

---

21 이키케 남쪽에 위치한 항구.
22 내가 찾을 수 있었던 이키케 발전위원회에 대한 첫 언급은 1934년 지역신문에 나온 기사이다. 발전위원회에 대한 자료는 모으기 매우 어려웠다. 이키케 시는 발전위원

전위원회의 미션을 선포하는 자료는 없지만, 활동의 내용과 서신, 그 지도자들의 연설, 그리고 본인들이 선택한 단체명을 두고 봤을 때 이 조직이 달성하고자 했던 목적의 윤곽이 그려진다. 조직의 명칭이 시사하고 있는 것과 같이, 발전위원회는 장기적으로 지방경제를 지탱하고 사회를 안정시킬 수 있는 경제활동(산업)을 장려하고자 했고, 도시, 나아가서는 지방 전체를 위협하던 경기의 흥망성쇠에 대한 지방민의 반응이자 저항이었다. 그들이 추구했던 것은 경제적 불확실성과 취약함 대신에 지속 가능한 발전이었다. 그간의 경험 덕분에 그들은 지방과 중앙 간의 엄청난 물리적 거리뿐만 아니라 이해관계의 차이를 잘 인식하고 있었다. 이에 발전위원회는 중앙정부에게 지방의 이해관계를 대변하고 지역개발과 발전계획들을 제공하고, 이 계획들의 입안을 정부에게 촉구하는 역할을 하였다.

1950년대에 칠레 북쪽에서 활발한 활동을 폈던 4개의 발전위원회가 있었는데, 이들은 모두 초석생산의 중심지들이었다. 노르테 그란데에서는 타라파카와 안토파가스타 지방 각각을 대표하는 이키케 발전위원회와 안토파가스타 발전위원회가 있었다. 노르테 치코에서는 아타카마 발전위원회와 코킴보 발전위원회가 활동을 펴고 있었다. 이들 중 이키케 발전위원회와 안토파가스타 발전위원회가 가장 왕성한 활동을 폈는

회와 별도의 기관이었으므로 발전위원회에 대한 자료를 따로 갖고 있지 않았다. 이키케 상공회의소의 멤버들이 발전위원회의 멤버와 거의 겹쳤음에도 불구하고 상공회의소에도 그 당시 자료는 없었다. 생존하고 있는 인물들 중에는 발전위원회에서 적극적인 활동을 했던 인물이자 시의원을 지낸 사무엘 아스토르가(Samuel Astorga)가 있었다. 그의 인터뷰 자료는 신문에 나왔던 발전위원회 활동에 대한 보고를 보완해주었다. 그 외 여기서 소개하는 토마스 투세트 로스(Tomás Tuset Ros)의 미출판 회고록과 미국의 텍사스주립대학(오스틴)이 소장하고 있는 발전위원회의 선언문이 있었다. 그 외 발전위원회에 대한 자료는 이키케의 지역신문 "엘 타라파카(El Tarapacá)"에 나와 있는 지도자들의 인터뷰, 선언문, 정부에 보낸 서신 전문 등을 참고했다.

데, 그것은 1930년대 이전의 초석생산 규모와 도시의 크기와 인구를 반영한 것이었다. 이들이 주로 정부에게 촉구한 것은 특별법 제정을 통한 특정산업(예를 들어, 시멘트 또는 요오드 등)의 유치였다. 그런 면에서 발전위원회는 지역발전을 위한 대정부 로비기관과 같은 역할도 수행했다. 이키케 발전위원회와 안토파가스타 발전위원회는 때로 경쟁적으로 이들 산업을 유치하려고 했기 때문에 서로 견제하는 면도 없지 않았다. 그러나 이들은 대정부 활동에서는 한 목소리를 내기 위한 협력관계를 유지한 경우가 더 많았으며 연대의 형태로 활동하기도 하였다.

이키케 발전위원회를 구성하는 인물들은 누구였으며, 이키케에서 그들의 입지와 역할은 무엇이었는가? 이키케의 경우, 대부분의 구성원들은 상인계층과 소위 그 당시 부상하고 있던 "전문가 계층", 즉 교사, 공무원, 엔지니어, 변호사로, 노동자 집단인 프롤레타리아도 아니고 광산 소유주 집단도 아니었다. 이들은 대정부 활동에서 지방에 대한 대표성을 확보하기 위해 노동조합과 주민위원회(junta de vecinos), 소상인 연대 등의 대표들도 초대하여 활동했다. 시에서 정치활동을 하던 인물들도 참여하였는데, 노동조합대표 그리고 이키케 시의 시장, 시의원, 공무원 등도 발전위원회와 긴밀하게 일을 했다.[23]

기존의 타라파카 지방에 대한 역사서술에 등장하는 인물들은 초석 노동자, 외국자본가, 그리고 국가에 한정되어 있다. 그러나 발전위원회의 활동을 살펴보기 전에 이 지역에서 중산층이 어떻게 형성되었고, 어떤 특징들이 있었는가를 밝혀야지만 그 의의를 제대로 해석해낼 수 있다. 이키케의 상인계층은 주로 1800년대 말에 유럽이민자들로 구성된 집단이었다. 그들은 큰 자본을 거느리는 큰손들은 아니었고, 산티아고

---

23 안토파가스타에서는 지역문인협회도 적극적으로 발전위원회에 참여하였다. 안토파가스타 출신의 마리오 바하몬데(Mario Bahamonde)는 칠레를 대표하는 시인이자 소설가로, 그 당시 안토파가스타 발전위원회의 대변인이기도 했다.

나 발파라이소와 같이 중앙에서 큰 사업을 벌일 만한 자본을 가지고 있지 않았다. 이키케에서 '코메르시안테스(*comerciantes*)'라 불리는 이 상인들은 가족중심으로 특정 품목을 거래하던 가게를 둔 자영업자들이었다: 책방, 원단가게, 양품점, 철물점, 스포츠 용품점, 잡화점 등을 소유하고 운영하던 사람들이었다. 이들은 항구에서 일하던 일용노동자들과 구별되었지만, 일용노동자들이 상인들의 고객이었던 만큼 면대면 상호작용이 있었던 집단이다. 상점과 그 주인들이 모여 사는 시내중심지도 프라트 광장의 웅장함과 엘리트주의와 멀리 떨어져 있는 상권으로, 성당과 시청, 이키케 중앙시장이 있는 곳에 몰려 있어 이키케 사람들의 일상생활의 일부였다.

지금 이키케 시내에 있는 사코 운동용품점(Sacco Deportes)은 코메르시안테스의 대표적인 예로 꼽을 수 있다. 지금 4대째 운영되고 있는 이 가게는 이탈리아 이민자가 시작한 것으로, 지금도 이키케의 거의 모든 스포츠 활동과 행사에 용품을 팔고 제공하는 기관이다. 인구가 많지 않은 관계로, 사코 형제들을 길에서 알아보고 인사하는 사람들이 많다. 이키케를 "작은 마을, 그러나 큰 지옥(*pueblo chico, infierno grande*)"이라고 이키케인들이 자조적으로 얘기를 하는 것처럼, 서로가 모두 서로를 알고 지내는 그런 작은 규모의 도시이다. 코메르시안테스는 일상생활에서 주민들과 친밀감을 형성하고, 지불능력이 없는 사람들에게 외상판매도 하고 이웃을 구제해주는 등, 공동체를 묶어주는 중요한 역할을 하였다. 국적별로 클럽을 구성한 소상인들은 시에 운동시설이나 학교를 세우는 데 기금을 마련하고 기증하는 경우들도 있었다(중국상인 공동체는 학교와 체육관을 기증하기도 했다).

이들 상점(*comerciales*)들은 일상생활에서 필요한 물품들을 수입하고 이키케 시와 팜파스 내륙에서 도매와 소매를 겸하는 상점들이었다. 규모가 조금 큰 상점들은 내륙의 포소 알몬테(Pozo Almonte)[24]에 분점을 두고 있을 정도로 장사를 잘했다. 이들 중 소규모로 국수와 사탕, 술 등을 제조해서 판매하는 경우도 있었다. 이들은 미국과 영국의 도매업자들과 구별되었다. 큰 도매업자들은 초석캠프에 물품을 직접 조달하는 업체들로, 초석캠프의 가게들(pulperías)이 유지하던 독과점 가격 덕분에 엄청난 이윤을 챙겨 가곤 했다. 이 큰 기업들은 1931년 초석공황 이후에 모두 철수했었다.[25]

소상인과 광산의 엔지니어와 변호사, 그리고 그 자손들은 이 큰 기업들과 노동자들처럼 경기하락 때 "가볍게" 철수하고 이동할 수 있는 여건의 사람들이 아니었다. 기업들은 자본을 이동하면 되는 것이었고, 노동자들은 이미 그다지 가진 것이 없어 거의 맨몸으로 남행을 감행했었다. 이키케 중산층이라고도 할 수 있는 현지 전문가 집단과 소상인들은 이미 이키케에 가게나 주택형태로 부동산을 소유하고 있었다. 경기불황에는 부동산을 팔고자 해도 팔리지도 않을뿐더러 팔리더라도 헐값에 이를 넘겨야 하는 것이었는데, 그러기에는 손해가 너무 컸다. 어쩌면 부동산으로 이키케에 매여 있던 유일한 계층이었고, 또 가장 잃을 것이 많았던 계층이었기 때문에 중산층이 이키케를 지키고자 했던 주체로 부상했을 것이다.

이키케 발전위원회의 가장 주목받을 만한 점은 이 집단이 특정한 정치적 색채를 띠지 않고 철저하게 지방의 이해관계만 대변했다는 점이다. 특

---

24 포소 알몬테는 내륙 팜파스의 작은 도시로, 드문드문 흩어져 있는 캠프 노동자들이 나들이 나오고 하루를 보낼 수 있는 내륙의 소도시였다. 이곳은 이키케와 내륙의 초석캠프들을 연결시키는 도로상에 위치한 도시로, 유흥가이자 내륙의 상권을 구성하던 곳이다.

25 이들 중 가장 활발했던 기업들은 로켓 형제사(Locket Brothers), 길드마이스터(Gildemeister, 지금은 칠레의 대기업으로 자동차 수입상도 하고 있다), 뷰캐넌 존스(Buchanan Jones), 초석 에이전시(Nitrate Agencies), 로빈슨 (J.K. Robinson), 깁스 사(Gibbs y Compañía) 등이었다(Tomás Tuset Ros, Historia de Las Dos Estrellas).

히 이는 모든 시민조직이 정치적 조직과 연대하고, 정당정치가 정치의 모든 부문에 영향을 미치는 칠레의 상황에서는 특이한 점이다. 발전위원회의의 각 구성원은 각각의 정치적 색채와 소속정당이 있었으나, 그러한 차이들이 발전위원회에서는 드러나지 않고, 발전위원회는 철저하게 지방의 이해관계를 대변하였다. 오히려 그 지도자들은 본인들이 속한 정당의 네트워크를 이용하여 각 정당에서 위원회의 대변인 역할을 수행하기도 했다. 그리하여 지방의 목소리가 정당의 중심부에 도달할 수 있게 했었다.[26] 위원회에서 활동이 왕성했던 멤버들은 보수당, 급진당, 사회당, 그리고 막부상하고 있던 기민당 소속이었지만 정당의 노선을 위원회에서 강조하지 않았다. 위원회가 특정 정당의 노선을 따르지 않았던 것이 아마도 위원회의 가장 큰 장점이자 취약점이었을 것이다. 정당 이데올로기를 넘어서는 주장을 폈기 때문에 발전위원회는 계파정치에 휘둘리지 않고 존속할 수 있었다. 현실정치에 참여하지 않았던 연유로 위협적이지 않았던 것이다. 칠레에서 이미 정치적 구도가 정당중심으로 잡혀 있었기 때문에, 그 구도의 논리를 따르지 않고 목적을 달성하기는 쉽지 않았을 것이다. 최종적으로, 특정한 정당을 통해서 세력화하지 않았기에 지방의견을 수렴했음에도 불구하고 국내 정치구도에, 특히 중앙에 큰 영향을 미치지 못했다.

'이키케의 자손'과 지방색

타라파카 지방을 연구한 프레이저는 칠레 곳곳에서 '이키케의 자손

---

26 1954년에 이키케 시장을 역임한 알레한드로 발렌시아 주(Alejandro Valencia Joo)는 다음과 같이 자신의 입장을 표명했다: "나는 정치적 정당(Partido Socialista, 사회당)의 일원이기도 하지만 그 전에 이키케 사람입니다." 그의 성씨에서 볼 수 있듯이, 그는 스페인-중국계의 후손이었다. 대부분의 이키케 사람들이 그와 같이 여러 종족의 혼혈이었기 때문에, 그 사람이야말로 진정한 "이키케 사람"이었던 것이다(El Tarapacá, 1954년 3월 1일자).

(Hijos de Iquique)'이라는 단체를 만날 수 있었다고 얘기한다(Frazier, 1998). 이 단체는 이키케에도 있지만, 산티아고, 발파라이소, 콘셉시온 등에서 도 발견된다. 이 단체는 이키케에서 태어난 사람들이 고향을 떠나 이주 했어도 자신들의 뿌리를 잊지 않기 위해서 결성했던 일종의 향우회이 다. 초석산업의 흥망성쇠는 노동자들을 이주시켜 칠레 전국으로 다시 흩어지게 했다. 그들 중 경기가 다시 회복되면 다시 북쪽을 찾아오는 경우도 있었지만, 일자리가 주어지는 대로, 기회가 주어지는 대로 움 직였던 경우가 다반사였을 것이다.[27] 1930년 공황 이후에 이키케에 남 은 사람들은 노동자가 아닌 상인-전문가 집단이었다. 그들은 1950년 중반에 초석생산이 중단되는 것을 지켜보면서 지방대변인 역할을 자 처하고 대정부 로비를 대대적으로 시작했다. 그들이 가장 우려한 것은 1930년대의 망령이 다시 나타나는 것이었다: 또다시 엄청난 인구유출 이 되풀이되면, 도시는 명맥을 유지할 수 있을 것인가? 초석 때문에 생 긴 도시는 초석산업이 죽으면 실질적으로 죽은 도시였던 것이다. 이제 는 유령도시가 되어버린 이키케 북쪽에 자리 잡은 항구 피사과가 그 단 적인 예였다.

실질적으로 대공황 이후 이 지역의 명맥을 유지시켜온 세력은 상인-전문가 집단이었다. 그러나 이 중산층은 "칠레 노동운동의 요람"과 일 관성을 갖지 않을뿐더러 칠레공산당의 성지로서 이 지역이 갖는 이미 지와 맞지 않았다. 그러나 1950년대에 타라파카와 이키케는 더 이상 급진적 좌파의 집결지는 아니었던 것이다. 정치세력화된 좌파는 이미 정치무대의 중앙인 산티아고로 모든 활동을 옮긴 상태였다. 지리적으 로 국가의 언저리에 자리 잡고 있는 이 지방은 정치 · 경제 · 사회적으로

---

27 이 책에서는 미처 다루지 못했지만, 경기변동과 잦은 이주는 수많은 가족들을 해체 시켰다. 주로 남성들이 타라파카를 떠났기 때문에 여성들과 자녀들은 주로 이키케 에 남게 되어 모계중심의 가족구조를 이루며 살아간 경우가 많다.

도 언저리에 있었다. 하지만 초석사이클의 흥망성쇠, 초석산업의 완전한 붕괴와 발전위원회의 활동을 밝혀내지 않고서는 현대까지 이어져오는 이키케와 타라파카의 지방사를 온전하게 이해할 수 없다. 이 지방에서 노동운동이 쇠약해질 수밖에 없었던 요인, 대안적인 경제활동을 강구하던 새로운 주민세력의 부상은 이곳 지방사를 '탈초석화'시키기도 하지만 오늘날까지 이어져오는 이 지방문화에 대한 이해를 가능하게 한다.

결국 발전위원회는 지방을 세력화하는 데 실패하고 그 결과로 칠레 역사에서 잊혀진 부분이 되었다. 게다가 칠레의 현대사가 계급중심으로 서술되어왔기 때문에 지방과 중앙정부간의 갈등, 그리고 지방민의 "국민-화(nationalization)"는 실질적으로 무시되어왔다. 이것은 북쪽 지방뿐만 아니라 칠레 최남단의 마가야네스(Magallanes) 지방의 경우도 마찬가지이다.[28] 국가의 쵀북단과 최남단의 칠레로의 통합은 자연스럽게 이루어졌다기보다는 수많은 우여곡절의 결과로 아슬아슬한 관계로 발전되었다. 초석생산 시기 중에 국가는 노동자들을 탄압하는 형태로서만 존재했고, 초석생산이 끝난 후에는 국가의 흔적을 지방에서 찾을 수가 없었다. 가장 필요할 때 그 존재를 드러내지 않은 국가는 지방민에게 국가와의 관계를 재고하게 했다.

다음 장에서는 이키케 발전위원회가 주도한 '검은 깃발의 시위'를 소개하고자 한다. 발전위원회는 그 활동을 통해서 지방민을 칠레의 온전하고도 당당한 '국민'으로 자리매김하고, 그 피와 땀으로 일궈낸 칠레 근대적 발전의 산물들을 대면서 국가로부터 보상을 받고자 하였다. 자유무역지대의 설립을 촉구하면서 시작된 이 시위는 좌절되지만, 향후

---

28 마가야네스 지방은 수산업과 양의 방목-양털수출산업으로 독특한 지방문화권을 구성하고 있다. 칠레 최남단의 지방색과 중앙정부에 대한 저항으로는 Martinic 1988 을 볼 것.

이키케에 자유무역지대가 설립될 때 집단기억의 중요한 준거가 되면서 당시 대통령이었던 피노체트를 긍정적으로 수용하게 되는 근거가 된다. 1975년에 문을 연 이키케 자유무역지대는 실제로 1930년대의 망령에 대한 저항이 현실화된 것이었다.

토마스 투세트 로스
(Tomás Tuset Ros)

⚜

토마스 투세트[29]는 이키케에서 자수성가한 사람으로 널리 알려져 있다. 스페인의 카탈루냐 지방 출신의 이민자 부모 밑에서 큰 토마스 투세트 는 어렸을 때부터 가게의 점원으로 일하다가 이키케에서 가장 큰 철물 점인 라스 도스 에스트레야스(Las Dos Estrellas)의 파트너가 되고, 점차 오 너가 되었다. 그는 이키케 상공회의소 소장, 소프리의 사용자 협회 대 표, 발전위원회의 총무, 스페인 명예영사 등 요직을 두루 거친 인물이다. 이키케 시가 성장하면서 도시가 확장될 때, 그가 운영하던 철물점에서 건축자재와 재료를 제공했기 때문에 이키케뇨들의 집과 투세트는 서로 긴밀한 관계를 맺고 있는 셈이다.

　토마스 투세트는 이키케의 흥망성쇠를 어떻게 경험했을까? 그가 남 긴 자서전과 자녀들의 얘기, 주변 사람들의 얘기를 정리하여 당시 그의 삶을 재구성해보았다.

　토마스 투세트는 1914년 이키케에서 태어났다. 그의 부모가 이키

29　토마스 투세트 로스의 개인소장 자료는 그의 사위 라파엘 마르티네스(Rafael Martínez)로부터 받았다. 여기 나온 이야기들은 다음 문서에서 재정리한 것이다: "나 의 뿌리 (Mis origenes)" (연도불명, 사위에게 들려준 자신의 생애사); "나의 학창시 절의 추억 (Mis recuerdos escolares)" (연도불명); "이력서 (Curriculum Sr. Tomas Tuset Ros).

케에 온 것은 1908년이었다. 부모는 이키케 시내에 라 에스파뇰라(La Española)라고 하는 의류와 양말을 파는 양품점을 소유하고 운영하고 있었다. 1916년, 아버지는 내륙 팜파의 소도시 포소 알몬테(Pozo Almonte)에 또 다른 가게를 낸다(El Escudo Chileno). 초석생산이 한창 진행 중이던 20세기 초반에 포소 알몬테도 붐타운이었던 것이다. 1922년, 8세가 되자 토마스 투세트는 당시 이키케 최고의 명문기숙학교인 영국학교(Colegio Inglés)에 진학했다. 그 점으로 미루어 보아 투세트의 가족은 그 당시 경제적으로 살림이 넉넉한 편이었던 것 같다. 기숙사 생활을 하면서 집에서 매주 "케이크와 빵, 사탕과 민트, 그리고 페소 몇 푼"을 우편으로 받았다고 한다. 본인의 주장이라 어디까지가 사실인지 알 수 없으나, 그는 성적이 우수했다고 한다.

1926년에 불황이 닥쳐왔다. 투세트 아버지의 사업은 부도가 나고, 기숙학교도 자퇴해야 했다. 당시 영국학교의 플로운 교장선생님이 아버지에게 자퇴는 안 된다고, 재고해달라고 간청했다 한다. 학교는 등록금을 할부로 받는 등 편의를 봐주겠다고 했다. 그러나 아버지의 "스페인 사람 특유의 자존심"이 워낙 커서, 투세트는 이키케의 상업고등학교를 다니게 되었다. 그는 당시의 상황을 다음과 같이 묘사했다:

부모는 다시 이키케로 이사 왔기 때문에 나는 기숙학교에 더 이상 있을 이유도 없었다. 게다가 등록금을 낼 돈마저 없었으니, 학교여 안녕! 아버지는 빚을 갚기 위해 모든 것을 팔아야만 했고, 우리는 돼지우리같이 지저분한 거리(la cochina calle)에 나앉게 되었다.

아버지는 사업을 정리하고 이키케 시내의 상점에서 점원으로 일을 다시 시작했다. 투세트는 시간제로 작은 상점에서 일을 했다. 이때 학교 체육시간에 점수를 낮게 받았던 점도 회고했다. 어머니가 낮은 점수를 납득할 수 없어 학교를 찾아갔을 때, 준비물인 운동화를 계속 가지고 오지 않아 점수가 깎였다고 한다. 투세트는 당시 살림이 빠듯했다는 점을 그렇게 강조했다. 1928년에 투세트는 아예 학교를 그만두게 되었다. 등록금도 문제였지만, 아들이 밖에 나가서 돈을 벌어와야 했던 상황이었던 것이다. 학교당국은 모범생인 투세트에게 "빈민학생구제 장학금(Liga de Estudiantes Pobres)"을 통해 장학금을 주겠노라고 했지만, 아버지는 "끝까지 스페인 사람으로, 자존심을 꺾지 않았다." 장학금의 기회를 아버지가 모두 거절했던 그때 투세트의 나이는 열네 살이었다.

투세트는 청소년 시절을 가게의 점원과 수금요원으로 일을 하다가, 1930년 불황 이후, 이키케에서는 회생이 어렵다고 판단하여 1933년에 부모와 같이 바르셀로나로 돌아갔다. 그러나 바르셀로나에서의 경기도 좋지 않아, 가족은 다시 칠레로 돌아왔다. 1934년 투세트는 이키케로 돌아와서 라스 도스 에스트레야스 칠물점의 수금요원으로 일하기 시작했다.

투세트의 젊은 시절이 흥미로운 것은 그가 초석광산에서 자란 것도 아니요, 초석부호의 자제도 아니었다는 점이다. 이키케의 신흥이민자 집단이자 소상인으로 인종적으로는 유럽계통이지만 이키케에서 '중산층'이라는 지위를 유지하기 위해서는 그만한 돈을 벌어야만 했다. 장사가 잘 될 때에는 꽤나 부유한 자제들과 같은 생활을 했지만, 그것이 오랫동안 지속되지 못했다. 칠레 중산층의 경험이 대개 그러하듯(cf. Silva 2000), 노동자 집단과 비교했을 때 근본적인 차이가 나는 지점은 상류층이 되지 못한 것에 대한 상대적 박탈감이다.

투세트가 철물점을 인수하고 난 후, 1950년대에는 상공회의소에서 활발한 활동을 펴기 시작했고, 당시 지역활성화 운동을 펼쳤던 이키케 발전위원회에도 적극적으로 참여했다. 당시의 많은 중산층 집단들이 그러했듯이, 이들 조직들이 특별한 정치적 색채가 있었던 것은 아니다. 대신에 칠레의 수도권과 북부지방에서는 프리메이슨들이 많았는데, 신흥 전문가 집단인 의사와 변호사, 언론인, 교사, 소상인들이 적극적으로 참여하였다. 당시의 중산층 노동조합들은 대부분 프리메이슨의 영향하에 있었다. 투세트의 글에서도 프리메이슨의 영향을 엿볼 수 있다. 5-60년대의 중산층은 70년대에 들어서서 양분된다: 그 이전까지만 해도 급진당(Partido Radical)를 지지했는데, 이제는 사회당 또는 기민당을 두고 중도좌파 또는 중도우파의 노선을 택해야 하는 기로에 섰다. 칠레가 70년대에 사회주의 정권을 세운 데에는 사회당으로 통합된 중산층의 역할이 매우 컸다. 그런 면에서 쿠바와 또 차별화가 된다. 70년대의 투세트는 사업이 안정되어 보수적인 노선을 택하게 된다. 아옌데 정권을 신랄하게 비난했던 그는 피노체트가 군사쿠데타를 일으키자 그의 열렬한 지지자가 된다.

그러나 그가 남긴 글에 자유무역지대의 유래를 둘러싼 신화에 던지는 한마디가 있다. 투세트는 이키케의 자유무역지대 설립이 중앙에서 시작된 것이 아니라고 주장했다. 그는 현재의 소프리 시스템이 피노체트가 통과시킨 법령과 시행령 덕분이라는 점을 인정하면서도(5장 참조), 그 뿌리는 50년대의 발전위원회에 있었다고 주장했다. 그는 50년대 후반에 발전위원회 총무를 맡고 있었는데, 그 얘기는 길게 하지 않았지만 당시 발전위원회에서 대변인 역할을 하고 왕성하게 활동을 했던 루이스 세레세다, 힐베르토 플로레스, 르네 디아스 라바투를 거론하면서 그들이 자유무역지대의 "진정한 아버지, 그 배후에 있는 진정한 브레인"이라는 점을 여러 번 강조하였다. 그는 신문에 글을 기고하면서 이키케가 이들의 공로를 잊어가고 있다는 점을 탄식했는데, 그저 역사 속으로 살아진 이들의 행적을 살리고자 많은 노력을 기울였다.

투세트는 그럼에도 불구하고 열렬한 피노체트 지지자였다. 쿠데타가 일어나고 좌파에 대한 탄압이 시작되자, 투세트는 스페인 출신의 이키케뇨 좌파인사들을 찾아가 망명을 권했다. 투세트는 스페인 명예영사로서 동향출신의 인사들을 챙긴 것이었을까? 스페인 출신의 아버지를 둔 이키케뇨 파블로 카냐르테는 다음 이야기를 내게 전해주었다.

파블로가 여섯 살이었을 때 쿠데타가 일어났다. 아버지는 60세가 넘은 스페인 사람이었는데, 프랑코의 파시스트 정권을 피해서 칠레에 망명한 사람이었다. 어머니도 나이가 많았는데, 파블로는 그야말로 기적적으로 이 부부에게서 태어난 소중한 늦둥이자 유일한 아이였다. 그가 기억하는 것은 어느 날 밤에 투세트가 찾아와서 아버지에게 "지금 떠나지 않으면 죽는다"라고 했던 얘기이다. 파블로의 아버지는 이키케에 잘 알려진 사회주의자였는데, 그 얘기를 듣고 아버지는 칠레를 떠났다. 그렇게 떠난 후, 파블로는 다시는 아버지를 보지 못했다. 몇 번의 서신이 오고 갔으나, 80년대 초에 아버지가 기거하던 집 근처의 수녀원에서 사망소식이 왔다. 파블로는 지금까지도 투세트를 피노체트의 공모자로 생각하고 있다. 그러나 투세트는 동향의 친구에게 위험을 알려주러 온 것이었을까, 아니면 자기가 더 이상 뒤를 봐줄 수 없으니 알아서 대처하라는 경고를 하러 온 것이었을까? 파블로는 아주 오랫동안 투세트에 대한 트라우마가 있었다고 얘기해주었다. 10여 년 전에 바르셀로나 인근에서 가까스로 아버지의 묘를 찾을 수 있었던 그에겐 이 순간이 지워지지 않는다고 했다.

투세트는 90년대 말에 사망했다. 그리고 투세트가 소유하던 라스 도스 에스트레야스는 더 이상 존재하지 않는다. 최근에 부도가 나서 투세트가 자수성가하여 다져놓은 자산을 자식과 사위들이 모두 탕진했다. 초석시대와 그 이후의 흥망성쇠를 잘 견뎌온 그였지만, 그가 구축해놓은 것은 순식간에 또 없어졌다. 참으로 역설적이고 허무한 일이 아닐 수 없다.

4장

"칠레는 명예의 빚을 갚아라!"
: 지방민의 반란과 검은 깃발의 시위

(…) 북쪽 지방민은 국가발전에 꼭 필요했던, 그 중대한 기여를 마음속에 담아두고 있습니다. 그가 포장되지 않은 도로를 볼 때, 자기가 사는 도시에 물과 전기가 공급되지 않음을 볼 때, 하수도 시설이 없음을 볼 때, 바싹 마른 나무토막으로 지은 자신의 집이 재건의 희망도 없이 화재에 순식간에 사그라져 들어가는 것을 볼 때, 내륙의 팜파로 걸어 들어가 100여 개에 달하는 폐광촌을 볼 때, 그리고 그 자손의 미래를 생각할 때, 북쪽 지방민은 이 엄청난 불의(不義)를 대면하면서 반항하고픈 자극을 받습니다. 그는 이 땅을 떠나지 않기로 다짐합니다. 선조들의 피로 정복한 이 땅을 포기하지 않습니다. 하지만 위정자들의 철저한 무관심과 절대적인 버림에 더 이상 참을 수 없는 북쪽 지방민은 5월 22일부터[sic. 21일부터] 반기(反旗)를 올려 묵묵한 침묵의 시위를 벌입니다.

—1957년, 타라파카 지방을 대표했던 하원의원 페드로 무가의 국회연설 중[1]

칠레에서 "지방"이라는 존재

본 장에서는 칠레의 정치사에서 거론되지 않은 국가와 지방, 특히 북부 지방과의 갈등관계에 주목한다. 칠레 최북단의 타라파카와 안토파가스타 지방은, 앞서 밝혔듯이, 각각 페루와 볼리비아의 영토였는데, 19세기 말 초석의 개발권을 둘러싼 분쟁이 일자 태평양 전쟁에서 칠레가 페루-볼리비아 연합군에 승리하면서 합병한 영토이다. 북부지방에 대한 역사 서술도 엄밀한 의미에서 고유의 지방사를 이루지 못하고 있는데, 북부지

---

1   El Tarapacá de Iquique, 1957년 6월 5일자.

방의 역사쓰기가 초석개발을 주도했던 외국자본과 칠레정부의 긴장관계(Bermúdez 1987; Blakemore 1974; Monteón, 1982; 1990; 1998)와 공산당의 창단으로 절정을 이루는 초석광산에서 시작된 칠레의 노동운동사(Pinto Vallejos 1991; Pizarro 1986)를 중심으로 서술되어왔기 때문이다. 전자의 경우 북부지방은 정치적 행위자로서의 시민과 문화를 가진 주체로 다루어지기보다는 자원을 보유하고 있는 땅, 다시 말해서 물리적인 영토로 그려지는 데 그치고 있다. 반면에 후자의 경우에서는 초석산업의 여러 면모(예를 들자면 초석광산 외 항구에서 일하던 일용직 노동자들의 노동환경)와 노동운동의 주체를 파악할 수 있지만, 그것이 지방사의 일부가 아닌 전체로 그려지면서 북쪽 지방을 '노동운동의 성지'로 신비화시켜왔고, 북쪽 지방의 여타 집단적 체험(collective experience)과 기억을 포괄하지 못하고 있다.

본 장에서는 1957년에 북부 타라파카 지방민이 칠레 중앙정부와 대치했던 "검은 깃발의 시위(la protesta de las banderas negras)"를 역사적으로 재구성하여 칠레 정치사에서 지방의 위상과 지방민이라는 정치적 주체가 갖는 함의를 논의한다. "검은 깃발의 시위"는 지방민들이 매우 큰 자부심을 가지고 기억하는 전설적인 사건이었는데, 이 사건은 지방사나 칠레 통사에서 다루어진 적이 없다. 이 사건이 특이한 점은 북부지방의 특정한 집단이나 계급이 중앙정부에 봉기를 했던 것이 아니라, 계급 간의 차이를 뛰어넘어 한 도시의 시민 전체가 중앙정부에 대항하는 시위를 벌였다는 점이다. 시위가 극에 달했을 때에는 지방민 대표들은 중앙정부와의 결별을 선언하고 "북의 공화국(la República del Norte)"을 세우겠다는 성명서를 냈다. 물론 이런 노력들이 목적했던 바를 달성하지는 못했지만, 밀레니엄 이후에도 지속적으로 기억되고 있는 칠레의 시민정신의 특성과 국가 헤게모니에 대항하는 방식을 이해하는 데 유용한 자료를 제공한다.

오늘날까지 이 사건은 지방민들이 자부심을 가지고 중앙정부에 대항했던 사건으로 기억된다. 한편, 당시 정부는 끝까지 자유무역지대에 대한 열망을 무시함으로써 자유무역지대는 가상의 이상적 "해결책"으로서 집단적 상상계(collective imaginary)를 지배하게 된다. 이 운동은 자유무역지대를 타라파카의 경제적 악순환을 극복해줄 수 있을 해결책으로 인식하고, 그것을 "선사한" 피노체트를 이키케의 "구원자"로 해석하는 데 기틀을 의미론적으로, 그리고 경험적으로 마련한 셈이다.

그러나 이러한 역사적 개연성도 중요하지만, 가장 돋보이는 것은 지방민으로서 이들이 가졌던 자부심과 자긍심이다. 이들의 행동과 언어 하나하나에 온전한 시민으로서의 모습을 보이려고 한 발전위원회 멤버들의 노력이 돋보이며, 끝까지 정의라는 명분을 내걸고 신사적으로 지탱한 그들의 모습에서 칠레 특유의 시민정신을 엿볼 수 있다.

사건의 배경

한 지방의 자원이 국가의 근대화를 가능케 했다면, 국가는 이 지방에 특혜를 줄 도덕적 의무가 있는가? 앞 장에서 언급했듯이, 1880년부터 1930년까지 칠레의 국고는 타라파카 지방에서 캐내어 수출했던 초석세로 채워졌다. 이 기간 동안 평균적으로 국고의 약 40%를 초석의 수출세로 채웠던 칠레는 그 소득으로 기다란 국토를 연결하는 토목공사를 대대적으로 벌여서 철도, 다리, 도로, 댐 건설 등으로 국토를 통합시키고 근대국가로서 갖춰야 하는 인프라를 구축했다(Collier and Sater 1996; Loveman 1979[1988]: 179; Sagredo 2001a, 2002b). 칠레의 초석산업은 독일에서 인조초석이 생산되면서 1930년대 초에 급격히 위축되어 국고에 더 이상 의미 있는 재원이 되지 못하였고, 타라파카 지방에서의 초석생산은 현지인구를 지탱시켜주는 정도에서 지속되었다. 그러나 소수의 광산마저 문을 닫게 되는 1950년대 중반 이후에, 타라파카 지방은 생계를 보장해줄 만한 경제활동이 없어 중앙정부에 초석산업을 대체할 수 있는 대안적인 경제활동을 정책적으로 수립해달라고 요청한 것이 사건의 발단이 되었다.

이 같은 요구가 지방민의 입장에서는 합당하고 정당한 이유가 있었다. 앞 장에서 소개되었던 바대로, 초석산업은 절대로 안정적인 산업이 아니었는데, 단일산업에 의존했던 타라파카의 경제는 초석시장이 요동을 칠 때마다 함께 흥망하는 경험을 거듭했었다. 초석시장의 횡포와 폐해를 직접 경험했던 이 지방 주민들은 초석산업의 종말이 몰고 올 재앙을 충분히 짐작할 수 있었다. 그 어떤 사회적 보장제도도 마련되어 있지 않은 상황에서, 유럽의 초석수요가 하락하면 광산들은 가동을 중지해야 했고, 이 기간이 길어지면 노동자와 그 가족들을 강제 이주시켜야만 했다. 수요가 증가하면 가동을 중지했던 초석광산들은 생산에 돌입해야 했고, 그때 칠레의 길다란 국토를 따라 엔간차데로스들이 정처 없이 남쪽으로 흘러들어온 광산노동자들을 찾아내서 북쪽으로 다시 이송시키곤 하였다(Stickell 1979). 그 당시 자료들을 보면, 이런 반 강제적 이주는 광산노동자와 그 가족뿐만 아니라 도시의 상인들에게도 적잖은 영향을 미쳤던 것으로 나온다(Monteón 1998). 실제로 인근의 초석 수출항구였던 피사과가 1950년대 초에 폐쇄되면서 순식간에 도시 전체가 없어지는 것을 이키케 시민들이 직접 목격한 바 있었다. 따라서 다시 찾아오는 망령처럼, 초석광산들이 폐쇄되면 인구의 대규모 유출(exodus)이 일어날 것이 우려되었고, 인구가 없으면 경제도 없다는 위기의식이 감돌았던 것이다.

칠레 북부지방을 연구한 역사학자 카스트로에 의하면 이 지방 고유의 정체성은 개별적인 것으로 고립시켜 분석할 것이 아니라 국가와의 관계에서 파생된 것으로 이해해야 한다고 한다. 타라파카 지방은 그 탄생 자체가 지대수입형 국가(rentismo estatal)의 소산으로, 사막이라는 지질학적 특수성 때문에 자연공동체의 성립이 불가능한 곳이었는데 초석개발이 이루어지면서 도시가 만들어졌던 것이다. 그러나 초석으로 빚어

낸 수입은 다시 중앙으로 돌아가는 구조였기 때문에 타라파카 지방은 정작 초석산업의 혜택을 받지 못했다. 타라파카 지방민은 이러한 구도가 정당하지 못하다는 점을 깊이 인식하고 있었고, 점차적으로 국가와의 관계를 이해하고 해석할 때 "보상적인 개념(conceptos reivindicativos)"으로 대응담론을 구성하게 되었다. 19세기 말부터 1950년대까지 지방신문에 자주 언급되는 문구들은 모두 이처럼 "보상적인 언어"를 담고 있었는데, 중앙정부에 대한 서운함을 "국가로부터의 버림(abandono estatal)", "행정적 불평등(desigualdad administrativa)", "무관심한 통치(despreocupación gubernativa)" 등의 용어로 표현하고 있었다(Castro 2002: 21). 이런 감정을 악화시킨 것은 평소에 무관심한 국가가 노동운동 탄압을 할 때에는 앞장서서 군인들을 투입하고 진압을 했다는 점이었다. 특히 광산 노동자와 그 가족들을 학교 운동장에 모이게 한 후 몰살시켰던 산타마리아 학교의 대학살(la matanza de la Escuela Santa María)은 타라파카 지방에 대한 국가의 태도를 극명하게 보여준 것으로 기억되고 있다(Frazier 1998). 타라파카 지방민의 집단적 기억에는 국가가 이 땅의 부는 뺏어가고, 그 부를 일궈낸 지방민을 착취하고 탄압한 존재로 자리 잡고 있었다.

초석시장 때문에 몇 고비의 위기를 경험한 국가의 입장에서도 다른 방식으로 국가의 경제발전을 수립할 필요가 있었다. 1930년대 말, 아기레 세르다 정권은(Pedro Aguirre Cerda 1938-41) 단일 수출 품목에 국가경제를 의존시키는 것의 위험성을 직시하고 지대수입형 국가의 편향된 산업구조가 갖는 약점을 보완하기 위해 수입대체산업화를 장려하는 전략으로 생산구조를 다변화시키고자 하였다. 1957년에 이키케 주민들은 지역경제 활성화 방안으로 자유무역 산업지대 프로젝트를 내부에서부터 기획하고 중앙에서 법안을 통과시켜주고 집행해주기를 기대했었다. 그러나 이제 막 수입대체산업화을 육성하려고 했던 칠레 정부는 이 법안을 통과시켜주지 않았다. 이키케의 자유무역안은 산업부품과 원자재를 무관세로 수입해서 조립생산을 현지에서 한다는 안이었으나, 자유무역을 허용하면 수입완제품이 국내시장으로 밀수 유통될 것에 대한 우려가 제일 컸다. 또한 정부정책에 힘입어 산업을 육성하고자 했던 중앙과 남부의 세력은 북부지방을 지속적으로 경계했다. 정부의 입장이 관료들을 통해서 공식적으로 전해졌더라면 이키케 시민들이 느끼는 서운함이 덜했을 것인데, 정부는 이런 태도의 의사를 한 번도 공식적으로 전하지 않았다. 그런 정부의 태도가 이키케 시민의 감정을 악화시킨 결정적인 계기가 되고, "검은 깃발의 시위"를 촉발한 계기가 되었다.

대답 없는 메아리, "칠레는 명예의 빚을 갚아라!"

이키케에 자유무역지대를 설립하자는 논의는 1956년 초에 일기 시작했다. 당시 이키케 시(Municipalidad de Iquique) 대표(시장과 시의원들), 이키케 상공회의소 회원들, 그리고 시민대표로 구성된 발전위원회(Centro Para el Progreso)는 모두 초석시장의 종말을 예고하고, 이 도시가 1931년에 경험했던 인구유출이 반복될 것이라는 우려하에 대안적인 경제활동의 필요성을 제기했다.[2] 이미 시 발전위원회는 중앙정부에 다양한 지원책과 지

---

2 앞 장에서 서술한 것과 같이, 마지막까지 가동하던 초석광산이 폐광위기에 처했던 1956년에 이키케 시는 패닉상태에 들어갔다. 현지신문은 닥처올 재앙에 대한 걱정과 근심을 다음과 같이 세세하게 보도했다: "5000명이 참석한 시민회의(Cabildo abierto)에서 타라파카는 생존할 권리를 사수할 것이다"(El Tarapacá de Iquique, 1956년 2월 9일); "산 엔리케[폐광촌]에 실업자를 위한 급식구제가 시작되었는데도 정부는 안하무인"(El Tarapacá de Iquique, 1956년 2월 22일); "몰락의 위협을 앞두고 북은 근심의 걱정에 휩싸이다"(El Tarapacá de Iquique, 1956년 5월 24일); "이키케는 삶과 죽음을 넘나들고 있다"(El Tarapacá de Iquique, 1956년 3월 1일); "산엔리케의 광부들을 또다시 남쪽으로 이주시킨다고 한다"(El Tarapacá de Iquique, 1956년 3월 2일). 이때 강제이주가 있었던 것은 아니었고 위기의 상황은 실제보다 더 과장되어 있었다. 그러나 이때 이키케 시를 패닉상태로 몰고 갔던 것은 반 강제적 이주와 그 사회적 여파에 대한 집단기억이었다.

역개발을 촉구하는 다양한 운동을 펼친 바 있었다.[3] 그러나 그들의 '신사적인' 요구방식은 항상 무시되었고 이미 이 지방은 중앙정부로부터 버림받고 있다는 분위기가 팽배해 있었다. 당시 시민발전위원회 대표이자 시의회 의원이었던 루이스 세레세다(Luis Cereceda)는 이키케의 자유무역지대를 설립하는 안을 제시하여 도시민과 이곳을 대표하는 국회의원들로부터 큰 호응을 얻었다.

제안된 자유무역항은 최북단 항구도시인 아리카(Arica)의 자유무역지대와 다소 다른 형태였다. 그러나 아리카의 자유무역항은 산티아고에서 이미 많은 비판을 받고 있었다. 아리카는 수입완제품을 무관세로 수입하여, 산티아고까지 이어지는 지하경제를 구성하고 있었다. 따라서 아리카는 수입대체산업화를 장려하고자 했던 정부와 기업세력으로 많은 비난을 받으며 폐쇄조치를 해야 한다는 여론이 일고 있었다. 이 점을 인지하고 이키케 발전위원회는 이키케 자유무역항을 칠레정부가 추진하는 수입대체산업화와 맥을 같이하는 프로젝트로 제안했다. 무관세로 각종 부속품을 수입하여 다양한 산업의 공장시설을 세우고, 이곳에서 생산된 공산품을 무관세로 수출해서 정부의 자생적 산업개발정책과 같이 가자는 취지였다. 그러나 그렇게 하기 위해서는 국가가 통제하는 고정환율제도(artificial exchange rate)가 폐지되어야 했는데, 국가는 수출입 거래에 대해서 이를 계속 유지하고자 하였다. 이 고정 환율제도의 폐지는

---

3 이키케 발전위원회가 정확히 언제부터 생겼는지에 관한 자료를 찾았으나 확보하지 못해 그 시기를 확인할 수 없다. 그러나 1950년대에는 이미 활발하게 활동하고 있었다. 1950년대에 발전위원회 요구사항으로는 수도공급, 전기공급, 하수도시설, 이키케와 볼리비아를 잇는 고속도로의 건설, 주거문제 해결 등 다양했다. 발전위원회 회원들은 산티아고에서 행정당국 인사가 올 때마다 회의를 열어 이 사항들을 요구하고, 또 산티아고에 직접 내려가 해당부처 장관과 면담을 의뢰하여 이 사항들을 전달했던 것이 현지 신문에 널리 보도되곤 했었다. 그 당시 이키케뿐만 아니라, 그 이남에 있는 안토파가스타(Antofagasta), 코킴보(Coquimbo) 등 초석 지대의 다른 도시들에도 각각의 시발전위원회가 있었다.

당시 죽어가는 초석산업을 살릴 수 있을 것이라는 희망도 있었다. 따라서 자유무역항의 설치와 이키케의 산업장려와 고정환율제도의 폐지는 모두 일맥상통하는 목표들이었다.

자유무역항을 위한 모멘텀은 가속화되기 시작했다. 이키케 시의 주요 지도자들과 정치인들은 이 미션을 위해서 모두 적극적으로 활동하기 시작했다. 표 4.1은 당시 발전위원회에서 활약을 했던 이키케의 인물들을 정리한 것이다.

[표 4.1] 1957년 이키케 발전위원회 주요 활동가와 직책

성명	직책	활동/인적 사항
루이스 세레세다 라 시스테르나 (Luis Cereceda La Cisterna)	이키케 발전위원회 위원장 이키케 시 시의원	이키케 자유무역항 설립 제안서 작성
힐베르토 플로레스 테르니시엔 (Gilberto Flores Ternicien)	이키케 상공회의소 소장	이키케 자동차 영업 소 소유/운영
호세 로드리게스 라라기벨 (José Rodríguez Larraguibel)	1957년 당시 이키케 시장	정치인/행정가
알레한드로 발렌시아 주 (Alejandro Valencia Joo)	이키케 전 시장	정치인/행정가
르네 디아스 라바투 (René Díaz Labatut)	이키케 시의원	정치인/언론인 북의 공화국 독립선 언문 작성자
에르네스토 사무디오 (Ernesto Zamudio)	이키케 시의원	정치인
라울 키나스트 데 라 로사 (Raúl Kinast de la Rosa)	전 이키케 발전위원회 위원장	변호사
후안 렌딕 (Juan Rendic)	이키케 상공회의소 회원 전 이키케 발전위원회 위원장	자영업자
토마스 투세트 로스 (Tomas Tuset Ros)	이키케 상공회의소 회원	자영업자
후안 루이스 마우라스 (Juan Luis Maurás)	타라파카 대표 하원 의원	정치인

자유무역지대는 이곳 언론에서 자주 논의되면서 지방의 사회경제적인 위기를 타개할 수 있는 유일한 대책이자 희망으로 자리 잡게 되었다. 이같이 자유무역지대라는 기획이 시민들로부터 큰 호응을 얻자 발전위원회는 산하에 "자유무역항 설립을 위한 소위원회(Comando Único Pro Puerto Libre, 이하 소위원회)"를 두고 다양한 모금운동과 행사를 벌였다. 1956년 중반부터 소위원회는 자유무역항 법안을 작성하기 시작했다. 이키케 자유무역지대법 프로젝트(Proyecto de Ley de Zona Franca para Iquique; 이를 축약해서 타라파카 법안, Proyecto de Ley Tarapacá이라고 부르기도 한다.)이 작성되자, 법안은 급진당(Partido Radical), 사회당(Partido Socialista), 그리고 자유당(Partido Liberal)으로부터 지지를 받고 하원에 제시되었다.

이 기간이 의회의 공식적인 휴회기간과 겹쳐 오랫동안 진전이 없다가 다시 개원했음에도 불구하고 우선적으로 검토되지 않아 발전위원회와 소위원회는 대통령에게 이 법안을 "긴급법안"으로 재정하여 더 빠르게 의회에서 논의될 수 있도록 촉구했다. 이바네스 대통령은 공식적으로는 법안을 지지한다고는 했으나 일관성 있는 반응을 보이지 않았다. 그도 그럴 것이, 그 당시 칠레가 직면하고 있었던 국가적 차원의 문제들을 고려했을 때 타라파카에 많은 관심을 기울일 수 있는 형편이 아니었다. 이바네스 정권의 가장 큰 문제는 인플레이션이었다. 5년의 임기동안 이바네스는 경제부 장관을 여덟 번이나 교체했다. 인플레이션은 1950년대 칠레 정치권을 극심한 갈등으로 치닫게 하였다. 이바네스 대통령은 결국 1957년 1월이 되어서야 이 법안에 "긴급" 등급을 매겨 국회가 빨리 검토할 수 있도록 촉구했다.

그동안 발전위원회와 소위원회는 이키케에서 자유무역항을 위한 다양한 이벤트와 선전캠페인들을 벌였다. 1957년 3월에 "자유무역항을 위한 주간(Semana Para el Puerto Libre)"에는 자유무역항 여왕 "페기 1세 각하(Su majestad Peggy I)"을 선발해서 홍보대사 역할을 하게 하였다. 시민들은 지역신문사에 수많은 시들을 보내 그녀를 예찬하기도 하였다. 소위원회는 자유무역지대를 주제로 한 노래경연대회도 열어, 그 열망을 '자유무역항 찬가(Hymno para el Puerto Libre)'에 담아 널리 불리게 하였다. 소위원회는 또 자동차를 경품으로 내서 대표들이 수도 산티아고에 가서 행정부 사람들과 만날 수 있게 자금을 모으기도 하였다. 소위원회와 시 대표들은 이키케 시민단체들의 지지 성명을 받아 지속적으로 신문에 내기도 하였다. 발전위원회 회원들에게 이 기획이 시민 전체의 지지를 받는다는 것은 중요한 사안이었다. 왜냐하면 중앙정부에 이 기획안을 제시했을 민

주적인 절차를 밟아서 정당성을 확보해야만 한다는 것을 익히 알고 있었기 때문이다.[4]

1957년 이키케 발전위원회의 공청회. 시민들이 마누엘 카스트로 라모스 체육관을 가득 메우고 있는 가운데, 이키케 시장 호세 로드리게스 라라 기벨이 연설을 하고 있다.

---

4 발전위원회의 모든 활동에는 정치적 계파와 색채가 완전히 결여되어 있고, 실제로 그 회원도 여러 정당지지자로 구성되어 있었다. 발전위원회는 의식적으로 정치적인 성향을 띠지 않았던 것으로 보인다. 지방이 필요로 하는 사항들은 특정 이데올로기나 계급의 이해와는 무관하다는 입장을 지속적으로 표명하며, 따라서 그 전략도 과격한 반정부 시위나 파업 등이 아닌 끊임없는 설득과 합당한 절차를 거친 토론의 형식을 취했었다. 실제로 이러한 발전위원회의 성격 때문에 정부는 이들의 적극적인 공세에 어찌 대처할 바를 몰라 무시하는 대응전략을 취했다.

3월 말이 되어도 정부가 그 어떠한 반응도 보이지 있지 않은 가운데 타라파카 지방을 대표하는 국회의원들은 지지성명을 내기 시작하였다. 그러나 정부가 법안을 국회로 넘기지 않자, 이키케에서는 우려의 목소리가 나오기 시작하였다. 그 이전까지 절제와 예의를 동반한 정부인사 설득작업을 발전위원회 임원들이 폈었다면 이번에는 공식적으로 시를 내세워 정부의 무관심에 공식적으로 항의하기 시작하였다. 시는 "지역정부로서, 지역주민 대표로서, 지역시민의 걱정거리를 전달할 수 있는 가장 자연스러운 전달자"[5]임을 내걸고 발전위원회를 비롯한 다른 시민대표들은 모든 단계에서 민주적인 절차를 존중하고 밟아간다는 점을 강조하면서 중앙정부에게 접근하였다. 그 첫 단계로 시 대표들은 '이키케 시민성명서'를 작성하여 대통령, 각 부처 장관, 지방을 대표하는 국회의원, 지방 도지사(Intendente)에게 보냈다:

시정부(Municipalidad)는 정통적으로 민주적인 지역정부로서 다음 사항을 요구한다.

1) 중앙정부는 이키케의 실업문제를 해결하라.
2) 중앙정부는 수십 번에 걸쳐 전달된 다양한 요구사항을 들어주고, 해결해주고, 결단력 있게 대처해 줄 애국적인 의무가 있다.
3) 중앙정부는 초석산업을 대체할 수 있는 자유무역지대를 설립해야만 한다.
4) 지역정부로서 시정부는 우리 지역문제를 같이 해결하고자 하는 다른 지역 공동체 집단과 협력하고 이들을 지원할 것이다.
5) 중앙정부가 타라파카 지방의 문제를 해결하는 즉각적인 행동을

---

5 시청대표들과의 회의 중에서 발전위원회 위원장 루이스 세레세다의 발언(El Tarapacá de Iquique, 1957년 3월 27일자).

취하지 않으면 이키케 시는 이키케 시민이 자신들의 생존권을 보호하기 위해 취할 모든 결정과 행동에 대한 책임을 중앙정부에 묻는다.

한 인터뷰에서 이키케 시장이었던 호세 로드리게스 라라기벨은 "시 대표로서 우리는 사람들의 살 권리를 보호해줄 권리와 의무가 있다. 언제까지나 온정주의적인 중앙정부의 지시만 따를 것인가? 이키케가 지금 필요로 한 것은 그런 게 아니다"라고 하면서 중앙정부에 대한 인내가 소진되고 있음을 알렸다. 4월이 되도록 정부가 그 어떤 성명이나 조치도 취하지 않자 지역신문의 헤드라인은 더욱 더 과격해지고 감정적인 톤으로 변했다: "타라파카는 이제 더 이상 기다릴 수 없다"; "우리의 인내는 한계에 다다랐다." 5월이 되자 발전위원회는 더 적극적으로 지방 수호자의 역할을 감행하기로 했다:

> [발전위원회는] 이 지방의 수호를 위한 위대한 캠페인을 이키케의 모든 시민의 지지를 받아 긍정적이고도 지속적인 방법으로 수행할 것이다. (…) [발전위원회는] 정부와 당국에 우리 지방의 경제적 상황이 엄청난 카오스에 직면했다는 사실을 직시하게 할 것이다. 우리의 반복적인 요구에도 불구하고 그들의 무관심이 지속된다면, 이는 불가피하게 현재 인구의 완전한 유출이라는 결과를 낳을 것이다.

며칠이 지나자, 불만은 고조되고 소위원회에서는 그간 타라파카 지방이 국고에 얼마나 기여했던가를 표로 구성하여 신문에 실었다. 이 시점에서부터 소위원회는 자유무역항 법안 설립이 제안이 아닌 정부에 대한 당당한 요구사항임을 표명하였다. 소위원회 위원장은, "우리지방의 걱정을 제안이 아닌 요구(demandas)로서 들어줘야 한다. 역사적, 경제적,

도덕적으로 보나 우리는 이 같은 주장을 할 권리가 있다"라고 하면서 논의는 절차와 예의를 갖춘 절제된 협상의 차원을 넘어섰음을 경고하였다. 국가로서 칠레가 지방에 명예의 빚을 지고 있다는 사실은 그간 이키케의 다양한 대표들과 국회의원들에 의해서 역설된 바 있었다. 그러나 자유무역항 설립과 관련해서 소위원회가 구체적으로 더 강한 입장을 취하면서 국가가 지방에 지고 있는 명예의 빚을 더 자주 거론하기 시작했다. 소위원회 위원장인 루이스 세레세다는 다음과 같이 말했다: "우리 지방이 국민의 생활개선을 가능하게 했다는 사실은 이 통계에 여실이 드러나 있다. 이것은 우리의 그 어떠한 요구도 정당화시킨다."[6] 그는 나아가서 초석수출세가 그간 국고에서 차지했던 비율을 신문에 실어 달라고 요구했다(표 4.2 참조). "1880년부터 1929년 사이, 정확히 말하자면 50년 동안 초석은 정부 예산의 43%를 채웠었다… 칠레 역사를 통틀어 이와 같은 전례는 없다. 한 지방의 자원으로, 이 자원을 일군 이 땅의 노동으로 전 국민을 먹여 살리고 또 낮잠(siesta)을 잘 수 있게 해 준 것은 우리밖에 없다. 우리 지방의 중요성이 떨어지자 이제 우리는 중앙과 남쪽의 화려한 산업체들에게 부담만 되고 있다."[7] 이 말에는 국가가 수입대체산업화를 추진하는 이유는 이해하지만 그것 역시 중앙과 남부의 특정집단의 이해관계만 반영한 것이 아니냐는 책망과 비판이 실려 있다.

실제로 세레세다가 주장했던 바는 사실이다. 초석수출세는 국토를 통합하고 칠레를 현대적인 인프라를 갖춘 국가로 탈바꿈하게 해준 주된 요인이다. 칠레의 역사학자 사그레도는 발마세다(Balmaceda) 정권 때 초석수입으로 감행된 대대적인 토목공사와 국토통일 사업에 대한 자세한 자료를 제공해주었다. 발마세다 대통령은 칠레를 근대화하기 위한 방편으로 대대적인 토목공사들을 감행했었다: 도로를 확장하고, 중

---

6 El Tarapacá de Iquique, 1957년 5월 7일자.
7 El Tarapacá de Iquique, 1957년 5월 7일자.

앙과 남부를 연결시켜주는 철도를 깔았으며, 이 철도의 일부로 그 유명한 마예코(Malleco) 철교를 세우기도 했다.[8] 발마세다는 나아가서 이 수입을 수도권에 공립학교들을 세우는 데 활용하고, 또 남부 탈카우아노(Talcahuano)에 현대적인 해군기지를 세우는 데 쓰기도 하였다. 사그레도의 분석에 따르면, 발마세다는 칠레를 현대적인 국민국가로 세우는 데 가장 큰 공헌을 세운 대통령이다. 그는 당시의 모든 기술을 동원하여 국가를 도로와 철도로 연결시키고, 통신망도 들여와서 길다란 영토 때문에 작은 섬들처럼 고립되어 있던 지방을 중앙과 연결시킨 것으로 평가받고 있다. 그러나 무엇보다도 발마세다는 그런 국토공사, 국토통일의 작업을 언론을 잘 활용해서 국민들에게 알린 것으로 평가받는다. 다시 말해서, 베네딕트 앤더슨이 「상상된 공동체」에서 주장하듯, 국내언론에서 대대적으로 보도한 대통령의 국토통일 사업과 행적이 국민을 통합된 '칠레인'으로 만들었다는 것이다(Sagrego 2001a, 2001b). 분명 그러한 뉴스들이 이키케 언론에서 다루어졌을 것이다. 이키케 주민은 초석수입이 국가 전체를 세우는 데 활용되었으나 정작 자신에게 돌아온 것은 없다고 판단했을 것이다.

그러한 맥락에서 "명예가 걸린 빚"에 관한 논의는 자유무역지대 기획안이 등장했을 때부터 거론되었다. 1954년에 발전위원회 위원장을 지냈던 변호사 라울 키나스트(Raúl Kinast)는 칠레 관세청 임원들과의 만찬에서 연설 중에 다음과 같은 발언을 했다:

우리 지방의 쇠잔함을 보십시오. 한때 이 지방은 칠레 전 국민을 먹여 살렸는데, 정작 지금 우리는 먹을 것이 없습니다. 우리가 국가경제에 공헌한 만큼 우리에게도 뭔가가 돌아와야 합니다. 자유무역항이 설치

---

8 1890년에 발마세다 대통령이 직접 참가하여 개통된 마예코 철교는 그 당시 전 세계에서 가장 높은 철교였다. 지금은 국보로 지정되어 있다.

되면 이 땅 깊이 잠들어 있는 수많은 자원을 개발할 수 있을 것입니다.[9]

1956년 시민공청회(cabildo abierto)를 여는 연설문에서 당시의 시장은 동일한 논리를 폈다. "자유무역항은 정당하게 우리의 것입니다. 따라서 우리의 투쟁은 정당합니다. 그것으로 정부는 우리에게 지고 있는 빚을 갚아야 합니다." 같은 자리에서 시의원 르네 디아스 라바투(René Díaz Labatut)는 역시 같은 심정을 토로하였다.

우리가 현재 밟고 있는 산업화는 이 지방이 제공해준 부(riqueza) 덕분이었습니다. 우리의 요구는 많은 반대에 봉착할 것입니다. 자본가들은 그들의 탄생이 이 땅의 부에서 비롯되었다는 것을 망각합니다. 이 땅은 모든 것을 주었고, 지금은 아무것도 없습니다. (…) 이 값비싼 대가를 치렀는데, 그 누구도 감사의 표시를 하지 않습니다.[10]

이바네스 정권은 "명예의 빚"에 대해서 애매한 태도로 일관했다. 초석법안이 통과되었던 1955년 11월에, 이바네스 대통령은 초석산업 덕분에 생계를 유지하던 도시들이 위협받고 있다는 사실을 인정하면서도 이에 대해 국가가 개입해야 한다는 점을 비춘 적은 없다.[11] 1957년 1월에

---

9   El Tarapacá de Iquique, 1956년 8월 3일자.

10 El Tarapacá de Iquique, 1956년 2월 22일자.

11 초석법안은 앞장에서 논의되었듯이 초석산업에 정부지원금 지급을 중단하고 시세에 따른 환율을 적용하는 것을 거부하는 법안이었다. 초석법안 개안 선언문에서 이바네스 대통령은 다음과 같은 발언을 했다: "초석생산으로 살아가는 도시들은 발전에 대한 그들의 열망이 실현되지 못할 것을 두려워하고 괴로워하고 있습니다. 엄청난 가치를 가진 이 영광스러운 역사의 땅은 인구가 줄어드는 것을 목격하고 있는 반면에 나라의 다른 지역들은 발전을 하고 있습니다"(El Tarapacá de Iquique, 1955년 11월 21일자). 그러나 그런 희생 또는 영광에 대한 보상에 대해서는 언급이 없었다.

이키케와 피사과 자유항을 위한 법안[12]이 국회에 "긴급사안"으로 승격되어 소개되었을 때에 이바네스 대통령은 법안을 지지하는 발언을 하면서 타라파카 지방이 직면하고 있는 어려움을 인정했다:

피사과와 이키케 시는 가난과 이주라는 매우 우려되는 과정을 겪고 있어 그 주민들이 모두 괴로워하고 있습니다. (…) 일반적으로, 타라파카의 공황은 국가전체의 경제적 변화와 연관이 있습니다. 칠레는 (…) 자급자족할 수 있는 경제[수입대체산업화]로 탈바꿈하려고 합니다. 국가경제가 이 같은 방향으로 가고 있을 때, 단일자원에 의존하던 타라파카 지방은 오늘날 직면하고 있는 위기의 상황으로 급격히 추락했습니다. 이 어려움을 극복하기 위해서 우리는 지방의 회생을 돕는 특별한 혜택을 주어야만 합니다. 이로써 이 지방은 마땅히 누려야할 부귀영화를 누리게 될 것입니다. 그리고 그럼으로써 국가경제에 통합될 것입니다. 이 지방에게 공정한 대가를 제공하는 예외조항이 있어야만 합니다. 이 법안에 동의하신다면 여러분은 이 지방을 살리는 데 공헌했을 것이며 타라파카의 주민들을 구원한 것과 마찬가지입니다. 이 지방이 국가발전에 이바지할 수 있는 근거를 준 것입니다. [13]

이바네스 정권이 법안을 "긴급"으로 승격시켜 결국 의회에서 토론될 수 있게 했으나 국회에서는 이키케에게 시세의 환율을 적용한 자유무역

---

12 자유항 프로젝트에 피사과를 포함시키는 것은 정부 주도로 이루어졌다. 피사과는 당시 이미 인구가 100명이 채 안 됐기 때문에 이키케 발전위원회는 이를 하나의 형식으로 간주하고 피사과를 포함시키는 것을 반대하지 않았다.
13 국회를 대상으로 타라파카 법안에 "긴급" 등급을 촉구하는 이바네스 대통령의 서언. 1957년 1월 16일. Cámara de Diputados, Sesión 50a, Congreso de Chile. 3000-3001쪽.

항을 설립시키고자 하는 의자가 없었다. 칠레의 전경련이라 할 수 있는 산업공동체(Sociedad de Fomento Fabril, SOFOFA)는 이 법안에 반대하는 대대적인 로비운동을 폈다. 주로 수도 산티아고와 남부지방에 공장을 운영하는 사업주들로 구성되었던 이 단체는 북쪽 지방에 자유무역 지대의 설립을 지지할 이유가 없었다.

정부는 명예의 빚을 구체적으로 언급하지는 않았으나 칠레가 타라파카에 명예의 빚을 안고 있

1957년, 굶주려 죽어가는 이키케가 카를로스 이바녜스 델 캄포 대통령에게 자유무역지대 법안에 대해 거부권을 행사하지 말아달라고 간청하는 삽화. 삽화 아래 캡션은 "의사선생님! 저 약은 저를 죽일 거예요!"라고 하고 있다.

음을 역설하는 주체들도 있었다. 예를 들어 전 재정부 장관이자 국가개발공사(Corporación de Fomento, CORFO) 부사장을 역임했던 헤르만 피코 카냐스(Germán Pico Cañas)는 더 구체적인 언어로 명예의 빚을 강조했다 "애국심과 고마움, 평등주의에 입각해서 우리 국가는 지금 이 경제적인 어려움을 겪고 있는 이키케를 버릴 수 없습니다. 이 지역의 꺾인 경제를 극복하는 프로그램과 계획들을 세울 필요가 있습니다."[14] 그러나 관료들은 시종일관 중립적인 태도를 보이는 등 훨씬 더 신중하게 대처했다. 내무부 장관인 벤하민 비델라(Benjamín Videla)는 인터뷰에서, "자유무역항에 대해 '된다,' '안 된다'라고 할 수 없습니다. 복잡하고도 민감한 사안이라 자세한 내용을 알지 못한 상태에서 대답할 수 없습니다."[15]

---

14 카냐스는 산티아고 신문 라 테르세라(La Tercera)의 사장으로, 상당한 영향력을 가지고 있는 인물이었다(El Tarapacá de Iquique, 1956년 9월 22일자).
15 El Tarapacá de Iquique, 1956년 7월 2일자.

[표 4.2] 초석수출세가 국가예산에서 차지하는 비율 1880-1929

연도	국고에서 초석수출세가 차지한 비율(%)
1880	5.52
1881	19.96
1882	26.83
1883	34.61
1888	41.24
1890	52.06
1894	67.93
1900	56.29
1905	56.67
1913	52.81
1916	60.16
1919	24.12
1920	49.65
1924	38.63
1929	23.65

(출처: El Tarapacá de Iquique, 1957년 5월 7일자)

발전위원회와 이키케 시에서 요구하는 자유무역지대 프로젝트는 정부의 특별한 재정적 지원을 바라는 그런 프로젝트는 아니었다. 그들의 입장에서는 이 법안은 오히려 지역경제를 국가의 지원 없이 활성화시켜줄 수 있는 방안이었다. 경제위기가 닥칠 때마다 칠레 정부는 실직자를 위한 대책마련에 전전긍긍하고 일반적으로 도로공사 등의 국가주도의 토목공사에 유휴인력을 투입하여 구제해주는 것이 상례화되어 있었다. 발전위원회 회원들은 타라파카 지방과 이키케가 자급자족(autoabastecimiento)할 수 있는 경제적 여건을 마련해주는 수단으로서의 법안을 통과시켜달라는 요구를 했던 것이다. 이 지역이 보유하고 있는 풍부한 천연자원과 숙련된 노동을 근거로, 척박한 자연환경, 특히 수도공급을 비롯한 각종 인프라의 부족은 정부가 세제혜택을 주면 상쇄될 것이라고 믿었다. "우리의 땅과 바다는 천연자원의 보고입니다. 이것을 활용하기 위해서는 투자가 필요할 뿐입니다."[16] 그리고 그 투자를 끌어들이기 위해서는 무관세의 세제 혜택이 있어야만 했다.

이 발언은 인정으로 이어지지 않고 도리어 남부지방을 대표하는 국회의원으로부터 지역이기주의를 부추긴다는 비판을 공개적으로 받게되는 계기가 된다. 나아가서 국회에서 북부지방 사람들을 특혜만 바라는 '게으름뱅이'로 규정하는 발언들이 나오기 시작했다. 뿐만 아니라법안이 국회를 통과하더라도 대통령이 이를 반려(veto)할 것이라는 소문이 돌기 시작하면서 중앙정부에 대한 감정은 극도로 악화되었다. 이것이 이키케에서 그간의 국가와 지방의 관계를 돌아보게 하는 전환점이되었다.

검은 깃발의 시위

1957년 5월 16일, 이키케 발전위원회와 상공회의소에서 활발한 활동을 벌였던 힐베르토 플로레스(Gilberto Flores)는 안토파가스타에 열릴 예정이었던 북방지역회의(Convención del Nort, 칠레 3개 북쪽 지방의 시정부와 발전위원회 공동회의)에서 이키케 대표들은 연방주의(federalismo)를 지지하는 성명을내자고 하였다. "지난 몇 년간 타라파카 지방의 생존이 달린 법안에 대해 중앙정부는 완전한 무관심과 무시로 응대했습니다. 이에 이키케 발전위원회는 우리 대표들이 북방지역회의에 참석하여 연방정부 수립을촉구하는 공동성명을 내기로 했습니다."[17] 이에 이키케 발전위원회 위원장은 "우리는 더 이상 장관이나 정부인사의 방문을 원하지 않습니다. 우리 역시 그들을 방문하는 것을 중단할 것입니다. 행정적 절차와 정부의

---

16 자유무역항 설립을 위한 소위원회(Comando Pro Puerto Libre) 성명서. El Tarapacá de Iquique, 1956년 9월 23일자.

17 El Tarapacá de Iquique, 1957년 5월 16일자.

장난에 우리는 '이제 그만(*Basta!*)'이라고 합니다." 세레세다는 그 이유를 다음과 같이 이키케의 심정을 설명했다: "타라파카와 안토파가스타는 공화국을[칠레를] 오랫동안 지지해왔습니다. 우리는 우리의 권리가 보장되는 한, 공화국을 지지하는 것을 반대하지 않습니다."[18]

북방지역회의에 참석한 이키케의 시장 로드리게스 라라기벨은 북쪽 지방의 적을 중앙정부로 규정하였다. 매우 열정적인 연설에서 그는 다음과 같은 선언을 했다:

공화국의 헌법이 규정하는 주권을 준수해야 함에도 불구하고, 이를 거부하는 사람들의 무모하고도 극단적인 무관심으로 조국의 가장 중요한 장기들이 절단될 수는 없습니다. 위정자들의 애국심과 공공을 위한 도덕적 책임감이 시민들의 성스러운 권리를 보장해주지 않는다면, 절대권위에 대한 강건한 항의는 대담하지도 않고 무례한 것도 아닙니다. 특히 이 같은 항의가 생명을 수호하고, 가족의 안정과 우리 자녀들의 빵, 즉 온전하고도 교양 있는 환경을 위한 전제로 꼭 필요한 삶의 기초적인 안일함을 보호하기 위해서라면, 기꺼이 해야만 하는 것입니다.[19]

북방지역회의가 끝나갈 때 지역대표들과 각 시의 시장들은 스스로를 '노르테 그란데'의 시민으로 부르기로 결의하였다. 북방지역회의는 또한 일종의 독립선언문을 작성하여 정부에게 전했다. 이키케의 시의원 르네 디아스 라바투(René Díaz Labatut)가 작성한 선언문은 다음과 같이 시작됐다:

제1회 북방지역회의는 국가의 영토를 보전하고자 하는 고결하고도 진

---

18 El Tarapacá de Iquique, 1957년 5월 16일자.
19 El Tarapacá de Iquique, 1957년 7월 14일자.

정한 애국심을 가지고 있습니다. 그러나 중앙의 거대한 산업과 상업 세력들은 수년간 위정자들에게 영향을 미쳐 이 지역을 저버리게 했고 우리는 지금 위협을 받고 있습니다. 중앙의 세력들은 우리 지역이 생존하고 발전할 수 있는 정당한 권리를 실현시키지 못하도록 온갖 이유와 장애물들을 이기적으로 설치해놓았습니다.[20]

현실적으로 3개의 지방이 연방정부 수립을 요구한다고 해서 이루어질 리는 만무했다. 그러나 폭력이 아닌 민주적이면서도 '교양 있는 (decente)' 방식으로 문제를 해결하는 노선을 처음부터 지켜왔던 시발전위원회와 시정부는 연방주의를 중앙정부에 대한 항의와 스스로의 존엄성을 지키는 최후의 수단으로 이해했던 것 같다. 그 다음 날, 이키케 발전위원회는 5월 21일 추모행사를 보이콧하자는 성명서를 발표하고, 이어서 시정부도 모든 시민에게 5월 21일 추모행사를 보이콧하고 경제활동도 모두 중단하라는 성명서를 냈다.

5월 21일은 칠레에서 독립기념일(9월 18일) 다음으로 가장 중요한 국가기념일이자 공휴일이다. 이날은 1879년 5월 21일 있었던 이키케 전투를 기리고 당시 죽은 군인들을 추모하는 날이다. 북부 초석광산의 소유권을 둘러싸고 일어났던 태평양 전쟁에서 칠레는 페루-볼리비아 연합군과 싸워 결국 승리를 거두고 페루의 수도 리마까지 입성했다. 그런데 5월 21일 있었던 이 전투는 사실상 칠레 해군이 페루 해군에게 처참하게 전멸당했던 전투이다. 이키케 해상에 홀로 남은 포함(砲艦) 한 척을 지휘하던 아르투로 프라트(Arturo Prat) 대령은 페루의 장갑함의 공격을 받으면서도 후퇴하거나 항복하지 않고 역공격을 하다가 적군에게 직사당했다. 그 후 아르투로 프라트는 전쟁영웅이 되었고, 전투가 있었던 이

---

20 El Tarapacá de Iquique, 1957년 5월 24일자.

날은 국가를 위해 자신의 임무를 충실히 이행하고, 조국을 위해 목숨을 기꺼이 내놓은 프라트의 희생정신을 기리는 국경일이 되었다.[21] 매년 5월 21일에 칠레 전역에서 대대적인 추모식과 행사들이 열리는데, 특히 이키케는 그 전투의 본고지로서 도청(Intendencia)이 주도하는 다양한 행사가 벌어졌다. 당일에 시의 모든 학생과 교사들이 시내를 행진하며 시의 가운데 있는 프라트 동상에 경례를 하는 행사, 지방정부와 시청의 인사들과 군관계자들의 공식적인 추모행사, 그리고 프라트가 지휘하던 에스메랄다호가 침몰한 자리를 배로 방문하는 행사 등이 그 당시와 현재까지도 당일 날 치루어지고 있다.

1957년 5월 21일, 이키케 시청에 걸린 검은 깃발. 이 날 이키케 발전위원회는 칠레로부터의 독립을 선언했다.

이키케 발전위원회가 보이콧하자는 추모행사들은 이같이 국가를 위해 희생하는 정신을 기리는 행사였다. 발전위원회는 이 보이콧 행위가 구체적으로 희생정신을 겨냥한 것이라는 성명을 내지는 않았다. 대신 이키케 시의회는 학생들을 학교에 보내지 말고 이키케 시의 모든 건물에 칠레국기를 올리되 조기로 올리라는 임시법안

---

21 아르투로 프라트가 영웅이 된 데는 여러 가지 이유가 있다. 역사학자 세이터에 의하면, 그 당시 칠레는 정치적으로 중립적인 영웅이 필요했던 시기였다. 이미 죽은 프라트는 충분히 추상적이어서 모든 정치계파들이 그 상을 이용할 수 있었고, 또한 국가를 위해 무조건적인 희생을 감수한 좋은 예가 되었다고 한다. 프라트의 동상은 그 이후 수많은 칠레의 도시에 세워졌으며 매년 5월 21일 발파라이소에 있는 그의 묘에 대통령과 삼군 대표들이 추모행렬을 이룬다. 세이터는 당시 프라트의 동료들은 그의 죽음을 희생으로 보지 않고 자신의 임무를 수행하는 군인으로 이해했다고 한다(Sater 1986).

을 통과시켰다. 그날의 보이콧은 압도적일 정도로 성공적이었다. 현지 언론에 의하면 등교한 학생은 한 명도 없었고, 시의 모든 가게들은 문을 닫아 시 전체가 "죽은 도시" 같았다고 한다. 건물들에는 칠레국기 또는 검은깃발이 반기로 올라가 있었다. 당시 시의원을 지냈던 사무엘 아스토르가(Samuel Astorga)에 의하면, 이키케의 중심 광장인 프라트 광장 시계탑에 누군가가 볼리비아 깃발을 꽂아놓았었다고 한다.[22] 볼리비아 기가 올라간 집들도 더러 있었다고 한다.

시민단체가 정부에 대한 항의표시로 이 행사를 보이콧한 것은 이번이 처음은 아니었다. 1924년, 항구도시 발파라이소(Valparaíso)의 교원노동조합(Asociación Gremial de Profesores)은 반복되는 임금삭감과 임금동결에 항의하는 방편으로 5월 21일의 행사들을 보이콧했다. 겉으로는 경제적인 이해관계 때문에 발생한 것 같은 이 시위에는 사실상 교사들의 희생정신에 끊임없이 호소하는 정부에 대한 도전의 의미가 담겨 있었다. 당시 정부는 이들에게 재정이 어려울 때일수록 교육공무원으로서 국가를 위해 희생할 의무가 있다고 일관되게 응대해왔다. 정부가 2-3년 동안 같은 논리로 임금삭감을 합리화하자, 교원노동조합은 국가가 규정하는 '희생'의 의미를 거부하고, 정부가 '희생'의 개념을 독점적으로 구성하고 강요한다고 규정하여, 이를 '도덕적 조작'으로 비판하는 성명을 내면서 5월 21일 행사를 보이콧했던 것이다(Silva 2000: 191-192). 발파라이소는 해군본부가 있는 곳인 데다가 아르투로 프라트의 묘가 있는 '세속적인 성지'였다는 점을 감안했을 때, 이 보이콧은 '국가를 위해 희생'해야 한다는 프라트의 모범적 전례에 신성모독을 하는 격과 같았다.

교원 노동조합의 경우와는 달리 이키케 발전위원회나 이키케 시의 대표들은 '희생' 자체를 거론하는 성명서를 공식적으로 내지는 않았다.

---

22 사무엘 아스트로가와의 인터뷰, 2000년 6월 11일, 이키케.

이 '검은 깃발의 시위'가 있던 그날까지 많은 성명에는 그간 타라파카 지방이 국가전체의 발전을 위해 감수했던 희생에 관한 논의에 국한되어 있었다. 그런데 이키케 시민들은 스스로를 프라트와 동일시하는 경향이 있었던 것 같다. 이키케와 프라트는 국가를 위해 희생을 했다는 공통점이 강조된 그림들이 그 당시 신문지면에 자주 등장했다. 그것은 단지 프라트가 이키케 전투에서 칠레를 위해 희생하고 사망했다는 연관적 차원을 떠나, 두 주체 모두 국가를 위해 희생했기에 숭고하고도 도덕적으로 우월하다는 메시지를 담고 있었던 것이다. 따라서 프라트와 관련된 행사를 보이콧했던 것은 프라트에 대한 신성모독이 아니라, 그 숭고한 희생정신을 이해하고 인정해주기를 거부하면서 이 행사를 독점적으로 운영, 집행하는 중앙정부에 대한 시위였던 것이다. 희생정신에 대한 규정을 본인들이 스스로 하고 희생의 상징인 프라트를 그들이 점유하는 것이었다.

이키케 시 곳곳에 볼리비아 기가 올려져 있는 것은 시위가 이미 발전위원회나 시정부의 통제권을 벗어나고 있음을 의미했다. 이키케 시민들은 자발적으로 가장 강력한 시위의 수단으로 숭고한 희생의 결과로 이 땅이 칠레땅이 되었음을 자축해야 하는 날에 적대국인 볼리비아의 깃발을 날렸던 것이다.[23] 사실상 이 땅은 전쟁 이전에 볼리비아 영토가 아니라 페루 영토였다. 페루 기가 아닌 볼리비아 기를 올렸다는 것은 의미심장하다. 백인 인구 구성비율이 페루와 볼리비아보다 상대적으로 높은

---

23 타라파카가 칠레 영토가 된 것은 안콘조약(Treaty of Ancón)이 체결된 1884년이었다. 그 후 약 30-40년에 걸쳐 이 지역에 살고 있던 페루와 볼리비아인들은 자국으로 돌아갔고, 그중 칠레인으로 국적을 바꾼 사람들도 적지 않았다(Pinto Vallejos 1991). 타라파카 지방은 이주가 잦은 지방으로, 외국 이민인구도 많았으며 칠레 남부에서 광산에 일하기 위해 북에 정착했던 인구도 상당히 된다. 따라서 1957년 당시에 볼리비아 기를 날렸던 사람들은 볼리비아 출신이거나 친볼리비아 인물들도 아니었고, 칠레정부에 대한 적대감을 표현하기 위해 볼리비아 기를 날린 것으로 이해해야 한다.

칠레인은 지금까지도 칠레의 우월성을 인종차별주의적 해석에 근거해서 주장하고 있다. 페루보다 원주민 비율이 더 높은 볼리비아는 사회경제적으로도 낙후되어 있어 칠레에서는 이 세 국가 중 볼리비아를 가장 열등한 국가로 인식하는 경향이 오늘날까지도 짙다. 그런 맥락에서 볼리비아기를 올렸다는 것은 칠레정부를 향한 최대의 모욕이었다. 이는 이키케가 칠레보다 볼리비아에 귀속되는 것이 더 나을 수 있다는 것을 암시하는 시위였다. 나아가서 칠레 정부가 해준 것이 하나도 없기 때문에 칠레 국민이기보다는 차라리 더 낙

희생적인 전쟁영웅 아르투로 프라트와 자신을 동일시하는 이키케뇨. 1959년 5월 21일 이키케 전투를 기념하는 날에 실린 삽화

후된 볼리비아 국민이 되는 것이 더 좋겠다는 의사표시이기도 했다.[24]

칠레 중앙정부는 이 같은 시위에 기가 막히다는 반응을 보였다. 내무부(Ministerio del Interior)에서는 이키케 시와 시장을 비롯한 시의원들을 애국심 부족과 '민주주의 수호를 위한 법(Leyes para la defensa permanente de la democracia)'[25]을 위반했다는 죄명으로 군법재판소에 고소, 회부했다.[26] 내무부 장관 호르헤 아라베나(Jorge Aravena Carrasco)는 타라파카 지방이 사회

---

24 사무엘 아스트로가와의 인터뷰, 2000년 6월 11일, 이키케.

25 1938년 통과한 법으로 칠레의 공산주의를 탄압하기 위해서 재정되었던 법이다. 이때 탄압을 받은 좌파 인사들 중에 파블로 네루다가 있었고, 그의 추방은 칠레 작가 스카르메타(Antonio Skarmeta)의 소설 "Il Postino"의 소재가 되기도 했다. 이 법안 때문에 칠레 공산당은 큰 타격을 받았다. 앞 장에서 서술했듯이 이키케의 노동운동이 약화된 데는 이 법안의 영향도 있다.

26 시에 선출된 공무원들은 민간재판이 아닌 군법재판 관리 대상이었다 한다(El Tarapacá de Iquique, 1957년 5월 25일자).

경제적인 위기에 봉착한 것은 이해하지만 칠레 국기가 모독당하는 것은 용납할 수 없다는 내무부의 공식적인 입장을 밝혔다. 내무부는 북방 지역회의에서 채택된 연방주의에 대해서는 그 어떤 반응도 보이지 않았다. 이에 이키케 시는 다음과 같은 성명을 냈다.

> 우리를 군사재판에 회부했다는 것은 중앙정부의 몰이해를 보여준다. 그들은 칠레를 보호할 의무가 있다. 이 땅을 정복했던 영웅의 자손들이 살고 있는 이 북쪽 지방을 보호할 의무가 있다. 우리는 이런 어설픈 고발을 두려워하지 않는다. 이키케 시는 이 땅을 위해서 용감한 목소리를 냈다. 그 어떤 협박을 받더라도, 정부가 우리를 죽게 내버려두어도, 우리는 이 지방을 사수할 것이다. 이키케 시는 이 절망스러운 북쪽 지방민의 입을 틀어막으려는 말도 안 되는 만행을 받아들이지 않을 것이다.[27]

이윽고 칠레 노총(CUT), 타라파카 지방을 대표하는 국회의원, 각 정당, 그리고 타지방의 언론은 이키케를 지지하는 성명을 냈다.[28] 그리고 군사재판을 맡았던 발리에리 장군(Jorge Balieri)은 혐의가 근거 없다는 이유로 시 대표 모두에게 무죄를 선고하였다. 이 사건은 이렇게 해서 종결이 되었다. 결과적으로 정부는 망신을 당했다는 평을 받고, 당시 이바녜스 정권에 비판적이었던 사람들은 정부를 힐난할 수 있는 구실이 하나 더 생겼다. 그런데 정작 이키케 시는 얻은 것이 하나도 없었다. 연방주의에 대한 촉구도 무시되고, 군사재판에서 무죄를 선고받았지만, 여전히 북쪽 지방은 '칠레공화국(República de Chile)' 주권과 통치하에 남겨지게 되었다.

---

27 El Tarapacá de Iquique, 1957년 5월 25일자.
28 El Tarapacá de Iquique, 1957년 5월 27일자.

명예가 걸린 빚과 희생, 그리고 보상

이키케의 발전위원회와 시 대표들은 '명예가 걸린 빚'을 어떻게 이해했던 것일까? 애석하게도 필자가 이키케를 방문했던 2000년도에 이 시위를 주도했던 인물 중 이키케에 살아 있는 인물은 당시 시의원을 지냈던 사무엘 아스토르가(Samuel Astroga)밖에 없었다. 발전위원회의 활발한 멤버이자 이 조직의 회계를 맡고 있었던 토마스 투셋(Tomás Tuset)은 이미 고인이 되어 있었지만 그 딸과 사위가 전해준 미발간의 회고록에는 자유무역지대 유치를 위한 발전위원회의 열망이 자세하게 실려 있었다. 문서로 남아 있는 증언은 투셋의 글 외에는 시립도서관에 소장되어 있는 지역신문 엘 타라파카(*El Tarapacá*)에서만 찾을 수 있었다. 이키케의 남녀노소를 막론하고 '검은 깃발의 시위'에 대해 모르는 사람은 없었으나 (이 사건은 지역신화로 구전되는 듯했다), 그 구체적인 사건의 경과나 촉발요인, 참여멤버 등을 기억하는 사람은 많지 않았다.

예외적인 케이스로 2000년에 이키케의 인권위원회(Comisión de Derechos Humanos, Sede Iquique; 전국적인 조직인 '실종자-구속자 가족연합회[Asociación de Familiares de los Detenidos y Desaparecidos]' 산하조직)의 회장이었던 플라비오 로시(Flavio Rossi)는 인터뷰에서 "나도 마누엘 카스트로 라모스(Manuel Castro Ramos 체육관; 시민회의[cabildo abierto]가 열렸던 장소)에 여러 번 갔었다. 1950년대에 아주 많은 회의들이 열렸었다. 광산들은 문을 닫고, 광부와 그 가족들은 이키케로 모여들어 오고, 정부는 모르는 체하고 있었다. 검은 깃발은 그래서 올라갔던 것이었다"라고 전해주었다.[29] 2000년 당시 이키케의 시의원을 지내고 있던 글렌 리사르디(Glen Lizardi)는 이 사건을 직접적으로 경험하지 못했던 세대로, 그가 전하는 '검은 깃발의 시위'의 정황은 다음과 같았다: "1950년대 초석산업이 완전히 붕괴되면서 이키케

---

29 Flavio Rossi와의 인터뷰, 2000년 6월 10일, 이키케.

는 먹고살 길이 없어졌다. 며칠 동안 시 전체가 검정 깃발을 올렸었다. 그때 시민들은 칠레로부터 독립해서 '북의 공화국(República del Norte)'을 만들어야 한다고 했다."[30] 리사르디는 시위에 대한 얘기를 사회당 당원이었던 형[31]으로부터 자주 들었다고 한다.

이키케에서 기억되는 '검은 깃발의 시위'는 지방민이 정부를 대상으로 침묵의 시위를 벌이고 대항했던 용감한 사건으로 기억되었다. 더불어, 그 구체적인 사건전개가 알려져 있지 않아서 그 기억에는 신비로운 기운마저 감돌고 있다. 사건의 진행상황과 이 사건에 대한 집단기억의 내용을 근거로 해서 보면, 1957년 당시의 이키케 시민들은 자신의 요구사항이 정당하다는 것을 밝히기 위한 전략적, 수사학적 수단으로 "명예가 걸린 빚"의 개념을 활용하기도 했지만, 그 활동의 강도와 감정적 몰입으로 보아, 이들은 칠레라는 국민국가가 자신들에게 빚을 지고 있음을 확고하게 믿고 전파했다. 이키케의 입장을 '명예의 빚'의 맥락으로 표명한 것은, 초석을 캐내고 수출했던 약 50년 동안 이 지방과 중앙정부 그리고 나아가서 칠레라는 국민국가와의 관계를 되짚어보고 자신들의 입장에서 이 관계의 성격을 규정하고자 하는 의도가 엿보인다.

지방이 국가에게 '명예가 걸린 빚'을 갚으라고 하는 것은 그 기저에 신사도(紳士道)에 대한 전제가 깔려 있다. 이 논리를 따르자면, 지방에 대한 정당한 보상은 국가가 신사로서 마땅히 지켜야 할 도리가 되는 것이다.[32] 여기에는 두 가지 차원의 의미가 내포되어 있다. 그 첫 번째는 두

---

30 Glen Lizardi와의 인터뷰, 2000년 5월 22일, 이키케.

31 글렌 리사드리의 형 움베르토 리사르디(Humberto Lizardi)는 쿠데타가 일어난 1973년에 실종되었다가, 그 시체는 1991년 피사과에 대대적인 운신발굴작업이 거행되면서 발견되었다.

32 우리는 현재적 관점에서는 신사도와 같은 행태가 우습게 보일 수 있지만, 그 당시에는 이에 임하는 자세가 상당히 진지했었다. 칠레 상류층에 대한 영국문화의 영향력은 매우 컸고, 인디오 인구구성이 상대적으로 많은 국가들보다 덜 '야만적이고' 더 '교양 있다'는 문화적 우월성에 대한 집착은 칠레 모든 계층에서 발견된다. 이러

행위자가 동격이라는 명제이다. 다시 말해서, 지방은 국가에 예속되어 있는 존재라기보다는 국가와 같은 위상에 있는 동등한 행위자라는 것이다.[33] 이들은 민주주의를 글자 그대로 이해하고 집행하는 것을 매우 진지하게 받아들였던 것 같다.[34] 다시 말해서, 칠레가 민주주의의 원리를 존중하는 공화국이라면 그 국민, 그의 일부인 타라파카 지방과 이키케, 그리고 국가는 동격으로 취급되어야 한다는 확고한 믿음이 있었던 것이다. 물론 국가가 지방의 요구를 끊임없이 무시했다는 것은 사실상

"언제까지?" 1959년 1월 1일, 새해를 맞이하는 이키케, 그러나 도시는 여전히 쇠사슬에 묶여 있다. 쇠사슬은 "빛, 비참함, 실업, 주택난, 식수조달" 등의 무거운 돌에 묶여 있다.

이 지방을 '무시해도 되는' 대상으로 타락시키는 것이었다. 이 경우 이러

한 문화적 태도는 20세기 초에 태동하는 중산층에서도 특히 많이 발견된다. 중산층은 노동자 계층과 구별되기 위해 자신들의 소박하지만 품격(dignidad) 있는 문화를 내세웠고, 예의와 의리 등에서도 도덕적으로 흠잡을 데가 없는 자신들의 이미지를 의식적으로 키워가고 만들어갔다고 한다(Silva 2000; Barr-Melej 2001). 이키케의 중산층 주민들로 구성되었던 발전위원회와 이키케 시가 일관되게 폭력을 지양하고 인내의 전략으로 예의와 프로토콜을 지키며 중앙정부 인사들에게 접근한 것도 자신들이 '무식한 지방민(혹은 서민[rotos])'이 아니라는 것을 강조하기 위함이었을 것이다.

33 뿐만 아니라, 발전위원회와 시대표들의 연설이나 성명에서 자주 언급되는 것처럼, 이키케는 끝까지 '남자답게(en forma viril)' 생존권을 주장할 것이라는 데에는 남자들끼리 동급에서 정당한 싸움을 하겠다는 의지도 담겨 있는 것으로 보인다.

34 그것은 앞에서 보여주었듯이, 발전위원회의 이키케 시의 활동과 발언이 이키케 시민의 여론을 수렴해서 생성된 것이라고 강조하는 데서도 알 수 있고, 또 그들 스스로 민주적 정당성의 원리를 엄격히 지키면서 일을 집행한 데서도 엿보인다.

한 국가는 민주적일 수는 없다는 이키케 시민들의 의견이 시위를 통해서 전달되었다.

두 번째는 이 동등한 행위자 집단이 지켜야 하는 도리의 문제, 곧 관계를 유지하기 위해 지켜져야 하는 일련의 규칙과 원칙의 내용, 그리고 이 문제가 동반하는 도덕성에 관한 부분이다. 이에 대해서는 모스의 증여론이 시사해주는 점이 많다. 물론 모스는 선물교환 속에서 만들어지는 사회적 관계에 초점을 맞춘 것이고 지금 여기서 다루고 있는 주제는 엄밀한 의미에서 선물교환은 아니다. 그러나 '명예가 걸린 빚'이 상정하고 있는 것은 선물교환에서와 마찬가지로 증여를 받았을 때 돌려줘야 하는 의무이다(Mauss 1970 [1954]). 선물교환은 호혜성의 원칙을 따르기 때문에 증여를 받았을 때 돌려줘야 하는 의무가 있다. 증여를 받는 사람은 증여를 받음과 동시에 도덕적으로 증여자에게 종속된다. 바로 이 상황에 답례를 하지 않으면 그의 명예는 실추되는 것이다. 이때 답례를 하지 않는 기간이 길수록 '명예가 걸린 빚'의 도덕적 부담은 커지기만 한다. 이 빚을 갚지 않을수록 증여를 받은 사람은 더 낮은 도덕적 지위로 떨어진다. "검은 깃발의 시위"는 빚을 갚지 않은, 그리고 갚으려고 하지도 않은 칠레국가의 도덕성과 위상을 정면에서 문제 삼는 행위였던 것이다.

물론 '명예가 걸린 빚'이나 '희생'의 논제는 모두 '거래'가 있은 후, 곧 사후적인 상황에서 판단되고 전략적으로 활용된 논제들이다. 타라파카 주민들과 그들의 선조들은 초석생산이 한창일 때 증여를 하려고 해서 한 것도 아니고, 희생을 하려고 해서 희생당한 것도 아니다. 그들의 '희생'은 '증여'가 아니었던 것이다. 그들은 그저 칠레 정부와 영국의 초석투자가들이 구축한 정치경제적 기획에 계약적으로 참여를 해서 착취를 당했던 것이다. 이 착취에 대한 항변과 '희생'에 대한 보상요구는 1910년대 칠레에서 가장 강렬했던 노동운동으로 표현되기도 했는데, 앞에서 언급한대로 국가는 일관되게 폭력을 동원한 탄압으로 대응했었다. 인류학자 프레이저는 이같이 지방형성기 때부터 투입됐어야 했던 국가폭력은 역설적으로 그만큼 칠레국가의 헤게모니가 이 지방에서는 취약했다는 것으로 이해한다(Frazier 1998:15).

1957년 5월 21일 있었던 "검은 깃발의 시위" 역시 칠레의 국가적 헤게모니가 미완의 단계에 있었음을 보여주는 사건이자, 이 지방민들이 정치적 주체로서 스스로를 인식하고 활동했던 면모를 잘 드러내고 있다. 무엇보다도 이 시위를 주도하고 참가했던 이들은 이 사태를 계급적인 대결로 이해하기를 거부하고 지방과 국가의 갈등으로 이해했다. 오히려 그들은 이 시위를 통해서 국가와 맺고 있는 불평등한 관계, 그리고 불평등하기 때문에 취약한 지방과 중앙의 관계를 폭로했던 것이다. 이것은 또한 국가주도의, 국가가 규정하는 피상적 '민주주의'에 도전장을 내놓는 행위이기도 했다. 지방민의 목소리가 완전히 묵살당했음이 공식화되었던 것은 한편 모든 결정은 정책수립과정에 모두 중앙에서(지리적으로나 권력의 동심원으로 보나) 이루어진다는 점을 강조할 뿐이었다. 이런 맥락에서 이키케 시민은 국가와의 관계가 목적합리적인 계약이나 거래에 근거하고 있다는 것을 거부하고 끊임없이 도덕적인 토대에 근거해야 한다고 주장했던 것이 아닐까. 궁극에는 실패를 했어도, 자신들의 역사를 되돌아보며 이를 주체적으로 해석하고, 자신들의 입장에서 국가와의 관계를 이해하고자 했던 시도는 역사적으로 의미가 있다. 중앙정부가 끊임없이 이 문제를 외면하려고 애쓰면서 지방으로 하여금 국가와의 관계 자체를 거론하지 못할 주체로 주변화시키려 할 때, 이키케 지방민들은 이 관계를 도덕적인 것으로 규정함으로써 국가 권위에 도전했던 것이다.

이바네스 정권은 왜 이 요구사항에 대해서 일관되게 침묵을 지켰던 것일까? 관료들이 이키케를 방문하면 생존권 문제에 대해서 이해한다는 태도를 보였지만 중앙정부에서 추진하는 이키케를 위한 발전방안에 대해서는 공식적인 표명을 꺼렸다. 이는 무엇보다도 이바네스 대통령의 임기가 얼마 남지 않은 데다, 인플레이션이 그 어느 때보다 더 심각해서 국가 경제를 살리기 위해서 '급한 불'을 꺼야 했기 때문이었을 것이다. 물론 이키케 시민들도 이 사실을 잘 알고 있었을 것이다(당시 인플레이션을 다스리기 위해 미국의 클라인-삭스 미션이 컨설팅을 하기 위해 칠레에 도착한 뉴스가 지방 신문에도 크게 실렸었다). 그러나 이키케 시민들에게는 이번 시위가 현재의 문제를 타개하기 위한 것만은 아니었다. 그간 수십 년 동안 묵은 국가와의 종속적 관계를 청산하는 데 그 의의가 있었던 것이다.

이키케 발전위원회의 황혼

1958년에 정권이 바뀌자 대폭 수정된 '자유무역법안'이 통과되었다. 알레산드리 정권은 제약과 예외사항이 너무 많아서 현실적으로 추진될 수 없는 법안을 통과시켰는데, 이것이 이키케의 발전위원회의 사기를 최종적으로 실축시키는 계기였다. 1960년에 이르러서 모든 초석광산들이 문을 닫게 되자, 알레산드리는 채광담당부처의 차관보 호르헤 폰테느(Jorge Fontaine)를 직접 "현장"으로 보내서 "지역의 어려움을 해소해줄 수 있는 비상처방"을 내리게 했다. 대통령에게 보낸 보고서에서 폰테느는 중앙정부가 북부지역의 현실에 지나치게 무관심했다는 내용을 실었다:

> 작년에 비해 문제는 악화되었고, 이키케와 피사과의 쇠퇴에 대해 정부의 효과적인 대응이 없을 것이라는 사실에 대해 시민들은 더욱더 절망하고 걱정하고 있습니다. 상황이 이처럼 악화된 데에 대해서는 고민을 해봐야 큰 소용이 없겠습니다. 또한 이 상황이 경제적인 이해관계의 충

돌 때문에 발생했다고 지적하는 것도 큰 소용이 없습니다. 하지만 한 가지는 분명합니다. 현 정부는 상황을 호전하려고 했음에도 불구하고 느리게 대처했고 조율이 부족했습니다. (…) 여기뿐만 아니라 북쪽의 모든 도시들은 같은 문제에 직면하고 있습니다. 우리의 국가적 메커니즘을 극복한다면, 문제를 직시하고 풀어낼 의지만 있으면 충분히 해결할 수 있는 문제라고 판단합니다.[35]

폰테느 차관보는 타라파카-안토파가스타 초석회사에 정부가 대준 차관에도 불구하고 2,200명에 달하는 초석노동자들이 일자리를 잃었다고 보고하고 있다. 이들은 3개월치 이상의 임금을 받지 못한 상태였다. 이 사태를 개선하기 위해서 이키케 지역에 도로공사를 할 수 있도록 하는 법안이 통과되었다. 물론 현지 유휴노동인력을 고용하기 위한 방편이었다. 그러나 이 프로젝트도 280여 명만 고용했을 뿐이었다. 폰테느는 원인을 의사소통과 조율의 부재에 두었다. 그는 타라파카와 다른 지방에도 지방공무원의 자질을 높여야 하고 자율성도 더 부여해야 한다고 주장하였다. 그러나 이것도 단기적인 처방에 불과하다고 보고서는 서술하고 있다. 장기적인 처방으로 폰테느는 이키케의 기본적인 인프라가 개선되어야 한다고 주장했다: 수도와 전기 공급이 원활해져야 한다고 했는데, 이는 발전위원회가 초기부터 지속적으로 요구해왔던 사항들이었다. 수도와 전기의 원활한 공급이 이루어지기 위해서는 안정된 지역경제가 필요했다. 폰테느는 자유무역지대가 해결책일 수 있겠다는 조언을 했다. 그러나 각 지역에 상이한 자유무역지대법을 적용하지 않고 국가에서 일관된 하나의 법을 적용하기를 촉구하였다.

---

35 Jorge Fontaine. Informe sobre Tarapacá. República de Chile. Ministerio de Minería. Gabinete del Subsecretario. Santiago, 1960년 5월 9일. Archivos Jorge Alessandri, Biblioteca Nacional, Santiago, Chile.

알레산드리 정권은 폰테느의 보고서를 참조하여 이키케의 인프라를 개선하는 데 많은 노력을 기울였다. 알레산드리 정권 말기에 이키케에는 전기와 수도공급이 원활하게 이루어지고 있었고, 하수도 시설도 크게 개선되었다. 알레산드리는 임기 말년에 이키케를 방문하여, "이키케의 기본 생활시설을 개선할 수 있었음을 매우 기쁘게 생각한다. 칠레에서 이키케보다 이러한 시설을 받을 만한 자격이 있는 도시는 없다. 이키케가 칠레의 근대화를 위해서 치룬 희생을 생각하면 이는 마땅한 것"이라고 했다.[36] 알레산드리는 이키케 시민들이 그토록 인정받고자 했던 희생을 알아준 것이다. 그러나 실제로 이키케의 생활시설을 개선한 대통령으로 알레산드리를 기억하는 이키케 시민은 거의 없었다. 왜냐하면 1960년대 어분산업이 자리를 잡으면서 이키케는 또다시 개발붐을 타고 새로운 방향을 모색하며 전진하고 있었다.

개발붐이 일고 생활시설의 문제가 해결되면서 이키케 발전위원회가 자연스럽게 해체된 것은 아니었다. 사무엘 아스토르가에 의하면, 어분산업이 이키케에 자리 잡게 되면서 이키케 기업인들 사이에 경쟁과 갈등이 생기기 시작했다. 상공회의소의 멤버이자 한때 발전위원회의 위원장을 지냈던 후안 렌딕은 어분공장 설립을 위한 도시 북쪽에 있는 해안가 부동산을 매각하기를 거부하였다. 이 사업에 적극적으로 뛰어들고자 했던 다른 투자가들은 렌딕이 산업을 독점하고자 하는 야망을 품고 있는 것으로 해석했다 한다. 경기가 호전되면서 발전위원회의 필요성도 없어졌지만 구성원 간의 의가 상했다는 점은 의미심장하다. 발전위원회에 적극적으로 활동하던 상인과 기업인들, 정치인들은 모두 다시 본인들의 일상으로 복귀하였다. 그러나 "검은 깃발의 시위"는 이키케 시민이라면 모두 큰 자부심을 가지고 얘기한다. 여전히 중앙정부에 대한 불만

36 Jorge Alessandri, Discurso de S. E. Hoy en la Municipalidad de Iquique, 1964년 10월 9일. Archivos Jorge Alessandri, Biblioteca Nacional, Santiago, Chile.

이 많은 이 지방민들에게 이 사건은 지방민으로서의 정체성을 확고하게 심어주는 계기가 되었다. 여전히 그들에게는 "이키케에서 출생하여 성장했다(nacido y crillado en Iquique)"는 사실은 매우 자랑스러운 것이다.

칠레에서의 이키케의 위상과 시민정신

본 장은 칠레의 정치사에서 크게 주목을 받지 못한 지방과 지방민을 하나의 정치적 주체로 접근하여 이들이 국가헤게모니에 도전했던 "검은 깃발의 시위"를 재구성하였다. 전례가 없었던 이 사건은 다음과 같은 면에서 역사적으로 의의가 있다 하겠다. 첫째로, 이 사건은 칠레의 역사에서 유일하게 시민들이 국가로부터 이탈하여 독립공화국을 만들고자 했다는 점에서 그 의의가 크며, 그것이 칠레 영토에 합병된 지 얼마 되지 않은 최북단의 타라파카 지방이었다는 점에서 더욱더 그러하다. 이 사건은 북부지방이 지리적으로, 심리적으로 중앙과 얼마나 멀리 떨어져 있는지를 잘 보여주었고, 하나의 통합된 국민국가(nation-state)를 이룬다는 국가적 헤게모니가 완결되지 않았다는 점을 보여준다. 두 번째 의의는 지방민의 정치세력화와 조직화 방식에서 찾을 수 있는데, 이 점은 두 가지 차원에서 논의될 수 있다. 먼저, 지방민들은 지대수입형 국가와의 관계를 자신들이 스스로 규정하고 그 부당함을 폭로하려고 했던 주체성을 보였다. 이들의 말과 행동은 국가의 산업화 전략에서 자신들이 배제된 데 대한 항의표시였으며 더 이상 착취당하고 무시당하지 않겠다는 의지를 보여준 것이다. 한편, 이들은 민주주의라는 원리에 충실하기 위해서 민주적 절차를 지키며 인간의 존엄성을 내세우는 비폭력적인 방식으로 자신들의 요구사항을 전달했다. 이것은 칠레 중산층이 형성되면서 자주 채택된 전략이기도 했는데, 민주적 절차와 원칙을 중요시하는 칠레의 정치적 아비투스(habitus)를 잘 드러내는 예라고 본다(cf. Paley 1999).

세 번째로, 지방의 사회적 맥락에서 이 사건은 독자적이고도 독립적인 지방정체성을 확립하게 되는 결정적인 계기가 되어, 그 유산이 오늘날까지도 이어지고 있다. 이키케는 오늘날까지도 중앙정부와 대치하고 있는 시장을 네 번이나 당선시킬 만큼 지방색이 강하다. 그런 전례는 칠레의 다른 지방에서는 찾아볼 수 없는데, 이 같은 지방정체성을 구축하는 데 1957년 당시 이키케 시민들의 '영웅적' 활약이 집단기억에 큰 영향을 미쳤다.

본 장에서는 제도권 정치에서 이루어지는 정당간의 민주적 대결이 아닌 국가와 지방민의 갈등관계를 통해서 칠레의 풀뿌리 민주주의의 한 유형을 보여주고자 했다. 이키케의 시민, 이키케 발전위원회, 그리고 이키케 시 대표들이 국가와의 관계를 규정하고 자신들의 이해관계를 대변하면서 시위를 벌인 것을 동일선상에서 이해할 수 있다. 이들이 초기에 취했던 점잖은 협상방식, 의미와 명예로 거는 승부, 시민회의를 통한 수많은 집회와 의사수렴, 현지 언론을 통한 정보의 공개와 공유, 시를 대표하는 사람들로서 그들이 가졌던 열성—이 모든 행적과 검은 깃발의 시위는 어찌 보면 순진하고 무모하다는 평가를 받을 수도 있지만 그 배후에는 자신들의 권리에 대한 정확한 이해와 민주주의에 관한 확고한 믿음이 자리 잡고 있었음에는 틀림없다. 그들은 국가에 공헌했던 만큼 돌려받기를 바랐으며, 국가가 이 사실을 최소한 인정해주기를 원했던 것이다. 그들은 칠레라는 국가에서 지방의 자존심을 지키며 그 위상을 인정받으려 했고 그 인정의 징표로 경제개발을 보장할 자유무역지대를 요청했던 것이다. 그런 면에서 이 사건으로 표방된 지방운동은 분명히 민주주의를 중시하는 '칠레 정치문화의 산물'이자 좋은 예일 것이다. 결과적으로 그들의 목적은 달성되지 못했지만 이들의 사회학적 상상력과 열정은 칠레 정치사에서 재평가되어야 할 것이다.

5장

독재자의 선물
: 이키케 자유무역지대의 설립과 개발신화

> 베네수엘라 국가는 전형적인 방식으로 이성의 힘보다는 권력의 신비로움
> 으로 사람들을 놀라게 한다. (…) 발전에 대한 집단적 환상을 유발하는 황
> 홀한 개발 프로젝트를 생산해냄으로써, 국가는 [마법사와도 같이] 자신과
> 관중 모두를 최면에 걸리게 한다. 마치 "배포가 큰 마법사"와도 같이 국가
> 는 국민을 주술에 걸리게 한다―마치 마법을 쓰는 국가처럼 말이다.
> ―페르난도 코로닐 (Coronil 1997: 5)

1957년, 이키케의 발전위원회는 자유무역지대의 설치를 국가에 요청했
으나 당시에 집행될 수 없는 형태의 법안으로 통과되어 시행령도 없이
무산되었다. 이키케 자유무역지대는 결국 프레이(Eduardo Frei Montalva) 정
권 때 다시 입안되어 통과된다. 그러나 매우 느린 속도로 진행된 이 프
로젝트는 결국 큰 성과를 거두지 못한 채, 1975년 피노체트(Pinochet)가
새로운 자유무역지대 법안을 국회의 승인을 거치지 않고 선포함으로써
오늘날의 소프리(Zona Franca de Iquique, ZOFRI)가 생겼다. 소프리는 이 지역
을 무역과 유통의 중요한 거점으로 만들어 지역경제 활성화에 기여했다
는 평가를 받고 있다. 같은 맥락에서 피노체트는 이키케에 많은 지지자
들을 두고 있었다. 그런 이키케에 칠레의 반 피노체트 인사들은 비꼬아
서 "피노체트의 애완동물과도 같은 도시"라는 명칭을 주었다(Frazier 2007:
144).

그러나 이키케에서는 자유무역지대의 이와 같은 '탄생신화'를 거부

하고 자유무역지대의 '숨겨진' 역사를 발굴하려는 재야사학자들의 노력도 또한 있었다. 이 향토사학자들에 따르면, 자유무역지대는 피노체트가 아닌 아예데(Allende) 정권 소산으로, 지금의 상업적인 형태의 자유무역지대가 아니라 이키케에 공산품을 제조하고 수출하는 공업자유무역지대(zona franca industrial)이었다고 한다. 그 계획은 수정되고 변형되어 오늘날의 '기형적인' 소프리가 탄생했다고 이들은 주장한다.

본 장에서는 소프리의 형성과정 배후에 있는 상반되는 주장과 그 정치적인 맥락을 구성해보도록 한다. 자유무역지대에 대한 신화가 많은 것은, 그만큼 소프리가 이 지역경제에 현재 미치는 영향이 크며 또한 그 기반에서 지방의 사회·문화·예술도 함께 발전했기 때문이다. 소프리를 둘러싼 신화는 피노체트 또는 아옌데를 지역경제를 살린 영웅으로 묘사하고 있다. 표면적으로 소프리 탄생신화는 피노체트 집권 이후에 칠레 국민을 갈라놓은 반 피노체트와 친 피노체트 진영의 대립을 그대로 반영하고 있다. 이키케의 "독립"을 향한 1950년대의 몸부림은 1973년 쿠데타 이후로 거의 잊혀져갔다. 1973년의 쿠데타는 전 칠레에 엄청난 충격을 준 사건으로 전 국토의 여론을 반으로 갈라놓았다. 소프리의 탄생신화를 이해하기 위해서는 이 맥락을 이해해야만 한다. 그러나 한편으로, 피노체트에 대한 지지는 액면 그대로 피노체트에 대한 지지만으로 봐서는 안 된다는 것이 본 장에서 강조하고픈 내용이다. 피노체트에 대한 지지는 쿠데타와 그의 정치적 의지와 성향에 대한 지지만은 아니었다. 그 배후에는 그가 이키케와 오랫동안 유지해온 우호적 관계, 그리고 1950년대의 발전위원회가 그토록 갈망했던 중앙정부의 지방의 희생에 대한 인정이 있었다. 거기에다 소프리는 국가의 의지로 흥망성쇠의 망령을 완전히 없애줄 수 있는 기제로 해석되었다.

물론 다음 장에서 보게 될 것처럼 소프리도 역시 경기를 타는 장치로, 이키케 경제발전의 문제를 완전히 해소시켜줄 수 있는 프로젝트는 아니다. 그러나 그럼에도 불구하고, 소프리는 1950년대 발전위원회가 그토록 열망했던 프로젝트의 실현이자, 1975년부터 1990년까지 이 지방이 고속 성장을 할 수 있게 한, 삶의 질을 향상시킨 기제로 평가받고 있다. 그런 소프리가 탄생하기까지의 과정을 여기서 서술해보도록 하겠다.

타타(Tata)의 귀환

영국의 내무성 장관 잭 스트로(Jack Straw)가 칠레의 오랜 독재자 아우구스토 피노체트(Augusto Pinochet)를 건강상의 이유로 기소하지 않겠다는 성명발표를 냈을 때, 칠레의 여론은 둘로 나뉘었다. 인권운동단체들은 그같은 결정을 비난하면서 실망을 금치 못했고, 친피노체트주의자들은 안도의 한숨을 쉬며 이를 큰 승리로 해석하였다. 에두아르도 프레이 루이스-타글레(Eduardo Frei Ruiz-Tagle)의 중도우파 정권과 칠레의 우파는 그간 영국에서의 피노체트의 감금을 "칠레 주권에 대한 침해"라고 계속 주장해왔었다. 당시 피노체트는 칠레의 영구상원의원으로 면책특권이 있음을 강조했었다. 피노체트는 정확히 503일(약 16개월)을 영국에서 보내고 2000년 3월에 귀국을 앞두고 있었다. 칠레 전역에서 피노체트를 위한 환영행사와 반 피노체트 시위가 모두 계획되고 있었다. 그러나 이키케에서의 피노체트 지지자들의 환희는 그야말로 상상을 초월하였다.

피노체트 재단(Fundación Pinochet)[1]의 이키케 지부는 피노체트가 귀국길에 산티아고로 향하지 않고, 이키케에 쉬고 갈 수도 있다는 소문을 퍼뜨렸다. 이 사실은 이키케의 피노체트 지지자들에게 전혀 비현실적인 사실로 다가오지 않았다. 건강상의 이유로 기소되지 않았기 때문에 피노체트가 귀국하자마자 병원의 정밀검사를 받을 것이라는 정치계

---

1 피노체트 재단은 피노체트의 유산을 보존하고 선전하는 기구로, 산티아고에 본부를 두고 있다.

의 추측에도 불구하고(건강이 좋지 않다는 것을 강조하기 위한 방편으로), 그리고 그의 모든 가족들, 즉 자녀들과 손자들이 모두 산티아고에 있음에도 불구하고, 이키케 시민들은 그가 이키케에 먼저 들러줄 것이라고 확고하게 믿었다. 피노체트는 그간 여러 번 이키케를 "두 번째 고향"이라고 부르지 않았던가? 이키케에서는 그런 피노체트를 두고 애정 어리게 "타타(Tata)"라고 불렀다. "타타"는 칠레에서 "할아버지"를 친숙하게 부르는 용어이다.

피노체트 지지자들은 칠레 공군이 마련한 전용기인 엘 아길라(El Aguila)가 디에고 아라세나(Diego Aracena) 이키케 공항에 들를 것을 대비하여 공항에서 성대한 환영파티를 준비하기 시작했다. 2000년 3월 2일, 피노체트가 런던을 출발하기 직전에 그 지지자들은 시내 해변가의 라스 아메리카스 공원(Parque Las Americas)에서 모이기로 했다. 그들은 차량으로 행렬을 지어 공항까지 가기로 결의하였다. 당시 지역신문은 상황을 다음과 같이 보도했다:

피노체티스타(피노체 지지자들)는 약속을 지켰다. 피노체트와 하트 모양의 플래카드과 포스터, 대형 사진과 풍선, 랜턴 등을 들고, 그들은 공항으로 향했다. 3월 3일 금요일이 되자, 이날을 장식한 이 특이한 사건이 벌어지기 시작했다. 수천 명의 이키케뇨들이 공항에 모였다. 자동차를 고속도로 갓길에 세워둔 채, 그들은 공항으로 향했다. 공항에서 그들은 별들을 바라보며 북쪽 하늘을 응시했다. 마치 점성술가처럼, 엘 아길라가 과연 나타날 것인가를 점치고 있었다. 믿음과 희망을 가지고. 그러나 그런 행운은 없었다.[2]

---

2   El Nortino, 2000년 3월 4일, 7쪽. "이키케 하늘에서 지는 별(Una estrella fugaz en los cielos de Iquique)."

현지신문 엘 노르티노(El Nortino)에 의하면, 공항에서의 상황은 가히 경이로웠다. 타타의 지지자들은 추위와 졸음을 이겨내며 하늘을 뚫어지게 쳐다보고 있었다. 하늘에 불빛이 나타나면 모두들 "오!" 하고 탄성을 질렀다고 한다. 그리고선 박수갈채가 나오고 "피노체트, 사랑해요!"라고 모두 크게 외쳤다.[3] 피노체트 재단은 그곳에 스피커를 설치해놓고 비행기의 경로를 중계하고 있었다. 틈틈이 쿰비아 음악(경쾌한 라틴댄스 음악)과 군가들을 틀어주어 공항에서 축제 분위기가 물씬 풍기게 하였다.

이키케의 정치적 우파를 대표하는 인물들도 그곳에 모두 모여 있었다. 피노체트 정권 때 시장을 역임한 미르타 두보스트(Myrta Dubost)는 그간 건강상의 문제로 거의 공식행사에 나타나지 않았는데 그곳에 와 있었다. 소프리에 잘 알려진 기업가, 레오나르도 솔라리(Leonardo Solari)도 그곳에 있었다. 그는 피노체트 재단 이키케 지부 회장이기도 했다. 언론사 기자들도 혹시나 특종을 놓칠세라 그곳에 포진하고 있었다. 그러나 새벽 다섯 시가 되자, 엘 아길라는 남쪽의 안토파가스타 하늘을 지나고 있다는 소식이 전해졌다. 피노체트는 이키케에 들르지 않았던 것이다.

사람들이 하나둘씩 자리를 정리하며 침낭이며 이불들을 챙겨 가는 가운데에서도 몇몇은 여전히 그가 올 것을 기다리며 자리를 뜨기를 거부하고 있었다. 그러나 분위기는 실망의 분위기와는 거리가 멀었다. 타타의 석방과 귀국, 그 자체가 축하할 일이었다. 다음 인터뷰는 이 점을 잘 보여주고 있다:

예를 들어, 에우헤니아 아길레라(Eugenia Aguilera)는 장군님의 도착을 8시간 이상 기다렸다고 해서 실망하지는 않았다. "우리에겐 비행기가 꼭

---

3   El Nortino, 2000년 3월 4일자, 7쪽.

이키케에 도착하지 않아도 됐어요. 그가 공항에서 우리 모두가 그를 환영하고 기다리고 있었다는 사실을 아는 것, 그 사진들을 보고 좋아할 수만 있다면 나는 만족합니다. 그 사진들을 보지 않겠어요? 그게 중요한 거예요"라고 그녀는 말했다. 그녀는 슬프지 않다고 말했다: "[여기를 그냥 지나간 것은] 장군님을 위해서 한 일일 거예요. 그를 무언가로부터 보호하고 있는 것 아니겠어요? 이건 군사기밀이 아닐까 싶어요. 그래서 우리는 우리 장군님의 개인적인 사항을 보호하기 위해 취해진 이 모든 조치들을 인정하고 받아들일 수 있답니다." 로사 피뇨네스(Rosa Piñones)는 동의하면서 피노체트의 비행기가 이키케에 서지 않았다는 사실에 대해 서운해하지 않는다고 했다: "이제 우리나라로 돌아왔으니까 상관없습니다. 그가 귀국한 것에 대해 우리는 자랑스러워해야 합니다. 우리가 바람맞았다고 생각하지는 않아요. 그가 어디로 갔는지는 몰라도 말이지요. 그를 여전히 여기서 기다리는 것에 대해서 자랑스럽게 생각해요." 한편 레일라 고메스(Leyla Gomez)는 마음 한구석에 슬프기도 하지만, 다른 한편으로는 행복하다고 했다: "왜냐하면 그가 드디어 귀국했고, 우리는 계속 기다릴 것이기 때문입니다."[4]

피노체트의 귀국을 두고 귀국환영 집회들은 전국 곳곳에서 벌어졌지만 이 같은 규모와 극적인 방식으로 시민들이 자신들의 지역공항에서 그를 기다린 것은 이키케가 유일했다. 노동운동의 발생지이자, 1950년대와 1970년대 좌파에 대한 혹독한 탄압이 이루어졌던 이 지역에서 어떻게 해서 좌파탄압을 직접 진두지휘했던 피노체트에 대한 지지가 이토록 뜨거웠던 것일까? 그것은 물론 자유무역지대 때문이기도 했지만, 그렇다면 애시당초 왜 피노체트가 자유무역지대의 설립을 추진하고 허락

4   El Nortino, 2000년 3월 4일자, 6쪽. "끝까지 희망을 놓지 않는 피노체티스타 (Pinochetistas iquiqueños con la esperanza hasta el final.)"

했는가를 들여다봐야만 한다. 피노체트는 1973년 쿠데타 이전에 이키케와 이미 깊은 인연을 맺고 있었다. 피노체트와 이키케 시민들과의 관계는 두 진영 모두에게 나름대로 진실되고 소중한 것이었다. 다음 절에서 그 같은 관계가 성립된 과정을 살펴보도록 하자.

타라파카와 피노체트 1946-1971

피노체트와 이키케, 나아가서 타라파카와의 인연은 나름의 역사와 깊이가 있다. 피노체트와 이키케의 관계는 상호인정의 관계였다. 북은 그 지정학적인 특성과 과거 전쟁의 유산 때문에 피노체트에게 각별하게 다가와, 그에게 군인으로서의 정체성을 강화하고 자부심을 갖게 해준 지역이다. 한편, 북의 입장에서 피노체트의 북쪽지역에 대한 인정은 나라에서 타라파카의 위상을 인정해주는 행위였다. 이 같은 관계는 피노체트가 칠레에서 중요한 인물이 되기 훨씬 전인 1940년대에 형성되었다는 점에서 피노체트와 이키케 시민 모두에게 특별한 것이었다.

피노체트가 이키케를 처음 방문한 것은 1941년경이었던 것으로 보인다. 그 당시 피노체트는 발파라이소 항구를 기점으로 북쪽 기행을 감행했다. 이 여행은 결혼 전에 했던 것으로, 당시에 대한 기록은 없다.

그러나 피노체트는 그의 자서전에서 밝히기를, 항상 북쪽에 관심이 있었다고 했다. 그에 따르면, 개인적으로 관심이 많아 북쪽의 역사를 공부하고 그 사회적 상황에 대해서 잘 알고 있었다고 한다. 물론 그 자서전[5]에 있는 내용들이 정치적인 의도로 쓰인 것이기 때문에 액면 그대로

---

5   피노체트의 자서전은 그를 정권에서 물러나게 한 1988년 국민투표 이후에 출판되었다. 분명히 국민환심 사기를 목적으로 쓰인 이 책은, 여러 작가들은 공동작품으로 평가받고 있다. 그럼에도 불구하고, 피노체트의 다른 전기를 쓴 비알(Vial)에 의하면, 알려진 바와 달리 피노체트는 노트를 많이 하는 습성을 가졌었다고 한다. 비알에 의하면 피노체트는 평생 동안 글을 많이 써왔다고 했다(Vial 2002: 54).

모두를 받아들일 수는 없지만, 북은 피노체트에게 군인으로서 특별한 관심을 가질 만한 대상임에는 분명했던 것 같다. 군인 피노체트에게 태평양 전쟁은 매우 흥미로운 주제였으며, 타라파카와 안토파가스타 영토를 칠레의 영토로 보전하는 일은 그에게 매우 중요했다. 피노체트는 이 지방들의 지정학적인 위치의 중요성을 인식하고 이에 대한 두 권의 책을 집필한 적도 있었다. 이 책들에서 그는 국경지대의 사회경제적 안정의 중요성을 역설하면서, 이 지방의 안정은 곧 국가안보에 직접적인 영향을 미친다고 역설했다.[6] 지정학과 국경의 수호는 피노체트가 평생 관심을 두었던 주제이다.

피노체트가 이 책의 저자가 아니었다는 주장도 있다. 그것은 반 피노체트주의자들이 자주 주장하는 사실로, 피노체트가 지적이지 못했고, 공부와는 거리가 먼 사람이었다는 해석에서 등장한다. 스푸너에 의하면, 피노체트는 공부에 소질이 없어 육군사관학교(Escuela Militar) 시험에 두 번이나 낙방했었다고 한다. 입학 후 사관생도로서 피노체트는 성적이 무척 안 좋았다고 한다. 졸업할 때도 전체 졸업생 중 밑에서 다섯 또는 여섯 번째의 성적으로 졸업했다고 한다(Spooner 1999[1994]: 20). 스푸너는 피노체트의『지정학(Geopolítica)』과『태평양 전쟁(La guerra del Pacífico)』이 피노체트가 육군사관학교에서 강의했을 때 자신의 학생들이 제출한 글들을 모아서 엮은 것이라고 주장하고 있다(Spooner 1999[1994]: 22).[7] 피노체

6　피노체트의『지정학(Geopolítica)』(1978)과『태평양 전쟁(La guerra del Pacífico)』을 볼 것. 피노체트는『태평양 전쟁』을 그가 이키케에 근무하고 있을 때 완성했다고 주장했다.『지정학』은 칠레, 볼리비아, 페루 국경지대에 대한 지리적 묘사로 구성되어 있다. 이 책을 쓸 때 그는 북쪽에서 벌어졌던 여러 전투들의 흔적을 찾아갔다고 했다: "길에서 [당시 군인들의] 담요와 단추, 검의 부속들을 발견하곤 했었다. 그럼에도 불구하고 타라파카(시)와 타크나(Tacna)를 연결하는 도로 외에 [군인들이 당시에] 다른 도로를 사용했는지 알 수 없다"(Correa and Subercaseaux, Ego Sum Pinochet, Vial 2002: 55에서 재인용).

7　스푸너에 따르면, 각 장의 문체의 차이로 봐서 피노체트가 단독으로 책을 집필하지

트가 지식인들을 싫어하고, 학문적인 것을 멀리하며 소위 언어구사 능력이 뛰어난 정치인들을 멀리했다는 사실은 잘 알려져 있다. 스푸너에 의하면 피노체트는 쿠데타 전에는 식자들을 마냥 피하기만 했었고, 쿠데타 후에는 무시하거나 말을 못하게 했었다고 한다. 피노체트의 정치인들에 대한 불신도 그들 중 상당수를 이루고 있었던 지식인에 대한 불신과 일맥상통한다는 주장도 있다(cf., Constable and Valenzuela 1999).[8]

그러나 북에 대한, 그리고 국경수호에 대한 피노체트의 관심은 진정한 것이었다. 각 국가들은 부득이하게 그 이웃들과 갈등적인 관계에 놓일 수밖에 없다는 지정학의 유사과학적인(pseudo-scientific) 주장들은 군인으로서의 그의 목적의식을 강화시켰다. 피노체트는 자서전에서 본인의 장인과 가졌던 대화들을 회상하면서 이 점을 강조하였다. 피노체트의 장인 오스발도 이리아르트(Osvaldo Hiriart)는 타라파카와 안토파가스타 지방을 대표했던 국회의원이었다(1937-1945). 피노체트는 북에 대한 애정을 누누이 표현하면서, 본인의 처 루시아(Lucia)가 안토파가스타 태생이었다고 강조했다(Pinochet 1990: 90).[9]

않았을 것이라고 한다. 게다가 각 장의 분량과 구성도 일관성이 없어 학생들의 리포트로 책을 구성했다는 말은 신빙성이 있다. 피노체트의 『태평양 전쟁(La guerra del Pacífico)』은 피노체트가 수강했던 칠레의 군사역사학을 강의했던 교수의 강의와 거의 동일하다고 한다. 이 책들은 모두 구성이 잘 되었다기보다, 각 전투의 진행과정을 서술하고 나열한 것이다.

8 쿠데타에 대한 피노체트의 서술에서 그는 다음과 같이 썼다: "우리 군인들이 민간인들과 대화를 할 때 항상 소양이 없는 것으로 보였다. 누군가 우리에게 좋은 또는 나쁜 의도로 우리 각 개인의 정치적인 견해를 물어보면, 우리는 대답하기를 회피하였고, '미안합니다. 우리는 정치에 관심이 없습니다. 이런 주제에 대한 얘기를 하고 싶지 않습니다'라고 대답하곤 했다"(Pinochet, 『The Crucial Day』, Spooner 1999[1994]: 21에 재인용).

9 피노체트의 아버지 아우구스토 알레한드로 피노체트(Augusto Alejandro Pinochet)는 1944년에 이키케 북쪽에 있는 아리카(Arica)를 방문하다가 사망했다. 이런 개인적인 인연도 피노체트로 하여금 북쪽을 신비롭게 해석하게 하는 요인이 되었다(Vial 2002: 12).

피노체트는 1943년, 31세 때 이키케의 카람팡게(Carampangue) 보병 제 5사단의 대위로 부임했다. 비알에 따르면, 피노체트는 군인으로서 커리어를 시작했을 때부터 북쪽에 부임하고자 하는 욕구가 있었다고 한다. 그 이유는, "칠레-페루-볼리비아 전쟁의 일대기를 추적"할 수 있는 좋은 기회였기 때문이다(Vial 2002: 52). 당시를 회상하는 피노체트 본인의 말에 의하면, 군에서 대위라는 직위가 가장 "아름다운" 직위였다. 왜냐하면, 대위는 비교적 젊음에도 불구하고, 군사적인 사안뿐만 아니라 문화 전반에 대한 지식을 갖추어서, "그가 책임 맡은 사람들의 수련, 행정, 정의와 안녕을 담당하고 해결할 능력이 있다"는 것이었다(Pinochet 1990: 107). 대위로서 부임한 피노체트는 이키케에서 왕성한 활동을 할 준비가 되어 있었다.

그는 이키케 시에 대한 인상을 다음과 같이 서술했다:

이키케는 쇠하고 있는 도시였다. 그럼에도 불구하고 도시는 운치가 있었다. 대부분의 집들은 나무로 지어져 있었고, 전기는 거의 공급되지 않았다. 물도 부족하고 하수도 시설이 되어 있지 않았다. 도로의 포장은 여기저기 파괴되어 있었다. 집에 불이 붙는 불상사가 벌어지면, 한 블록 전체로 퍼지기 일쑤였다. 중국인들이 사는 동네에 불이 났을 때 이를 목격한 적이 있다. 소방대원들을 무기력하게 세 개의 블록이 불타는 것을 지켜보아야만 했다(Pinochet 1990: 108).

피노체트는 이키케 해변의 아름다움도 칭송했다. 그에 따르면, 이키케의 해안은 "의심의 여지없이 칠레에서 가장 아름다운 해변이었다. 모래는 희고 고왔으며, 물의 온도는 쾌적하고 깊이도 적당했다"(Pinochet 1990: 109). 그러나 이키케의 사회경제적인 상황은 그다지 아름답지 못했다. 그에 따르면, 이키케는 "총체적인" 식량부족에 시달리고 있었다. 그

는 이 상황을 다음과 같이 길게 묘사했다:

아침에 사람들은 가게 앞에서, 특히 빵집 앞에서, 길게 줄을 서서 기다리고 있었다. 처음에 남자와 여자, 아이들이 줄을 서 있는 모습을 대낮에 볼 수 있었지만, 시간이 갈수록 줄을 서는 시간이 빨라져 몇 주가 지나자 새벽에도 줄은 길게 늘어져 서 있었다. 줄은 하루가 갈수록 길어졌다. 사람들이 가게 앞에서 밤샘을 하는 극단적인 경우도 있었다. 도시에 공산품이 고갈될 것에 대한 걱정이 만연해 있었고, 사람들이 사재기를 하면서 악화되었다. 이 상황은 새로운 일자리를 창출하기도 했는데, 말 그대로 '자리 팔기'였다: 자리에 대한 권리를 가지고, 즉석에서 파는 것이었다. 밤새도록 가족들이 번갈아가면서 줄을 서는 경우도 있었는데, 아침에 제일 높은 값을 부르는 사람에게 자리를 파는 것이었다 (Pinochet 1990: 113).

생필품의 부족으로 줄을 서야만 하는 상황을 이토록 길게 서술한 이유는 무엇이었을까? 어쩌면 피노체트는 자신이 감행한 쿠데타를 합리화시키기 위해서 민중연합 정권 때 자주 등장했던, 가게 앞에 사람들이 길게 줄을 서 있는 모습을 연상시키려고 했는지도 모른다. 그럼에도 불구하고, 이 책의 3장에서 서술한 바와 같이, 피노체트가 묘사하는 이키케에서의 생필품 부족과 물, 전기, 하수도 시설의 부족함과 나쁜 도로 상태는 당대인들이 묘사했던 이키케의 실정과 일치한다. 그 같은 인프라의 부족 때문에 앞 장에서 서술했던 발전위원회가 왕성한 활동을 펼쳤던 것이다.

앞 장에서도 서술했듯이, 1947년에 가브리엘 곤살레스 비델라 대통령은 "민주주의 수호를 위한 법"을 통과시켰다. 이 법으로 칠레의 공산당원들은 추방당하거나 지방의 오지로 강제 파견당했고, 집단수용소에 보내져 옥살이를 한 이들도 있다. 1948년에 피노체트는 이키케로부터 약 100km 북쪽에 위치한 피사과(Pisagua) 포로수용소의 사령관으로 부임했다. 피사과는 왕년에 이키케에 버금가는 초석수출항이었는데, 이미 1940년 말에는 유령도시로 변모해 있었다. 피사과에는 당시 칠레에서 가장 규모가 큰 포로수용소가 있었다. 피사과에서 직위가 가장 높은 장교로서 피노체트는 500명을 수감한 수용소를 감독·관리하는 역할을 맡고 있었다. 그의 휘하에 있는 부하들은 60명이었다.

피노체트는 이 시기를 두고 "큰 사건이 없었다"고 하지만, 피노체트 본인이 회고록에 기술하고 있고, 다른 작가들도 지적하는 것처럼, 피사과에서의 경험은 피노체트에게 공산주의에 대한 혐오감을 심어주었다고 한다. 피노체트에게 공산주의는 국경지대의 안보를 위협하는 이데올로기로서, 내부의 적과도 같았다.

1952년에 피노체트는 소령이 되어 다시 북쪽에 파송되기를 상부에 요청하였다. 북은 중앙과 멀리 떨어져 있어 장교들이 선호하는 부임지는 아니었다. 상관들은 그가 왜 산티아고를 떠나 북쪽으로 가려고 하는지를 이해하지 못했다고 비알은 서술하고 있다. 산티아고에 남아 있으면 승진의 기회가 주어지는 상황이었는데, 피노체트는 이를 마다하고 북으로 가고자 하는 의지가 확고했다. 비알은 피노체트의 북에 대한 애정이 커서, 북에 가는 것을 높은 직위보다 선호했다고 한다(Vial 2002: 85). 이번에 피노체트는 이키케 북쪽에 있는, 페루를 마주 보고 있는 칠레 최북단의 도시 아리카(Arica)로 보내졌다. 피노체트는 아리카에서 약 2년을 보내게 된다.

1960년에서 1963년까지, 피노체트는 안토파가스타에 부임했다. 안토가스타는 이키케에서 남쪽으로 약 400km 떨어져 있는 항구도시이다. 이 기간 동안 부인 루시아는 우울증에 시달렸다. 생활시설은 낙후되어 있었고, 딸 자클린(Jacqueline)은 큰 사고로 죽을 뻔했던 사건이 있었다. 비알에 따르면, "사막과 사막산의 영원한 아름다움, 엄격하고도 변함없는 풍경은 그녀 마음속에 억압적이고도 견딜 수 없는 근심으로 다가왔다"(Vial 2002: 99). 그럼에도 불구하고 피노체트는 북을 편안하게 생각하고 좋아했다. 북의 역사는 피노체트를 완전히 매료시켰다. 비알은 피노체트가 이 땅을 "그 다른 어떤 땅보다 더 사랑했다"고 한다(Vial 2002: 99).

1969년 1월에 피노체트는 다시 이키케로 부임했다. 이번에는 보병 제6사단 사령관으로 부임했다. 아직 장군은 아니었지만, 대위의 자격으로 사령관이 되었어도 사령관직은 이키케에서 꽤 영향력 있는 자리였다. 피노체트가 부임하자마자 타라파카 도지사 야스파르 다 폰세카(Jaspard da Fonseca)는 긴 여정을 준비하고 떠날 채비를 하고 있었다. 피노체트는 당해 10월까지 대리인으로 도지사를 역임하였다. 즉, 약 10개월 동안 타라파카 지방을 운영한 것이다. 그 당시 진술들은 피노체트를 높게 평가하고 있다. 전국적으로 정치적 대립이 첨예화되고 과격화되고 있는 가운데, 피노체트는 매우 중립적인 입장을 취해서 좌파와 우파 모든 진영에서 환영받는 인사가 되었다. 이키케에 있는 동안 공산주의에 대한 반감을 표현한 경우는 더러 있었으나, 좌파 세력들이 주도하는 집회나 폭동에 대해 온건한 태도를 취했다. 예를 들어 이키케 기술학교 학생들이 학교를 점령했을 때, 이를 강압적으로 진압하지 않고 상부에서 지시한 대로 학생들 요구사항을 들어주고 수용해주었다.[10] 피노체트는 상부에서 지시하는 것을 그대로 잘 따라주고 집행하는 것으로 잘 알려져 있었다. 그런 면에서 정치적 갈등에 연루되지 않았던 것이고, 그러한 태도가 대외적으로 그를 합리적인 사람처럼 보이게 했을 것이다. 당시 칠레 정치가 점차적으로 양극화되면서 군의 개입을 촉구하는 경우들도 있었으나, 대체적인 여론은 군이 중립을 지켜야만 한다는 것이었다. 피노체트

---

10 프레이 정부는 당시 좌파인사들을 중도로 집중시키려는 정치적 전략을 지속적으로 썼다.

는 항상 중립적인 태도로 일관했다. 이키케 주민들에게 피노체트는 도지사가 외유를 즐기고 있을 때, 도지사의 일을 도맡아 성실하게 이행했던 직업군인의 이미지가 남아 있다.

피노체트는 아옌데 정권이 들어서면서 새로운 도지사, 알레한드로 소리아(Alejandro Soria)를 임명했을 때에도 도지사의 일을 계속 맡아 하곤 했다. 이키케의 시장을 지금도 역임하고 있는 호르헤 소리아(Jorge Soria)의 아버지인 알레한드로 소리아는 정치적으로 사회당 소속이었지만 이키케에서 큰 사업을 운영하고 있던 유능한 기업가였다. 자신의 사업을 돌보면서 도지사 역할을 하는 경우는 칠레에서 매우 흔했는데, 소리아도 예외는 아니었다. 소리아는 사업 때문에 출장이 잦아서 자리를 비워야 할 때에는 피노체트에게 의뢰하여 대리인 역할을 부탁했다. 그렇게 두 사람은 개인적인 친분도 형성하게 되어, 피노체트가 도지사의 아들 호르헤의 대부이기도 했다. 1969년과 1971년 사이의 신문들을 살펴보면, 소리아와 다폰세카 대신에 공공행사에 참관하고 있는 피노체트의 사진들이 더 자주 등장한다. 소리아는 정치적으로 중요한 행사, 예컨대 피델 카스트로(Fidel Castro)의 이키케 방문과 같은 급의 행사에 등장했다.

피노체트는 도지사 대리인 자격으로 이키케 개발과 발전에 대한 주민회의와 세미나에 자주 참석하였다. 그의 자서전에서 피노체트는 안토파가스타에 있을 때에도 도지사 대리인 역할을 하고 그 역할을 즐겼다고 한다. 그때에도 도지사 자격으로 국가개발공사인 코르포(CORFO)의 북부지점 대표를 맡았었는데, 그 일을 꽤나 즐겼다고 한다. 본인이 앞서 목격하고 기록했던 북의 "비참한" 상황을 극복할 수 있는 개발계획들을 내세울 수 있어서 보람이 있었을 것이다.

이키케의 많은 주민들은 피노체트가 소리아 대리인 역할을 했던 시기를 기억한다. 본인들의 정치적인 입장에 따라 그를 옹호하기도 하고 반대하기도 하지만, 동일하게 나타나는 패턴은 쿠데타 전에 피노체트는 전혀 특정한 정치적 성향을 보이지 않았다는 것이다. 이키케 주민들이 특히 많이 기억하는 것은, 실질적인 도지사였던 소리아는 계속 사업에만 신경 쓰고, 공무는 소홀히 했었다는 점이다. 피노체트는 항상 북의 사람들에게 친절했으며, 북의 어려움을 이해하고, 북을 돕기 위해서 자리를 지켰던 인물이었던 것이다. 피노체트는 특히 북에 배치되는 것을 일종의 귀향, 즉 중앙으로부터의 파면으로 생각하던 많은 군인들과 대비되었다. 앞서 인용한 스푸너에 따르면, 피노체트는 중앙의 정치적이고 지적인 분위기를 싫어했다고 한다. 어쩌면 북쪽 사람들의 검소하고 허심탄회한 생활방식과 직설적인 대화들이 더 성격에 맞았을지도 모른다: "피노체트는 칠레의 장군들 중에서 가장 덜 세련된 사람이었지만, 그런 결점을 따뜻한 성격으로 보완했다"(Spooner 1999[1994]: 29). 그는 아이들과 잘 놀아주는 사람이었고, 항상 선물을 건네는 친절한 사람이었다. 북에서는 조용하면서 친절한 성격이 그의 이미지로 굳혀졌다.

그러나 북의 사람들에게 가장 인상적이었던 것은 피노체트가 북에 진정한 관심을 보이고 좋아했다는 점이다. 게다가 그 관심은 북이 제공하는 경제적 기회 또는 자원과 무관한 것이었다. 그 많은 중앙의 정치가나 지도자들 중에 금전적 보상 없이 북으로 자진해서 오는 경우는 거의 없었기에 피노체트의 행적은 더욱 돋보였다. 피노체트가 한 번이 아닌 여러 차례에 걸쳐 북에서 근무하기를 자청했던 것도 그의 인기를 높인 요인이다. 피노체트와 북, 특히 이키케는 특별한 인연을 가진 것처럼 서로 친화력이 있었다. 피노체트는 북을 사랑하고 이곳이 나라에 세운 영광스러운 공을 인정하였으며, 반대로 이키케는 북쪽을 보상 없이 액면 그대로 사랑하는 사람을 만났던 것이다.

1973 쿠데타와 이키케

아옌데의 민중연합 정권을 무너뜨린 칠레의 9·11사태, 즉 피노체트가 주도한 쿠데타에 대해서는 이미 많은 연구들이 있어 여기서 깊이 논의하지는 않겠다.[11] 대부분의 정치적 분석들은, 좌우를 막론하고, 군사정권이 그리 오랫동안, 폭력적인 방식으로 지속될 것을 예측하지 못했다고 한다. 그러나 가장 의외로 꼽혔던 상황은, 군사정권의 수장이 피노체트였다는 점이다. 군사정부(Junta Militar)는 가장 열렬히 반공산주의자임을 표명했던 공군참모 총장, 구스타보 레이(Gustavo Leigh) 장군, 해군참모 총장이었던 호세 메리노(José Merino) 제독, 칠레 군 총사령관이었던 피노체트, 그리고 칠레 경찰대장(Jefe de Carabineros) 세사르 멘도사(César Mendoza)로 구성되어 있었다. 쿠데타를 주동했던 것은 레이 장군이었다. 피노체트는 다른 군 수장들이 참여할 것을 확인한 후에 최종적으로 가담을 결정했다. 훗날 그들도 피노체트의 통치 스타일에 경악을 금치 못했었다고 한다.

피노체트는 그간 군에서 가장 정치에 무관심하고 중립을 지키고자 했던 인물로 꼽히는 장군이었다. 바로 그러한 점 때문에 아옌데는 그를 군 총사령관으로 임명했었다. 그러나 피노체트는 집권하자마 국회를 정지시켰다. 몇 주 안에 수만 명이 체포되고, 고문당하고, '실종'되었다. 산티아고의 축구경기장은 좌익으로 의심받는 사람들을 수용하는 집단 포로수용소로 바뀌고, 그 외 전국적으로 수많은 사람들이 체포되고 총살되었다. 도르프만에 의하면 쿠데타 당시 180,000명이 체포되고 심문받았다 한다. 그중 90%는 고문을 당하기도 했다(Dorfman 2002: 20). 산티아

---

11 1973년 쿠데타에 대해서는 Valenzuela and Valenzuela 1986, Constable and Valenzuela 1991, Spooner 1994를 볼 것. 아옌데 정권에서 일을 했던 개인적인 경험과 관점에서 본 저서로는 Dorfman 1998과 2002가 있다. 쿠데타에 대한 피노체트의 서술은 Pinochet 1982를 볼 것.

고의 공동묘지에는 이때 사망한 사람들을 위한 특별 기념비가 세워져 있다. 2002년까지 약 4,000명의 이름이 새겨져 있었다(Dorfman 2002: 7; Frazier 1998). 그 외에도 수많은 사람들이 추방을 당하거나 스스로 해외로 망명길에 오르거나, 국내 작은 마을로 숨어들어 갔다(relegado). 그리고 잇따라, 해외로 망명했던 아옌데 정권의 실권자들이 살해되기 시작했다: 오를란도 레텔리에(Orlando Letelier)는 미국의 수도 워싱턴에서, 피노체트의 선임자, 프라츠(Carlos

살바도르 아옌데와 아우구스토 피노체트. 아옌데는 쿠데타 불과 몇 달 전에 피노체트를 칠레 군 총령관으로 임명했었다.

Prats) 장군은 부에노스 아이레스(Buenos Aires)에서 테러를 당했다. 육군 대위였던 세르히오 아레야노 스타크(Sergio Arellano Stark)는 북으로 파송되어 '죽음의 카라반(la caravana de la muerte)'이라 불리는 좌파색출 탐색대 및 살해단을 집결하여 사막지대를 다니면서 테러를 감행했다. '죽음의 카라반'이 이키케까지 도달하지는 않았지만, 이키케의 친아옌데 정치가와 운동가들은 체포되어 인근의 피사과, 예전에 피노체트가 관장했던 유령도시의 바로 그 포로수용소로 끌려가, 상당수가 총살당했다. 쿠데타 직후, 칠레의 우파는 피노체트를 열렬히 지지하였으나 그가 그토록 오랫동안 질기게 정권을 잡으리라고 상상도 못했었다. 피노체트는 그간 정치적인 야망이 전혀 없는 인물이었기 때문이다. 피노체트는 우파에게도 손을 내밀지 않았다. 원래 정치인들, 특히 칠레의 엘리트 가문의 식자들로 구성된 정치인들을 환멸했던 피노체트는 그들과 정치적으로 연합하지 않았다.[12] 군부의 테러가 심해지자, 칠레의 우파 엘리트는 좌파 친구들을 숨겨주기도 하고 망명을 도와주기도 했다. 칠레의 엘리트는 정치적으로 대립하고 갈등하고 있어도, 대부분 서로를 잘 아는 동일한 문화적 배경을 가진 사람들로 구성되어 있었기 때문이다(Spooner 1999[1994]): 45, 58; Dorfman 1999). 정치인들은 그들만의 리그를 구성하고 있었는데, 피노체트는 그 일원이 아니었던 것이다. 피노체트는 장기적인 프로젝트로 이데올로기와 관계없이 구 정치엘리트의 기반을 무너뜨리는 작업을 감행했다.

피노체트가 '시카고 보이스(Chicago Boys)'라고 하는 경제학자들을 불러들이고, 그들의 조언에 따라 칠레 경제를 완전히 탈바꿈시키게 한 이유도 바로 여기에 있다. 시카고 보이스는 미국 시카고대학 경제학과에서 밀턴 프리드먼(Milton Friedman) 등의 신자유주의 경제학자들 밑에서 공부를 하고 온 유학파 경제학자들이었다. 미국의 포드 재단(Ford Foundation)의 재원으로 경제학과 경영학을 공부하러 간 이들은, 칠레의 신흥중산층 가정의 자제들로 당시 칠레국립대학(Universidad de Chile)의 경제학(경제사와 마르크시스트 경제학 중심의)과 완전히 대비되는 새로운 경제학을 공부했다. 시카고 보이스는 칠레에 귀국해서 가톨릭 대학(Universidad Católica de Chile) 경제학과를 시카고 경제학으로 다시 세웠으나, 쿠데타가 일어날 때까지 그들의 경제학을 인정하고 정책입안에 참여시키는 일은 없었다. 그런 면에서도 시카고 보이스는 칠레 정치에서는 아웃사이더였다. 쿠데타 이후 이들은 피노체트의 부름을 받아, 장차 칠레 경제를 신자유주의의 산 실험실로 탈바꿈시켰다. 칠레의 정치학자 발데스에 의하면, 피노체트가 그들을 발탁한 데에는 매우 중요한 동기가 있었다는 것이다: 과거의 정치적 연결망과 관료제적인 제도권과 확실한 결별을 하

---

12 군부의 기존 우파와 엘리트에 대한 멸시는 이사벨 아옌데(Isabel Allende)의 소설 『유령의 집』에 잘 묘사되어 있다.

기 위함이었다(Valdés 1995; cf. Constable and Valenzuela 1991; Spooner 1999[1994]).

쿠데타 직후, 이키케는 칠레의 다른 도시들과 마찬가지로 심한 탄압을 받았다. 초석생산 시기 이후에는 괄목할 만한 노동운동은 없었지만, 이키케에서도 친좌파 인사들이 있었고, 그들 중 일부는 활발한 정치적 활동을 하고 있었다.[13] 아옌데 본인이 참여하지는 않았지만, 검은 깃발의 시위가 진행되었던 1957년에는 살바도르 아옌데가 타라파카를 대표하는 상원의원을 역임하고 있었다. 아옌데의 민중연합이 들어서고 나서부터는 시내 곳곳에 민중가수 빅토르 하라(Victor Jara)가 시작했던 노래교실(taller de la canción chilena)이 활발하게 운영되고 있었다. 이키케의 사회당 지도자였던 움베르토 리사르디(Humberto Lizardi)는 경찰에 출두하라는 서신을 받고 자기 발로 경찰서를 찾아간 다음에 실종되었다. 그의 어머니 발드라미나 플로레스(Baldramina Flores)는 그간 평범한 가정주부였다가 아들의 실종 이후 시인이 되어 이키케의 인권과 정의회복 운동에 앞장섰다. 그녀는 아들의 시신이 발견될 때까지 그의 방을 그대로 두었으며, 심지어 그가 태우던 담배꽁초도 그대로 재떨이에 남겨두었다고 한다. 아들의 시신은 결국 1990년 6월, 칠레의 민주정권이 들어선 후 피사과의 집단묘지에서 발굴되었다. 소금기가 있는 토양 때문에 시신은 그대로 보존되어 고문을 당했던 자국과 등에 총알이 지나간 상처가 그대로 보였다고 한다.[14] 그 외 수많은 사람들이 피사과에 잡혀가고, 일부는

---

13 1930년대부터 1950년대까지, 타라파카와 이키케는 대선과 총선에서 모두 급진당을 지지하는 경향이 있었다. 이키케에 오래 살아온 주민들은 이키케 사람이라면 "급진당원, 프리메이슨(free-mason), 그리고 소방대원(ser iquiqueño es ser radical, masón y bombero)"이어야 한다고 얘기한다. 급진당의 형성에 대해서는 Gazmuri 1992를 참조할 것. 1952년에 이키케는 단독으로 출마한 카를로스 이바네스 델 캄포를 지지했다. 1958년 이후로 이키케 시민들은 살바도르 아옌데를 지지했다(40% 이상)(Caviedes 1979: 220-6).

14 움베르토 리사르디에 대한 증언은 그의 동생 글렌 리사르디(Glen Lizardi)와 마리오 구스만 파리아스(Mario Gúzman Farías)를 통해 직접 들었다. 움베르토 리사르디의

풀려난 다음에 망명을 강행했었다.[15]

1975년 피노체트는 이키케에 외부와 격리된 자유무역지대를 설치하는 자유무역법을 직접 제정하였다. 또한 이 혜택을 이키케 군(Comuna)으로 확장시켜 수입관세를 물지 않겠다는 법안도 제정되었다.[16] 1975년 이전에도 이키케에 자유무역 신분을 부과하는 법이 통과되기는 했었다. 그러나 법이 이행되고 실제로 시설이 들어서기까지 너무 많은 행정적 절차와 관행들이 따랐다. 이 내용은 다음 절에서 더 자세하게 논의할 것이다.

이키케와 산티아고에서 만났던 사람들 중 상당수는 자유무역지대를 이키케에 설치한 것은 북을 '탈공산주의화'시키려는 군부의 의도에서 비롯된 것이라고 했다. 이키케의 반 피노체트주의자들은 이 건에 대해 모두 저마다 할 말이 있었다. 공산당원이었고, 피사과에 수감되었던 한 사람은, 이키케를 고른 것은 피노체트의 국가안보에 대한 강박증 때문이라고 했다. 그에 따르면, 피노체트는 국경지대를 가까이 둔 북쪽 도시들에 인구가 너무 적어 충분히 칠레 영토로 보전되지 않을 수도 있다는 강박관념을 항상 가졌다고 한다(이 말은 앞에서 언급한 피노체트의 북에 대한 관심과 일맥상통한다). 그에 따르면, 피노체트는 북단의 실질적인 국경을 아리카 북부로 두지 않고 그 아래로 200km 떨어진 카마로네스(Camarones)로 설정했었다고 한다.[17] 이 내용은 이미 군에서 발표한 바가 있어, 공인된 사실이었다. 이 주장에 따르면, 칠레가 사수할 최북단의 도시는 아리

어머니 발드라미나의 시와 인권운동에 대해서는 Frazier 2007, 5장 참조.

15 내가 칠레에 머물고 있었던 2000년도의 하숙집 주인도 브라질에 5년간 망명해 있었다. 그의 동서는 가족들과 모두 스웨덴으로 망명했었다.

16 격리된 자유무역지대 안에서는 수입관세와 부가가치세 모두가 면제되었고, 도시와 군 경계 안에서는 수입관세만 면제되었다. 그러나 그렇게 해도 상품들의 가격은 산티아고와 그 외 지역에 비해 현저하게 쌌다.

17 미겔 루나(가명)과의 인터뷰, 2000년 10월 10일, 이키케.

카가 아닌 이키케가 되는 것이었다. 그런 차원에서 이키케 인구를 증가시키고 경제를 안정시킬 필요가 있다는 것이었다.

피노체트 지지파와 반대파 사람들이 모두 언급했던 것은 피노체트가 유독 북쪽에 관심이 많았고, 특히 이키케를 사랑했다는 말이다. 이키케에서 좌파라고 하는 사람들은 피노체트가 이키케에 자유무역지대를 설치한 것은 이곳을 상업화시켜서 경제적으로 풍족한 지방도시를 만들 뿐만 아니라, 이렇게 함으로써 좌파를 씻어내려는 의도였다고 한다. 이 내용은 피노체트가 정권을 잡은 후 자주 언급했던, "칠레를 프롤레타리아(*proletariados*)가 아닌 재력가/기업가(*propriedados*) 집단으로 만들겠다"는 주장과 일맥상통한다.

그리고 자유무역지대는 중앙에서 피노체트가 단독으로 법을 통과시켜서 실현되었지만, 역설적으로 실제로 이는 지방화의 한 방편이기도 했다. 피노체트는 집권하자 1974년 3월 11일에 "칠레 정부의 원칙들에 대한 선언문"을 발표하여, 권력의 탈중앙화야말로 칠레가 현대적인 국가로 거듭나기 위한 전제조건이라고 역설했다. 군사정부의 목적은, 1) 기능적으로 탈중앙화를 장려하기; 즉, 정치적, 사회적 권력의 탈중앙화 장려; 2) 영토적 탈중앙화를 장려; 즉, 나라의 지방화를 추진한다는 것이었다.[18] 이 목적을 달성하기 위해 피노체트는 각 지방의 명칭을 숫자로 바꾸었다. 실제로, 중앙의 직권으로 지방명을 숫자로 바꾸는 것을 탈중앙화라고 보기 어렵고, 그 결과로 지방색이 죽었다고 생각하는 사람들도 적지 않으나, 피노체트는 지방의 숫자화가 지방화 시대를 여는 길이라고 생각했다. 그 외에도 국회를 산티아고가 아닌 발파라이소로 옮기는 것도 이 취지에서 수행되었다. 공식적으로, 이키케 자유무역지대 설립은 지방화의 한 방편으로 이루어졌다.

---

18 Declaración de los Principios del Gobierno de Chile, 1974년 3월 11일.

1970년대의 이키케는 1930년대와 1950년대의 이키케가 이미 아니었다: 이키케는 쿠데타가 일어났던 시점에서 어분산업의 팽창으로 경제적으로 안정되었고, 산업과 노동인력의 다변화도 상당히 진척되어 있었다.[19] 경제발전이 다시 한 번 단일생산 품목에 의존할 것을 우려하여 자유무역지대를 이곳에 선포한 것일까? 혹은 피노체트는 자신이 과거에 목격했던 이키케의 불안한 사회경제적인 상황을 기억하여, 이 지방이 전반적으로 낙후된 곳이라는 선입견을 가지고 있었던가? 아니면 이곳을 경제적으로 풍족하게 하여 노동운동의 씨를 말리려고 하는 이데올로기적인 동기가 있었던 것일까? 그 내막은 정확히 알 수 없으나, 이 결정을 피노체트가 단독으로 내렸다는 데에는 별다른 이의가 없다. 혹자는 이 결정이 시카고 보이스의 결정이 아니겠는가 하고 질문을 하기도 한다. 왜냐하면 시카고 보이스의 신자유주의적 정책입안은 자유무역을 장려하는 것과 친화성이 있어 보이기 때문이다. 그러나 시카고 보이스는 1975년 6월이 지나서 등용되어 칠레 경제를 변형시키기 시작했다(자유무역지대를 설립한 법령 889는 같은 해 2월에 제정되었다). 더불어 시카고 보이스는 거시적인 국가경제의 정책을 세우는 일을 했지, 중앙에서 아무도 관심을 갖지 않은 지방 소도시의 운명을 결정할 입장은 아니었을 것이다.

바로 이러한 요소 때문에 자유무역지대의 설립자로서 피노체트를

---

19 칠레 사회학자 카비에데스는 통계자료를 근거로 다음과 같은 주장을 했다: "이들 지역에서[아리카, 이키케, 안토파가스타, 칼라마] 도시화가 상당히 진척되었고, 사회적으로도 농경지대에서는 찾아볼 수 없는 괜찮은 교육수준과 주거시설, 정보 서비스와 도시 편의시설을 발견할 수 있다. (…) 북쪽 지방을 광산업 중심의 경제로 자주 판단하곤 하는데, 이 잘못된 일반화는 노동인력에 대한 통계자료로 번복할 수 있다. 다양한 산업에 종사하는 노동인력이 유효한 측정도구라면, 타라파카와 안토파가스타는 칠레에서 가장 다변화된 경제를 가지고 있다. 다시 말해서, 이 지역의 노동인력은 칠레의 다른 지방보다 더 다양한 분야에 퍼져 있다"(Caviedes 1979: 11-2).

인정하고 지지하는 이키케 사람들이 많은지도 모른다. 이키케 자유무역지대의 설립은 1950년대부터 공론화가 되었음에도 불구하고 여러 정권에서 국회의 의결과 반대를 거쳐 항상 집행할 수 없는 법안으로 통과되곤 했었다. 이번에는 정부도 아니고, 국회도 아닌 대통령이 단독으로 행동했다는 점으로 미루어 보아, 결정은 신속하게, 효율적으로, 명확하게 일어날 수 있었다고 이키케 사람들은 판단했다. 나아가서 피노체트는 이키케를 자유무역지대로 선포하면서 지속적으로 본인이 이키케와 맺고 있는 "특별한 인연"을 언급하였다. 이키케 주민들에게 자유무역지대는 정부의 결정이 아닌 이키케를 사랑했던 사람의 특별한 선물이었던 것이다.

자유무역지대를 둘러싼 신화들

이키케 자유무역 지대, 이하 소프리는 다양한 탄생신화를 가지고 있다. 소프리 역사에 대한 상반된 의견이 너무 많아, 그 역사가 어떻게 시작되었는지를 가늠하는 것 자체가 거의 불가능했다. 그러나 그 점에서 알 수 있었던 사실은, 소프리가 그만큼 사람들에게 정치적인 자산(asset)으로서의 속성, 또는 최근에 인류학에서 자주 언급되는 통화(currency)의 속성[20]을 지니고 있다는 것이다. 다시 말해, 개발프로젝트로서 소프리는 교환가치가 있다는 것이다. 피노체트 지지자들은 피노체트가 이키케에 대한 애정을 가지고 소프리를 창설했다고 주장한다. 한편, 반피노체트 인사들, 즉 주로 사회당과 공산당 지지자들은 자유무역지대가 아옌데 정권에서 산업지구로 출발했는데, 피노체트가 이키케의 산업화를 방해하고(노동인력의 탈프롤레타리아화를 목적으로) 아옌데의 공적을 지우기 위해서 무역에

---

20 통화의 속성을 갖는다는 것은 곧 교환가치가 높다는 것이다.

치중하는 소프리를 세웠다고 한다. 여기서 각 주장을 살펴보도록 하자.

소프리를 운영하는 회사인 소프리사(ZOFRI S.A.)의 공식적인 자료에 따르면, 소프리는 1975년 법령(Decreto ley) 889로 설립되었다. 법령으로 설립되었다는 것은 국회를 거치지 않고 대통령령으로 법안이 통과되었다는 것이다. 앞서 언급한 것처럼, 이 법에 따라 이키케는 수입관세를 면제받고, 이키케 시의 자유무역특구에서는 수입관세와 부가가치세 모두가 면제되었다. 자유무역특구에서는 상품들이 거래, 보관, 가공되어 재판매, 재수출될 수 있게 되어 있다. 법안은 생산시설의 설치를 지원하는 방편도 마련해두었다. 이것은 전례가 없는 것으로, 정부는 특구안에 공장을 설립하는 사업체에 노동인력에 대한 지원금을 대준다는 조항이 있었다. 자유무역지대 설립을 감독하고 소프리사의 초기 사장을 지낸 글로리아 델루키(Gloria Delucchi)는 당시 타라파카 지방정부의 변호사를 역임하고 있었다. 그는 이러한 지원체제가 889법령을 기존의 자유무역법안과 구별시킨다고 주장했다. 델루키는 특구에서 무기를 제외하고 모든 종류의 상품을 거래하고 보관할 수 있다는 점을 강조하면서, 이런 점이야말로 정부의 개입 없이 산업과 상업발전을 위한 자연스러운 거래가 이루어진 것이라고 역설했다. 그녀 말에 따르면, 소프리는 아옌데 정권에서 상상도 할 수 없는 조항들로 구성되어 있고, 따라서 그 뿌리가 아옌데 정권에 있다는 것은 말도 안 되는 주장이라고 강조했다. 그녀는 확고하게 피노체트가 소프리의 창설자라는 사실을 주장했다. 그녀는 소프리의 탄생을 다음과 같이 비유했다: 소프리의 아버지는 피노체트이며, 법령의 세부적 조항을 작성한 본인은 소프리의 어머니였다.[21]

변호사로서 법령을 해석한 델루키에 따르면, 889법령은 기존의 자유무역지대법과 전혀 상관이 없고, 전혀 겹치는 내용이 없었다. 이 주장은

---

21 글로리아 델루키와의 인터뷰, 2000년, 이키케.

초기에 소프리에서 일을 했던 많은 사람들로부터 들을 수 있었다.[22] 앞 장에서 서술했던 검은 깃발의 시위 이후 알레산드리 정권에서 통과시켰던 법안은 그 어떠한 상업 또는 산업활동으로 이어지지 못했다. 1968년에 프레이 정권은 무관세 창고법(ley 16,894: Ley de Almacenes Francos)을 통과시켜 이키케 창고에 물품보관 시 수입관세를 면제해주는 제도를 세웠다. 이 법에 의하면 이키케에 특구를 설치하여, 이곳에서 "상품을 기탁, 전시, 생산, 마감, 포장, 탈포장, 조립, 의장, 정제, 순화, 혼합, 변화, 그리고 이동할 수 있게 했다"(López Heise 1998: 3, 강조는 원본). 이 법의 목적은 지금의 소프리처럼 상품이 이키케 시내에 도매와 소매를 통해 유통되는 것이 아니라, 다른 목적지까지 상품을 이동시키거나, 또는 부가가치를 생성시키기 위한 방편으로 상품을 가공하여 재수출하는 것이었다. 프레이 정권 중에 통과되었던 DFL(Decreto fuerza ley, 법령효력) 6은 이러한 창고들을 이키케의 특구에 설치하는 것을 허용했다. 이것이 최초로 자유무역지대가 물리적으로 이키케 시의 일부공간에 설치되고 작동할 수 있는 근거가 되었다. 그러나 이 법의 시행령은 1970년이 되어서야 통과되고, 아옌데 정권이 들어서서야 현실화되기 시작했다.

당시 국가개발공사(CORFO) 이키케 지사의 사장을 지낸 호세 "페페" 세구라(José "Pépé" Segura)에 의하면, 이 법안을 근거로 무관세 창고들이 설치되기 시작했다. 그가 국가개발공사의 수장으로 이키케에 부임했을 때, 시행령이 통과되었음에도 불구하고 실질적인 공사가 진행되지 않고 있었다고 한다. 법적으로 창고들을 세우는 것이 가능하다는 것을 알게 된 후, 실질적인 공사에 착수한 그는 "이 법안들을 지방경제를 살리는 데 작동시키면 되는 일이었다"고 회상하였다. 그가 먼저 시도한 것은 창고건립에 필요한 자본을 끌어모으는 것이었다. 국가개발공사

---

22 예를 들어, 변호사이자 소프리에서 사업을 하는 막스 바레라(Max Barrera)도 같은 입장을 취했다. 막스 바레라와의 인터뷰, 2000년, 이키케.

와 칠레 항만공사(EMPORCHI, Empresa Portuaria de Chile), 그리고 칠레 철도공사(Ferrocarriles Chile)는 부동산의 형태로 자본을 대어 1973년 1월에 자유무역지대 운영관리공단(Sociedad Administradora y Operadora de Zona Franca)을 설립했다.

자유무역지대 운영관리공단의 초대 사장을 역임한 페페 세구라는 무관세 창고 구역이 무관세 특구와 같이 외부와 차단될 수 있게, 담장건설을 주문했다고 한다. 장소는 지금의 소프리가 있는 지역 북서쪽에 위치한 엘 콜로라도 구역(Barrio El Colorado)이었다. 앞에 인용했던 자유무역지대 법안들의 역사를 정리한 에두아르도 로페스 하이스(Eduardo López Heise)는 중앙은행 직원으로, 운영관리 공단의 실질적인 운영을 맡고 있는 국장이었다. 로페스 하이스의 문서는 세구라의 증언을 뒷받침해준다. 무관세 창고의 특구의 면적은 약 227,710m²였다고 한다. 운영관리 공단이 제일 먼저 감행한 공사는 무관세 창고구역의 경계를 표시하는 울타리를 쌓는 일이었다. 1975년에 쿠데타가 일어났을 때, 약 90,000m²에 달하는 면적을 둘러쌀 담장공사는 이미 시작되었었다(López Heise 1998).

담장공사가 한창 진행 중일 때, 몇 개의 사업체가 무관세 창고에서 영업을 시작하려고 등록을 했다고 한다. 처음에 11개 사업체로 시작하여, 1973년 회계연도에는 무관세 창고로의 총수입이 약 600백만 달러에 육박했다. 거래물량과 액수도 계속 증가하고 있는 추세였다. 전해 약 300백만 달러에서 점차적으로 증가한 것이다. 로페스 하이스에 의하면, 거래물량이 증가하고 있었기 때문에 향후 창고를 증설해야 하는 필요성, 그리고 이를 위한 더 많은 투자의 필요성을 연말보고서에 본인이 직접 명시했었다 한다(López Heise 1998: 7).

페페 세구라에 의하면, 프로젝트가 더디게 진행된 것은, 상품이 항구에서 면세특구 어떻게 운송되어야 하는지에 대한 합의가 없었기 때문이다. 철도공사는 과거 초석산업이 활용했던 낡은 철도를 활용하고 싶어

했다. 비용도 적게 들어 철도는 합리적인 선택이었다. 그러나 철도를 활용하게 되면, 새로운 철도를 특구 안에까지 설치해야 하는 번거로움이 있었다. 그러면 창고들이 화물역의 역할을 하게 되는 것과 다름이 없었다. 철도를 활용할 것인가, 트럭운송을 도입할 것인가를 두고 논의는 계속되었다. 철도공사는 운송에 대한 독점권을 얻기 위해 특구로 연결되는 도로를 아예 막고 없애자는 주장까지 하였다.

당시의 면세창고와 오늘날의 소프리와의 차이점에 대해서, 페페 세구라는 소프리와 같은 체제는 칠레국회에서 승인될 수 없는 성격의 것이라고 했다. 그러한 법안은 독재정권하에서만 가능하다는 것이다. 피노체트가 제정한 자유무역지대법은 대단히 관대하고 자유로운 성격을 가지고 있었다. 칠레의 수입대체산업화 정책은 수입된 공산품에 대한 높은 세금을 매겨 가격이 무척 비쌌는데, 자유무역지대에서는 면세로 수입된 상품을 소매로 파는 것을 허용하기까지 했다. 단적으로 말해서, 같은 상품이라도 이키케에서는 그 상품의 가격이 산티아고보다 훨씬 싸게 팔릴 수 있었다는 것이다. 더불어, 수입할 수 있는 상품의 종류에 제한이 없었다. 당시 칠레에서 상당히 비쌌던 명품, 향수, 술, 원자재, 부속품 등 다양한 소비재를 모두 수입하고 도·소매로 팔거나 재수출할 수 있었다. 게다가 정부는 타라파카 지방에 투자하는 사업체에 지원금을 주었다: 200만 달러 미만의 투자에 대해서 10%를 지원해주었다. 이 지원금은 투자 유인제의 역할을 톡톡히 해냈다. 무관세 창고를 허용하는 법은 훨씬 더 많은 규제조항이 있었다. 게다가 국회와 재정부 사이를 오가면서 수정이 자주 되어, 법 자체가 일관성을 가지고 있지 않았다.

1973년 9월 11일 쿠데타 직후, 무관세 창고를 운영하던 운영위원회의 활동은 모두 정지되었다. 그리고 운영위원회의 인사들은 교체되었다. 그 당시 코르포에 근무했던 한 직원 말에 의하면 군인들이 건물을 점령하면서 다른 이유에서보다도 세를 과시하려고 코르포의 각종 공문서와 자료, 서류들을 태웠다고 한다(그런 연유에서 그런지 운영위원회에 대한 공문서를 발견할 수 없었다). 1975년에 새로운 자유무역지대법이 통과되자, 기존의 무관세 창고 운영위원회를 글로리아 델루키가 맡게 되었다.

글로리아 델루키에 의하면, 피노체트는 파나마와 브라질 마나우스(Manaus)의 자유무역지대를 보고 소프리를 구상했다고 한다. 쿠데타 이후에 자유무역지대 설립에 대한 논의가 진행되면서, 피노체트는 델루키를 파나마와 마나우스에 직접 보내서 이와 유사한 형태로 소프리의 윤곽을 잡아보라고 했던 것이다. 당시 델루키를 보조하던 사무직원의 말에 따르면, 델루키의 피노체트와의 인연은 그가 6사단의 사령관이었을 때로 거슬러 올라간다고 했다. 피노체트는 글로리아의 아버지, 에르네스토 델루키(Ernesto Delucchi)와 친분이 두터운 사이였다. 에르네스토 델루키는 당시 이키케에서 규모가 큰 어분공장을 소유하던 성공적인 기업가였다. 돈 에르네스토는 또한 타라파카 산업연대(Asociación de Industriales de Tarapacá, ASINTA)의 활발한 멤버로, 지역의 산업발전에도 관심이 많은 사람이었다.[23]

실제로 그간 이키케 상공회의소와 타라파카 산업연대를 중심으로 무관세 창고의 기능을 확장해보려는 노력들이 계속 있었다. 쿠데타 이후, 이들 기관들은 피노체트에게 서신을 보내 지역 경제발전을 보장하는 특별법 제정을 촉구하였다. 1975년 2월 4일에 피노체트의 이키케 공식방문을 앞두고, 타라파카 산업연대, 이키케 상공회의소, 소매업 연대(Asociación del Comercio Detaillista), 중소기업과 장인 연합(Asociación de Pequeños Industriales y Artesanos)과 트럭운송협회(Sindicato de Dueños de Camiones)는 피노체트에게 1957년에 발전위원회가 정부에 보낸 유사한 내용의 서신을 보냈다: 타라파카와 같은 국경지대가 안정되기 위해서는 지방에 일종의

---

23 곤살로 산체스(Gonzálo Sanchez, 가명)와의 인터뷰, 2000년 11월 23일, 이키케.

'특혜'를 줄 필요가 있는데, 이는 현존하는 무관세 창고를 확장하는 것이었다. 이것은 '특혜'라기보다는, 지방이 국가발전에 세운 공을 참작했을 때 "공정"한 것이었다.[24] 그 다음 날, 피노체트는 이키케 방문 중, 새로운 정권이 탈중앙화를 장려하겠다는 성명을 발표하고, 그 기반은 각 지방에 강화된 안정적인 경제적 기반을 마련하는 것이라고 역설했다. 그는 다음과 같은 선언을 했다:

[무관세 창고가] 현실이 될 것이다. 왜냐하면 그것은 필연이다. 이 시도를 현실화하는 작업은 몇 년을 끌었는데, 지금 바로 실현될 것이다. 우리는 초석을 다지려는 것이 아니다. 그저 실질적이고 긍정적인 실행만 있을 뿐이다. 우리는 이 계획이 발전하여 타라파카 지방이 마치 자석처럼 [투자가들과 사람들을] 끌어모으는 지방으로 변모할 수 있도록 할 것이다. 그런 이유로 나는 특별 무관세법에 서명을 하려고 한다. 그렇게 하지 않는다면, 우리는 또 몇 년간 논쟁하느라 허송세월할 것이다. 잘 되든, 못 되든 간에, 이것은 실현될 것이다. (…) 여기 직접 와서 진단을 내리길 잘했다고 생각한다. 왜냐하면, 직접 이키케의 일상생활을 경험해봐야지, 어찌 1,800km나 떨어진 [산티아고에서,] 책상머리에 앉아서, 이 현실을 알겠는가? 나는 그래서 이곳에 온 것이다. 나는 이키케의 미래에 큰 관심을 가지고 있다. 우리는 이 도시의 걱정을 덜어주는 계획을 세우러 왔다.[25]

피노체트는 곧바로 이 약속을 지켰다. 법령889에 서명을 하여, 기존의 무관세 창고법을 변형하여 새로운 자유무역지대 설립을 위한 법적

---

24 La Estrella de Arica, 1975년 2월 5일자, 쿠데타 직후, 이키케 지역신문 La Estrella de Iquique는 출판이 중지되었다.

25 La Estrella de Arica, 1975년 2월 6일자.

토대를 마련했다. 이 법의 원문은 칠레 정부의 공식신문인 엘 디아리오 오피시알(*El Diario Oficial*) 1975년 2월 21일자에 실려 있다. 피노체트는 이키케 방문 후, 2주도 안 되는 기간 안에 자유무역지대를 현실화시켰던 것이다. 당시 이키케 신문은 검열로 발행을 중지당한 상태였기 때문에 당시 현지의 반응을 가늠하기 어렵다. 아리카의 신문은 계속 발행되었고, 친 피노체트 성향을 가졌던 이 신문은 자유무역지대가 가져올 긍정적인 성과에 대한 기사를 연달아 실었다. 그 당시 법안이 제정되었을 때를 기억하는 사람들도 많지 않았다. 당시 안토파가스타와 피사과에서 좌파인사들의 숙청이 대대적으로 일어나고 있을 때라, 사회적 분위기가 불안정했다.

그러던 중, 피노체트는 7월에 자유무역지대를 선정하기 위한 캠페인을 직접 이키케에 감행하기로 한다. 1975년 7월 7일, 피노체트는 또다시 이키케를 방문했다. 이키케의 카반차 해변(Cavancha) 앞에 모인 관중을 보고, 피노체트는 다음과 같이 말했다:

> 나는 여러분들에게 이키케 자유무역지대의 구역이 내일 아침에 결정될 것이라는 사실을 알리러 오늘 이곳에 왔습니다. 이키케 자유무역지대는 이키케 도시 전체를 위한 것입니다.[26]

신문의 다른 기사는 "지금이 아니면, 영원히 없을 것이다(*Sí no hoy, nunca*)"라는 제목으로, 다음과 같은 보도를 했다:

> 이제는 더 이상의 웅얼거림과 주저함을 허용치 않는다. 이제 이키케와 산티아고 사이에서 서류를 주고받는 탁구게임도 그만. 나는 이번에 결

---

26 La Estrella de Arica, 1975년 7월 8일자.

정적으로 자유무역지대를 설립할 팀을 꾸렸다.[27]

그는 며칠 후 다음과 같이 말했다:

나는 이 도시가 도약(*despegue*)[28]을 했으면 좋겠습니다. 그러기 위해서
여러분은 온정주의(*paternalismo*)[29]를 잊어야 합니다. 이제 사업가들은 그
들의 지성과 상상력을 보여주어야 합니다. (…) 우리가 지금 이 일을 하
지 않으면, 이 일은 영원히 성사되지 못할 것입니다.[30]

그는 산티아고로 떠나기에 앞서, 한 인터뷰에서 다음과 같이 얘기했다:

이제 우리는 지방화가 성립되기 위해 필요한 자극을 줬습니다. 이제 자
유무역지대법이 제정되었으니, 이제 이것을 업그레이드하는 것은 여러
분, 이키케뇨에 달려 있습니다. 산티아고로 돌아가는 나는 행복한 사람
입니다. 왜냐하면 이제 모든 조건들이 세워졌기 때문이지요. 나는 이키
케뇨, 여러분들을 믿습니다. 이제 도시의 도약은 여러분에게 달려 있습
니다.[31]

피노체트가 산티아고로 되돌아간 후, 아리카의 신문은 자유무역지대
법의 재정에 대한 특집을 내고, 이를 재정한 피노체트를 격정적으로 칭

---

27 La Estrella de Arica, 1975년 7월 8일자.
28 "despegue"는 도약으로 번역되지만, 실질적인 의미는 로켓의 발사를 의미한다. 여기
    서 피노체트는 이키케가 로켓처럼 높이 하늘을 향해 올라가는 것을 의미하고 있다.
29 피노체트가 얘기하는 온정주의란, 정부가 지방을 관리하고 먹여 살려주는 체제에
    대한 비유이다.
30 La Estrella de Arica, 1975년 7월 8일자.
31 La Estrella de Arica, 1975년 7월 10일자.

송하는 기사들을 냈다. 쇠사슬이 퍼랬던 시절이어서 그랬는지, 한 기자는 다음과 같이 피노체트를 칭송하는 글을 써냈다:

> 이키케의 시민들은 공화국의 대통령 각하인 아우구스토 피노체트 우가르테 장군이 가지고 온 혜택들을 이해하고 보다 나은 미래에 대한 관심을 갖기 시작했다. 그러한 연유로 상업과 산업, 은행과 그 외 도시의 중요한 부문은 활기찬 미래의 길을 달리는 마차를 끌고 가는 바퀴와도 같다. 이들은 이키케의 자랑스러운 아들(*Hijo ilustre de Iquique*)[피노체트][32]에 대한 존경을 표하고, 같은 해 안에 결점 없이 계획된 이 프로젝트의 열매가 맺히면서 더 강화될 것을 믿어 의심치 않는다.[33]

몇 주가 더 지나자, 아리카 신문은 자유무역지대가 이키케의 서민에 어떠한 영향을 미칠지 더 구체적으로 다루기 시작했다. 앞의 기사들은 사업가들 중심이었다면, 이제는 시민들과의 연관성을 부각한 것이다.

대통령 각하가 최근 이키케를 방문했을 때, "자유무역지대는 이키케의 모든 시민을 위한 것"이라고 말했을 때, 그는 진정으로 "이키케의 자랑스런 아들(Hijo ilustre de Iquique)"로서 말을 한 것이었다. 왜냐하면 자유무역지대는 서민(*el pueblo*)[34]에게 많은 혜택을 안겨다 줄 것이다. 그 외 산

---

32 "이키케의 자랑스러운 아들(Hijo Ilustre de Iquique)"은 원래 "이키케의 자손(Hijos de Iquique)"라고 하는 유서 깊은 이키케 주민단체가 수여하는 타이틀이다. 실제로 이키케의 자손은 피노체트에게 이 직위를 공식적으로 수여한 적은 없으나, 언론에서는 지역과의 인연을 강조하기 위해서 이를 비유적으로 썼다.

33 La Estrella de Arica, 1975년 7월 13일자.

34 "*el pueblo*"는 서민을 일컫는 용어로, 좌파에서는 "민중"으로 해석하기도 한다. 아옌데의 민중연합의 슬로건은 "El pueblo unido, jámas será vencido(똘똘 뭉친 민중은 결코 패배하지 않는다)"였다.

업과 상업, 은행, 그리고 이 영웅적인 항구의 미래와 관련이 있는 모든 부문에 혜택을 안겨다 줄 것이다. (…) 이키케의 주민들은 우유, 고기, 야채 등 수입된 식품뿐만 아니라 가정에서 필요한 생필품들을 두루 누릴 수 있을 것이다. 그 외 남자와 여자, 아이들을 위한 옷과 신발 등도 갖게 될 것이다. 산업도 발전할 것인데, 더 많은 종류의 원자재와 부속을 수입할 수 있게 될 것이기 때문이다.[35]

지방을 대표하는 도지사도 자유무역지대를 칭송하였다: "이키케는 이제 편안하고 안정된 위치를 가지게 됐습니다. 과거의 노력에 대한 정당한 보상입니다. 이것은 대통령 각하의 개인적인 소망이었습니다. 그는 스스로 이 법령이 재정될 수 있도록 주된 역할을 해왔습니다.[36] 같은 날, 글로리아 델루키는 한 인터뷰에서 법이 재정된 날을 이키케의 공휴일로 지정해야 한다는 얘기를 했다.[37]

글로리아 델루키는 1975년의 자유무역지대 법은 이 지방에 산업을 유치하게 하는 유인제였다고 주장했다. 그녀는 브라질의 마나우스와 같은 공업지대를 구상했던 것으로 보인다. 무관세로 원자재와 부속, 기자재를 수입하여 공장을 설립하고, 공산품을 조립하여 완제품으로 만들어 재수출하고 또 도소매로 국내에 판매하는 모델을 생각했던 것이다. 그러나 이키케는 기본적인 생활설비가 비쌌다: 전기와 수도 등 공장을 운영하는 데 필요한 설비를 설치하기엔 경제적인 지역은 아니었다. 게다가 타라파카에 공업을 장려하는 것은 상업과 경쟁을 할 수 없었다. 무관세로 수입되는 공산품들은 이미 가격이 충분히 낮아서, 원자재와 기자재를 수입하여 현지에서 생산하는 것보다 가격경쟁력이 있었다.

---

35 La Estrella de Arica, 1975년 7월 27일자.

36 La Estrella de Arica, 1975년 11월 5일자.

37 La Estrella de Arica, 1975년 11월 5일자.

다음 사례는 이를 잘 보여준다. 1975년 이전에, 일본의 히타치사(Hitatchi)는 이키케에 건전지를 생산하는 공장을 가지고 있었다. 이 공장에서는 약 600명의 이키케 현지인들이 고용되어 있었다. 그런데 자유무역지대가 현지에서 생산되는 건전지보다 더 싼 값으로 건전지를 수입하게 되자 이 공장은 철수하게 되었다. 당시 이키케 인구가 약 7만 명 정도밖에 안 됐다는 점을 감안하면, 600여 명이 이 공장에 고용되어 일을 했다는 점은 이키케로서는 중요한 고용주였다는 사실을 알 수 있다.[38] 같은 시기에 일본뿐만 아니라 한국과 대만의 공산품이 대량으로 값싸게 생산되고 수입되면서 이키케에서의 공업지대는 더 이상 수지타산이 맞지 않았다.[39]

그동안 정부는 자유무역지대의 운영지침을 발표했다(법령 1,055). 곤살로 산체스(가명)는 이키케 자유무역지대 운영회사로 전근되기 전에 칠레개발공사에서 약 17년 동안 근무했었다. 자유무역지대의 첫 출발은 매우 분주했다고 한다. 사람들은 모두 현장에서 일을 배우며 하나씩 처리해갔다. 초기 회사의 모습은 점차 기업형태를 갖게 되었지만, 자유무역지대에서 사업을 하고자 하는 수요가 너무 많아, 창고와 도로 공사 등 산재한 문제들이 많았다. 산체스에 따르면, 실제로 언제 어느 회사가 먼저 들어와서 영업을 시작했는지 정확히 기억이 나지 않는다고 했다. 영업의 시작을 알리는 테이프 커팅 행사 같은 것은 없었다. 최초로 자유무역지대로 들어오는 수입품들을 실은 컨테이너 선이 이키케 항으로 들어올 때 팡파레 같은 것은 울리지 않았다. 1977년이 되자, 특구 안의 규격화된 창고의 가격은 2만 5천 달러에 거래되고 있었다. 그곳에서 영업을

---

38 곤살로 산체스(Gonzálo Sánchez, 가명)와의 인터뷰, 2000년 11월 23일, 이키케.

39 자유무역지대 법이 무기의 생산을 금지하고 있음에도 불구하고, 이키케에는 칠레의 대표적인 무기제조업체가 자리 잡고 있다. 카르도엠 산업(Cardoem S.A.)은 정부로부터 지원을 받아 이곳에 공장을 설립하여 사업을 엄청나게 확장시켰다. 이 기업의 소유주 카르도엠은 피노체트와 절친한 사이로 알려져 있다.

하고자 하는 수출입 업체들은 창고를 사거나 임대할 수 있었는데, 그 같은 거래의 운영을 이 자유무역지대 운영회사가 도맡아 하고 있었던 것이다. 90년대의 창고가격은 9만 달러에 육박했다. 이키케 자유무역지 대는 실질적으로 피노체트가 소망했던 대로 많은 도약을 했다. 장차 자유무역지대 때문에 이키케는 '피노체트의 애완도시'라는 별명을 갖게 된다.

아엔데의 공업자유무역지대

1998년 9월, 이키케 시의 사회발전공사(Corporación Municipal de Desarollo Social de Iquique, CORMUDESI)는 자유무역지대의 기원을 알리는 전시회를 열었 다. 이키케 사회발전공사는 시에서 운영하는 기관으로, 시의 사회문화 행사를 기획하고 수행하는 역할을 담당하는 기구였다. 90년대 말, 이미 칠레는 포스트 피노체트의 시대에 접어들고 있었다. 이키케 시장도 피 노체트와 절친했던 미르타 두보스트(Myrta Dubost)가 아닌 좌파계열의 호 르헤 소리아(Jorge Soria)가 역임하고 있었다. 소리아는 국내망명을 접고 이키케로 되돌아와 정치활동을 활발하게 펴고 있었다. 시의 역사기록과 보관을 맡고 있는 레오넬 라마들렌(Leonel Lamagdelaine)과 기예르모 로스- 뮤레이 레이-킴(Guillermo Ross-Murray Lay-Kim)이 공동으로 기획한 이 전시 회는, 자유무역지대의 설립에 대한 그간의 오해를 풀어주는 것을 목적 으로 했다.

전시회는 칠레은행(Banco de Chile) 이키케 지점의 직원이었던 에두아르 도 로페스 하이스가 집필한 비공식 문서에 근거하고 있었다. 로페스 하 이스는 1958년의 자유무역법안이 처음으로 통과된 1958년부터 수출입 사업에서 필요한 환전서류를 작성하는 일을 하고 있었다. "이키케 자유 무역지대의 역사와 법령에 대한 소고(*Breve resena historica y legal de la Zona Franca de Iquique)*"라는 문서에서 로페스 하이스는 이키케 자유무역지대의 역사를 다음과 같이 서술하고 있다:

에두아르도 프레이 몬탈바 정권은 이키케 자유무역지대를 탄생시켰으며, 살바도르 아옌데 고센스 정권 중에 시작되었다. 그 근거 법령은 1968년 7월 31일의 제 16,894법령과 1969년 9월 15일의 법령효력(Decreto Fuerza Ley) 제6호이며, 1970년 3월 17일 칠레 세무서의 결의안 제1005호이다. 아우구스토 피노체트 우가르테 정권은 이를 강화시켰다. (…) 그러니, 카이사르의 전유품은 카이사르에게 돌아가는 법. 많은 사람들이 소프리의 시작을 1975년으로 두고 있으나, 이것은 사실이 아니라는 점을 밝히고자 한다(Lopez Heise 1998, 원본 강조).

전시회는 피노체트가 자유무역지대의 설립자임을 부정하고자 했다. 당시 전시회의 전경을 찍은 사진들은 페페 세구라의 모습이 담긴 포스터를 크게 붙여놓고, 그가 칠레개발공사 이키케 지사장을 지내면서 운영했던 자유무역지대 운영관리 위원회의 행적을 자세하게 설명하고 있었다. 또 다른 포스터에는 당시 도지사를 역임했던 알레한드로 소리아(Alejandro Soria)가 자유무역지대 수호인단(Junta de Vigilancia de Zona Franca)의 수장으로서 한 역할도 서술하고 있었다. 피노체트와 소위 소프리의 "어머니"라고 하는 글로리아 델루키의 모습은 없었다.

자유무역지대의 뿌리가 아옌데 정권에 있다는 얘기는 이키케의 좌파 인사들이 자주 하는 발언이다. 그들의 진술에서 항상 강조되는 것은 원래 소프리가 공산품의 수출입 거래만이 아닌 조립과 생산과 같이 제조업 중심의 공업단지 역할을 하고자 했다는 것이다. 이 주장 배후에는 현재 작동하고 있는 소프리에 대한 비판도 깔려 있다. 현재의 소프리는 단순한 수출입 업무만 취급하는 것으로, 수입완제품을 수입하여 이키케 시민에게 충분한 고용의 기회도 제공하지 못하면서 소비문화만 확산시켰다는 것이다. 결과적으로 이키케는 생산의 중심지가 된 것이 아니라, 소비의 중심지로 변모하여 노동운동이 활발했던 과거와 단절이 불가피해졌다는 얘기이다.

그들의 주장에는 아옌데 집권 시절의 무관세 창고들을 그대로 뒀더라면 이키케는 분명 앞서가는 공업지대가 되었을 것이라는 믿음이 있었다. 그것은 그 당시의 개발이데올로기가 제조업 중심이었다는 점에서, 그리고 제조업에 종사하는 노동자를 칠레 국민의 이상형으로 설정한데서 기인한다. 나아가서, 아옌데를 자유무역지대의 창시자로 다시 세우는 작업은 피노체트에 대한 분노와 반대의 표현이기도 했다. 그리고 이키케를 위한 아옌데의 비전과 계획이 무르익지도 못한 채, 싹이 트려고 할 때 잘렸다는 것에 대한 아쉬움도 서려 있었다.

그러나 그럼에도 불구하고 이키케에서의 아옌데에 대한 향수는 민중연합에 대한 향수였지, 이키케를 특별히 사랑한 대통령에 대한 향수는 아니었다. 다시 말해서, 아옌데를 자유무역지대의 창시자로 재해석하려는 시도들은 민중연합 정권을 지지하고 그 일을 도맡아 했던 인사들의 정치적 의지의 소산이라는 점이다. 민중연합 정권의 아젠다는 항상 전국적 차원에서 사회주의를 실현하는 것이었다. 피노체트가 자신과 북쪽 지방과의 관계를 각별한 것으로, 친밀한 것으로 만들어놓은 것과 그 성격이 매우 다르다.

아옌데가 타라파카와 인연이 없었던 것은 아니다. 살바도르 아옌데 고센스는 1908년 변호사이자 급진당의 열성 당원이며 프리메이슨이었던 아버지와 벨기에 이민자 출신가문의 신실한 가톨릭 신자였던 어머니 사이에서 태어났다. 그의 할아버지 라몬 아옌데 파딘(Ramón Allende Padín)은 의사이자 칠레의 상원의원을 지냈었고, 역시 급진당 당원이자 프리메이슨이었다. 아옌데는 어린 시절 아버지 일 때문에 전국을 다니면서 성장했다. 유년기는 타크나(Tacna)가 칠레령일 때 그곳에서 보냈다.[40] 8세에서 10세까지는 이키케에서 살았다. 그러나 그 당시에 대한 기록은 없고, 그가 당시를 회상하는 내용도 기록된 것이 없다. 청소년기는 남쪽 도시 발디비아(Valdivia)에서 보냈으며, 다시 발파라이소(Valparaíso)로 옮겨 지내다, 타크나에서 군복무를 했다. 대학진학을 위해 다시 산티아고로 옮겨와 산티아고에서 정치에 입문했다. 칠레국립대학에서 의학을 공부했던 아옌데는 이바네스(Ibañez)의 첫 번째 정권에 반대하는 학생운동에 가담했다. 1933년 사회당이 창당될 때 이에 적극적으로 참여했으며 프리메이슨이 되었다. 29세에 그는 발파라이소를 대표하는 하원의원으로 선출되었다. 31세라는 젊은 나이에 페드로 아기레 세르다(Pedro Aguirre Cerda)의 민중전선(Frente Popular) 정권의 보건부 장관을 지냈다. 37세에 칠레 최남단 지역이자 노동운동이 활발했던 마가야네스(Magallanes) 지방의 상원의원으로 당선되고, 그 후 타라파카를 대표하는 상원의원도 역임했다. 두 차례의 실패를 딛고 아옌데는 1970년 칠레 대통령으로 당선되었다.

아옌데와 피노체트의 차이는 아옌데는 항상 거국적인 차원을 중심에 두고 활동했었다는 점이다. 아옌데의 정치무대는 개별적으로 각 지방으로 쪼개지는 그런 정치무대가 아니었다. 아옌데가 타라파카의 상원의원을 지낸 50년대 말은 이키케 발전위원회가 왕성한 활동을 펴고 있던 시기이다. 아옌데는 발전위원회와 이키케 시를 전적으로 지지했으나, 그의 접근은 항상 지방을 넘어서는 국가 전체를 아우르는 접근이었다. 아옌데는 정확하게 초석경기의 문제를 칠레경제 자체의 문제로 지적하곤 했었다. 북이 직면하는 사회경제적인 문제들은 국가가 잘못 세운 초석정책의 소산이지, 지방만의 문제는 아니라는 것이었다. 예를 들어, 1955

---

40 전쟁 전에 페루 영토였던 타크나는 전후에 칠레가 점령하였으며, 다음에 칠레는 페루로부터 보상금을 받고 페루에 이 땅을 반환했었다.

년에 그는 칠레가 단 한 번도 일관된 초석정책을 갖지 못했다고 비난했다(초석뿐만 아니라 그 외 다른 자원도 마찬가지라고 했다). 초석산업의 문제는 지방에 국한된 문제가 아니라 경제적 권리에 대한 국가의 유보와 잘못된 운영의 결과였다.[41] 당시 산티아고에 본부를 둔 유엔의 라틴아메리카 경제위원회(Comisión Económica para America Latina, CEPAL)의 라울 프레비쉬(Raúl Prebisch)와 같은 경제학자들은 라틴아메리카 국가들이 단일품목 원자재 수출에 지나치게 의존하는 반면 비싼 공산품은 모두 선진국으로부터 수입하여 자생적인 산업화를 이루기 어렵다는 주장을 펴고 있었다. 경제위원회는 이와 같은 주장을 담을 종속이론을 정교화했는데, 아옌데는 이 시각을 전적으로 포용했다. 아옌데는 종속이론가들의 주장을 근거로 내세워 칠레의 자원을 국유화해야 한다는 주장을 지속적으로 폈었다.

북을 방문할 때에도 아옌데는 거국적인 사회주의 프로젝트를 언급했지, 타라파카 지방의 희생을 기리고, 그 희생에 대한 보상을 부각시키는 경향은 없었다. 대통령 당선 이후 이키케를 공식 방문한 아옌데는 정부가 지원하는 청소년 스포츠 프로그램을 개시하는 행사에서 저소득층의 청소년이 이제 전국적으로 다양한 혜택을 받을 것이라는 사실을 강조했다. 그는 지방이 아닌 계급의 구도에서 민중연합의 모든 프로그램을 소개하였다. 국립대학이 저소득층에게 무상으로 교육을 제공할 것이라고 발표하는 자리에서 아옌데는 다음과 같이 말했다:

최초로 칠레국립대학과 그 외 대학들, 특히 전문대학들, 그리고 이곳의 북의 대학(Universidad del Norte) 이키케 분교도 이제 노동자들에게 문을 열었습니다. 아우스트랄 대학(Universidad Austral, 최남단 마가야네스 지방의

---

41 Salvador Allende, Senado de la República, 1955년 12월 6일. 초석제도에 대한 의결 (Referendum Salitrero) 개회 연설문(Archivo Salvador Allende Vol. 5, 1990).

국립대학), 그리고 콘셉시온(Concepción) 대학이 마치 농민들에게 문을 연 것처럼 말입니다. 위대한 민중이 전에 누리지 못했던 교육과 문화를 그들에게 제공하고 접근할 수 있게 하는 것만큼 혁명과정을 특징지우는 것은 없습니다.[42]

본 장 도입부에서 인용한 베네수엘라 인류학자 페르난도 코로닐은 대통령들이 마치 마술을 부리듯 국가개발프로젝트를 무에서 유로 만들어낸다고 했다. 국가는 절대적인 결정권을 가진 주체로 국민들에게 개발과 발전의 열매들을 약속하면서 자신의 권력을 신비화시킨다는 것이다(Coronil 1997). 이키케 주민들은 지역발전을 약속하는 마술사를 오랫동안 기다려왔었다. 아옌데는 거국적 차원에서 칠레의 사회주의 혁명을 추진했어야만 했기에 지방을 특화시키고 부각시키지 않았다. 반면에 피노체트는 자신과 이키케의 인연을 지속적으로 강조하여 정서에 호소해서 도시를 살린 위인이 되었다. 다른 정치가들이 모두 국가에 대한 북의 공헌을 잊고 인정하지 않았던 것에 비해, 피노체트는 진정으로 이곳을 "진정으로 사랑했던" 사람으로 기억된 것이다.

거인들의 대결

칠레 현대사에서 아옌데와 피노체트를 각각 칠레의 영웅으로 그린 사례들이 넘쳐난다. 아옌데가 영웅인 버전에서는 피노체트와 군부가 반영웅(anti-hero)이고, 피노체트가 영웅일 경우 반영웅은 아옌데와 "공산주의자들"이다. 1973년의 쿠데타는 보다 평등한 칠레를 꿈꿨던 민중연합 지지

---

42 Salvador Allende, "젊은이들을 위한 숙제(Las tareas de la juventud)," 1972년 5월 24일, 이키케. 시험용 청소년 체육 프로그램 개시 연설(Discurso de inauguración del Primer Plan Piloto de Deportes, Iquique). (Archivo Salvador Allende Vol. 2, 1988).

자들 모두로부터 희망을 앗아갔을 뿐만 아니라 기본적인 국가에 대한 신뢰를 저버리게 했다. 한편, 민중연합이 극단적인 공산주의로 치닫게 될 것을 우려하여 쿠데타를 지지했던 사람들에게는 1973년 이전의 사회적 상황은 불안하고 암울했었다. 쿠데타와 그 후 폭풍은 더 극명하게 칠레를 정치적으로 두 진영으로 갈라 세웠다.

아옌데를 이키케 자유무역지대의 창설자로 세우고, 자유무역지대는 원래 공업지대로 기획되었다는 기예르모 로스-무레이의 주장은 본인을 자유무역지대의 창설자로 미화하고 선전하는 피노체트와 그 정치적 유산에 대한 도전이자 거부였다. 자유무역지대는 칠레 현대사의 영웅들을 평가하는 장치가 되어, 양진영의 대립을 더 극명하게 했다. 본 장에서는 이 두 진영의 자유무역지대에 대한 주장들이 모두 신빙성이 있음을 보여주고자 하였다. 피노체트가 제정했던 889법령은 현재의 자유무역지대를 창설케 했으며, 이키케가 페루와 볼리비아에 공산품을 조달해주는 유통의 중심지로 거듭나게 해주었다. 한편, 프레이 정권에서 윤곽이 잡히고 아옌데 정권에서 시작된 무관세 창고는 쿠데타가 일어나지 않았더라면 지역의 산업화를 촉진시키고 발전시킬 수 있는 근거가 되었을 것이다. 그러나 자유무역지대의 탄생신화를 탈정치화하는 것은 그 자체로 이키케에 깊게 뿌리내린 개발에의 의지와 열망을 왜곡시키는 일이다. 자유무역지대의 설립을 두고 피노체트와 아옌데와 같은 거인들을 서로 겨루게 할 수 있는 것은 그들이 칠레 정치사에서 차지하고 있는 극적인 위치 때문이기도 하지만, 이 지방이 오랫동안 열망했던 자신들의 희생에 대한 국가의 인정, 그리고 정당한 보상의 맥락에서 이해해야 한다.

아옌데가 쿠데타로 희생된 이후(그는 군부의 포로가 되기보다는 스스로 목숨을 끊는 선택을 하였다), 이키케에서의 그의 존재는 거국적인 차원에서 그가 상징했던 이상, 즉 칠레에서의 사회주의의 실현으로 기억되었다. 반면에 피노체트는 이키케에서 가장 비싼 것으로 알려진 호사스러운 아파트를 두고 종종 휴양차 도시를 방문했었다. 피노체트는 산티아고는 물론, 발파라이소와 남부에도 별장이 있었으나, 휴양지로는 이키케를 가장 자주 방문했다. 정치일선에서 물러난 피노체트가 이키케를 계속 찾아온 것은 그의 지지자들에게 이키케에 대한 피노체트의 진정한 애정의 표시로 해석되었다.

그러나 그것도 독재자의 말년에는 변화의 기미가 보였다. 민주화가 진행되고 있는 과정에서 주민들은 피노체트에 대한 반감을 더 적극적으로 표현하기 시작했다. 이키케의 어머니 센터(Centro de Madres, CEMA; 루시아 이리아르트 데 피노체트가 육성하고 지원했던 여성단체)를 방문하던 피노체트 부부는 지지자들의 환대를 받고 관중과 악수하려고 그들에게 다가서고 있었는데, 그때 돌로레스 카우티요(Dolores Cautillo)라고 하는 여인이 악수하는 것처럼 손을 내밀다가 피노체트가 다가서자 그에게 욕을 퍼붓고 그를 살인자라고 불렀다. 그녀의 오빠 살바도르 카우티요(Salvador Cautillo)는 쿠데타 직후 아리카에서 사형당한 정치포로 중 한 명이었다. 그녀는 다음과 같은 말을 남겼다: "그가 3천 명 이상의 사상자를 낸 정치범인데도 불구하고 길거리를 아무렇지도 않게 활보할 수 있다는 사실에 나는 분노한다. 외국에서 그를 기소하려는 노력이 있는 데도 말이다. 정치에 대한 다른 생각을 가지고 있다는 이유로 우리나라 수천 가족들에게 큰 고통을 안겨주었다."[43]

한편, 역시나 그런 공격을 못마땅하게 생각하는 이들도 있었다. 카르멘 뮤뇨스(Carmen Muñoz)와 레히나 타우카레(Regina Taucare)는 피노체트가 그 같은 수모를 당한 것에 대해서 애석하게 생각했다: "그를 반대하는 자들은 배은망덕한 사람들입니다. 그가 집권했을 때 우리에게 배푼 것을 기억해야 합니다. 우리 도시가 경제적으로 성장할 수 있었던 것은 피

---

43 La Estrella de Iquique, 2003년 6월 24일자. "피노체트 장군에 대해 항의하다
    (Protestaron contra el general Pinochet)".

노체트 덕분입니다."[44] 이처럼 반대하는 자들이 있음에도 불구하고, 그를 칭송하는 이키케뇨들은 항상 그를 이 도시를 사랑하고 경제적으로 부흥할 수 있게 한 장본인으로 기억할 것이다. 그러나 그의 유산은 항상 그가 감행한 만행의 그림자로 또한 드리워져 있을 것이다.

---

44 La Estrella de Iquique, 2003년 6월 24일자. "피노체트 장군에 대해 항의하다 (Protestaron contra el general Pinochet)".

돈 기예르모 로스-뮤레이 레이-킴
(Guillermo Ross-Murray Lay-Kim)

2000년 11월, 돈 기예르모 로스-뮤레이 레이-킴과 함께
폐허만 남은 산타 카탈리나 초석캠프에서

이키케뇨들은 "이키케에서 태어나 이키케에서 성장했다(*nacido y crillado en Iquique*)"라는 말을 아주 자랑스럽게 하는데, 이 말을 처음 들은 것은 돈 기예르모로부터이다. 연자부호 "-"가 들어간 성씨는 특이해서 처음부터 호기심을 불러일으키는 인물이다. 스페인어 문화권에서는 사람의 이름

에 아버지 성씨와 어머니 성씨를 같이 쓴다. 그런데 돈 기예르모는 자신의 조부와 조모의 성씨와 외조부와 외조모의 성씨를 연자부호로 연결해서 쓰고 있는 것은 아니었고, 조부와 외조부의 성씨를 쓰고 있는 것이었다. 돈 기예르모의 아버지 존함은 기예르모 로스-뮤레이 미란다, 어머니 존함은 테레사 레이-킴 아르노였다. 아버지는 스코틀랜드-스페인계 사람이었고, 어머니는 중국 프랑스계였다. 사진에서 보이는 것과 같이 돈 기예르모는 인종적으로 그 출신을 전혀 가늠할 수 없는 얼굴을 가졌다. 돈 기예르모는 자신과 같이 초석시대의 다양한 이민자의 혈통이 섞인 사람이야말로 진정한 이키케뇨라고 믿고 있었고, 이 사실에 매우 큰 자부심을 가지고 있었다.

돈 기예르모는 내가 현지조사를 하는 동안 많은 정보를 주고 함께 대화를 나누었던, 소위 인류학에서 "주제보자(main informant)"라고 하는 인물이라고도 할 수 있다. 내가 돈 기예르모를 만났을 때 그는 시립도서관에서 고문서를 보관하고 관리하는 일을 하고 있었는데, 이키케에서는 시인이자 인권운동가로 더 잘 알려져 있었다. 이키케 역사를 알고자 하는 내게, 사람들은 "로스-뮤레이를 찾아가 봐" 하고 얘기해주곤 했다. 사람들은 그를 이곳 역사를 꿰고 있는 인물로 꼽고 얘기하곤 했다.

돈 기예르모는 1942년에 이키케에서 태어났다. 아버지는 초석광산의 회계 사무직원이었다. 그래서 돈 기예르모는 어린 시절의 일부를 빅토리아 초석캠프에서 보내기도 했다. 그러나 아버지는 1949년에 돈 기예르모가 일곱 살이 될 때 돌아가셨다. 자신의 성격을 규정하는 것으로 "외동아들"을 항상 얘기했는데, 홀어머니 밑에서 자랄 때에도 엄청 귀하게 자랐다는 것을 강조하기 위함이다. 어머니는 당시의 여성치고 매우 "근대적인" 여성이었는데, 집에는 항상 어머니의 만돌린 선율과 시를 읊는 소리가 흘렀다. 그 어머니는 당시 여성으로 인텔리이자 예술적으로 조예가 깊은 사람이었다. 반면에 외동아들을 곱디곱게 키웠는데,

돈 기예르모는 이 나이가 되도록 단 한 번도 자기 손으로 식사를 준비하고 설거지를 한 적이 없다고 했다. 아버지가 돌아가시면서 어머니는 외가 근처로 이사를 갔는데, 같은 블록에 대부가 서점을 운영하고 있었다고 한다. 돈 기예르모는 외조부모로부터 사랑을 듬뿍 받고, 대부로부터는 엄청난 지적 유산을 받았고 했다. 대부 아구스틴 카르바할 토마스(Agustín Carvajal Thomas)는 서점 외에도 작은 출판사를 운영하고 있었는데, 급진당과 좌파 인사들의 모임장소이기도 했다. 대부의 아들들은 돈 기예르모에게 많은 영향을 미쳤다: 그에게 파블로 네루다(Pablo Neruda)의 시를 소개해주고, 주말에 극장에 데리고 가서 디즈니 만화를 보여주었으며, 시립극장에 가서 비올레타 파라(Violeta Parra)의 공연도 보여주었다 한다.

재정적으로 넉넉한 형편은 아니었지만, 어머니는 돈 기예르모를 돈 보스코 초등학교(Don Bosco)에 진학시켰다. 돈 보스코는 이키케의 "경기 초등학교"로, 좋은 집안의 자제들이 다녔던 남자 사립초등학교였다. 돈 보스코를 다니면서 이키케 주교의 심부름을 하게 되었는데, 아길레라 주교는 독서의 중요성을 심어주었다고 한다: 하루에 5장씩 꼭 읽고, 뜻을 모르면 적어두었다가 주일날에 보여주면 알려주겠노라고 했다 한다. 아길레라 주교를 통해서 어릴 적에 단테의 신곡 등 문학과 철학, 지리학의 고전을 읽어두었다.

이키케에는 아직 대학이 없어서 돈 기예르모는 1961년 안토파가스타에 있는 북부 대학(Universidad del Norte; 처음에 발파라이소 대학의 분교로 시작했다가 칠레국립대학 시스템으로 통합됨)으로 진학했다. 그는 자신이 운이 좋은 세대였다고 한다. 조부모 세대는 이민 와서 일만 하고, 부모 세대는 와서 공부도 조금 하고 일도 조금 했지만, 자신의 세대는 대학진학까지 할 수 있는 세대였다. 이키케 사회는 산티아고에 비해 그다지 수직적이지 않고, 당시에 국립대학의 경우 등록금을 거의 내지 않았기 때문에 가능했던 것이다. 그럼에도 불구하고 동년배들 중에서 대학에 진학한 친구들은 많지 않았다. 집안이 좋고 나쁘고를 떠나서, 가업을 물려받거나 결혼을 해서 가족을 부양해야 하는 친구들이 많았다. 그런데 당시의 수능시험이라고도 할 수 있는 바치예라토(bachillerato)에서 이키케의 최고점수를 받았으니 본인은 당연히 대학에 진학할 것이라고 생각했다. 어머니는 살림을 해주기 위해 외동아들을 따라 같이 안토파가스타로 이사 오셨다.

안토파가스타에서의 대학생활은 너무나도 행복했다고 한다. 처음에 철학과 문학을 두루 공부하다가, 대학에 사회과학연구소가 생겨서 연구원으로 활동을 했다. 그가 맡았던 일은 내륙의 원주민 자연부락에 들어가 그들의 생활언어를 수집하고 기록하는 일이었다. 엄밀한 의미에서 사회언어학 현장조사였다. 현장조사를 하면서 원주민의 생활과 그들이 그간 받아온 차별과 괄시에 대해 눈을 뜨게 되고, 당시 대학가를 중심으로 확산되고 있던 민중문화운동에 참여하게 된다. 그에게 정의와 정당성은 항상 중요했지만, 그 중심에는 항상 아름다움과 동지의식(belleza y solidaridad)이 있어야 했다. 내가 보기엔 돈 기예르모는 이 소신을 지금까지도 가지고 있고 매일 실천하고 있다.

아직도 독신인 그를 보고 한번 물었다, 결혼을 하지 않은 특별한 이유가 있는 것인지. 그의 대답이 아직도 생생하게 들리는 듯하다: "73년의 사태가 벌어졌잖아." 1973년 쿠데타는 수많은 칠레사람에게 그러했듯이 돈 기예르모에게도 적잖은 영향을 끼쳤다. 당시 대학의 친구들이 수감되고, 죽기도 했다. 그가 일했던 사회과학연구소는 폐쇄령이 내려지면서 그대로 문을 닫았다. 국립대학 체제는 무너지고 대학들이 민영화되었다. 안토파가스타에 있으면서 몇 차례 수배를 당했지만, 본인이 있는 자리였음에도 불구하고 군인들이 "여기 로스-뮤레이 있어?" 하고 외치고는 사람들을 둘러보고 그냥 나갔다는 것이다. 성씨만 보고 금발

머리에 파란 눈을 가진 "그링고(*gringo*, 서양사람)"를 찾았지, 자기처럼 키도 작고 얼굴이 원주민 같은 사람일 것이라고는 상상도 못해서 그는 다행히 무리에 묻혀 지낼 수 있었다는 것이다.

그런데 대학에서 나오니 세상에는 할 수 있는 일이 없었다. 친구의 권유로 어머니와 같이 "포야 골(*polla gol*)"이라고 하는 복권장사를 몇 년간 하면서 살아갔다. 틈틈이 시를 쓰고, 시인 모임에서 형체가 드러나기 시작한 "구속자와 실종자 가족협회"에서 활동을 본격적으로 하기도 했다. 민주화 이후, 이키케에 학창시절 친구들이 많이 있어 그가 실업자임을 알게 된 친구들은 소리아(Soria, 7장 참조)에게 얘기를 하여 시의 도서관 자리를 마련해주었다. 돈 기예르모는 따라서 지금은 공식적으로 시공무원인 셈이다. 그가 관리하는 고문서 보관소는 시립박물관 안에 과거에는 비밀금고로 사용되었을 법한 창문이 없는 공간이다. 실제로 거대한 문잠금 장치가 있다.

돈 기예르모는 결혼도 하지 않았고, 연애도 한 번 못 해본 것 같았지만, 무수한 사람을 사랑했고, 무수한 사람들로부터 사랑을 받기도 했다. 그는 일주일에 한 번씩 시인들의 워크숍(*taller*)을 진행했는데, 대부분의 회원은 여성들이었고, 이 뭇 여성들은 돈 기예르모를 극진히 케어해주었다: 음식을 해다 주는 것은 물론, 선물 등의 공세가 끊기지 않았다. 돈 기예르모는 그들과 시를 나누고 전시회나 출판기념회 등의 문화생활을 함께 참석하곤 했다. 동호회에서는 연락이 어렵다며 그에게 핸드폰도 선물해주었다. 어머니가 돌아가신 이후로는 먼 친척의 집에서 함께 살았는데, 돈 기예르모는 이렇게 끊임없이 뭇 여성들의 보살핌을 받았다.

돈 기예르모는 해외에서도 꽤 인정을 받았는데, 페루와 아르헨티나, 파라과이, 브라질 등의 문인동호회에서 초청을 받아 해외에 자주 나가기도 했다. 키가 160cm 남짓한 작은 체구의 돈 기예르모는 그다지 건강해 보이지는 않았으나 정정했다. 건강이 허락할 때까지 여행을 다니며 세상을 발견하고 싶다고 했는데, 언젠가 어머니의 뿌리를 찾아 중국을 찾아가면 더할 나위 없이 행복해할 것 같다.

2000년에 현지조사를 마치고 내가 이키케를 떠나기 전에 그는 손수 자필로 쓴 자신의 시집을 선물로 주었다. 여기 그가 지은 시를 한 편 올린다:

반항

비상(飛上)은 항상 시도되어야 한다.
우리에겐-- 오로지!
(사지가 절단되어) 연골만 남는 한이 있더라도.

Rebeldía

Siempre hay que intentar el vuelo,
Aunque nos queden-- ¡ solamente!--
los muñones.

2014년에 본 돈 기예르모는 그 사이에 머리가 하얗게 셌다. 고문서 보관소를 찾아갈 때 그는 여느 때처럼 나를 반갑게 맞이해준다—"¿Que me cuentas, niña?" 항상 "별일 없나?"를 물어보는 그의 말에서 우리의 즐거운 대화가 시작된다.

◇◇

6장

다시 생각하는 "자유무역"
: 소프리의 감시문화와 도덕경제의 문제

자유무역지대는 일반적으로 정부가 규정하는 경제특구 지역으로서, 외국자본을 끌어들임으로써 지역 또는 국가경제를 활성화시키는 경제개발 계획이자 실천지침이다. 이 같은 자유무역지대를 이용한 개발은 1970년대와 80년대에 개발도상국에서 많이 채택되었다(Dicken 1988: Haggard 1990). 칠레의 피노체트 정권 역시 중앙으로부터 고립되고 경제적으로 낙후된 최북단 지방과 최남단 지방에 1975년에 자유무역지대를 설립하였다. 앞 장에서 서술했듯이, 이키케 자유무역지대(Zona Franca de Iquique, 이하 소프리[ZOFRI])는 초기에 수출품을 조립-가공하는 공업지대(export-processing zone)로 기획되었으나, 공업생산과 제조업은 활성화되지 못하고 수출입산업 중심으로 발달해 현재까지 수입완제품을 국내와 제3국으로 유통시키는 화물통과항(entrepôt) 성격이 짙고 현지 언어로 상업 자유무역지대(zona franca comercial)라고도 한다. 지난 40여 년간 급성장한 소프리는 외부 평가기관에 의하면 남미의 자유무역지대 중에서도 매우 성공적인 사례로 꼽히고 있다(BID-INTAL & AZOLCA 1992: 9).

앞 장에서 소프리의 유래와 탄생신화를 정치적인 맥락에서 접근했다면, 본 장에서는 소프리의 거래관행과 사업적 특수성을 문화적인 관점에서 접근하여, 소프리가 이키케에 끼친 영향을 가늠하고자 한다. 칠레에서, 특히 이키케에서 소프리에 대한 평가는 엇갈린다. 소프리를 운영하는 소프리사(Zona Franca de Iquique, Sociedad Anónima, 이하 소프리사[ZOFRI S.A.])와 지방언론은 소프리가 이키케와 타라파카 지방에 가져온 개발의 혜택을 지속적으로 선전해왔다(cf., ZOFRI S.A. 1997, 1999). 반면에 이곳의 사회학자들은 현지인들이 소프리의 운영으로부터 배제되었다는 점에 주목하고, 유통업으로서의 소프리의 성격이 현지개발에 갖는 한계를 지적하며 우려의 목소리를 낸 바 있다(González 1985; Canales 1995). 한편, 앞장에서 논의했듯이, 소프리가 피노체트 독재정권의 유산이기 때문에 소프리에 대한 의견이 갈리는 것은 피노체트와 관련된 모든 유산들이 칠레에서 양극화된 반응을 일으키는 것과 맥을 같이한다. 그런데 정작 소프리에 드리워진 피노체트의 그림자 때문에, 자유무역지대로서 소프리의 특수성과 운영방식에 대한 분석, 나아가서 그것이 지역공동체에 미친 영향은 사업확장과 수익 등 경영지표로만 분석되었을 뿐 심층적으로 다루어지지 못했다.

자유무역지대에 관한 기존의 인류학적 연구들은 소프리와 같이 국가가 인위적인 방식으로 경제적 인센티브를 조성해서 경제특구를 만드는 것은 사실상 현지 주민의 사회경제적 삶의 조건을 향상시키지 않으며, 오히려 자본을 보유한 외부인들과 위화감이 조성되어 지역공동체는 긴장과 갈등의 관계를 갖게 된다고 분석하고 있다(Fernandez-Kelly 1983; Ong 1987; Despres 1991; Driessen 1992).[1]

---

1 자유무역지대에 관한 사회학 연구들은 개발프로젝트로서의 거시사회학적인 효과와 의미에 주목한다. 이에 대해서는 Dicken 1988; Haggard 1990; Diniz and Borges 1999 참조.

이키케는 제3세계의 지방도시라기보다는 정돈이 잘 된 작은 국제도시(global city, cf. Sassen 1991)라는 인상을 준다. 사진에 나오는 유명한 관광지들처럼 야자수가 해안도로변에 가지런히 심어져 있고, 사막지대이지만 고층 빌딩에 유명 호텔들이 들어서 있다. 그러나 무엇보다도 국제적인 분위기는 소프리를 넘나드는 외국인들의 모습에서 물씬 풍긴다. 이키케와 유사한 구조를 지닌 마나우스(Manaus) 자유무역지대(브라질)와 세우타(Ceuta) 자유무역지대(모로코 내 스페인 영토)를 다룬 연구들에서는, 자본과 고용기회를 제공하는 외국인과, 이들에게 의존하고 종속될 수밖에 없는 현지인들 간의 불신과 긴장은 불가피하다고 한다(Despres 1991; Driessen 1992). 이키케에서도 역시 자본을 보유한 외국인, 소프리사를 운영하는 산티아고 출신의 경영자(ingeniero comercial)[2]와 변호사들, 그리고 사무직 또는 일용직으로 고용된 현지인들 간에 보이지 않는 (그러나 때때로 그 정체를 드러내는) 긴장이 흐르기도 한다. 본 장에서는 그 같은 계급적 위화감이 어떻게 조성되는지, 소프리 안에 흐르는 묘한 기운에 대한 묘사를 시도해보고자 한다. 특히 소프리 내의 경제특구를 경계 짓는 '제한구역(recinto amurallado 또는 zona amurallada)'은 높은 담장과 엄격한 경비시스템으로 통제되어 있어, 외국인이나 현지인 등 행위자 집단의 사회경제적인 특수성으로 환원될 수 없는 자유무역 시스템과 직접적으로 연관되는 또 다른 차원의 설명을 요구한다.

이 긴장과 감시의 문화는 어떻게 생성되며, 자유무역이라는 경제활동은 현장에서 어떻게 이루어지고 있는가? 이를 알아내기 위해서는 자유무역의 원리와 관행, 그 두 가지 차원을 면밀히 살펴볼 필요가 있다. 소

---

2   스페인어로 "ingeniería comercial"은 직역하면 "상업기술"이라고 할 수 있는데, 이는 경영학을 일컫는 용어이다. "경영자" 또는 "기업 관리자"는 "ingeniero comercial"이라는 명칭으로 통용된다. 그러나 "ingeniero comercial"은 조롱의 대상이 되기도 하는데, 피노체트 정권 이후에 급성장한 전문가 집단으로 "있는 척"하지만 실질적으로 문화와 소양이 없는 전문가 계층의 신흥부자를 일컫는 용어이기도 하다.

프리에서의 사업은 근본적으로 무관세 조항 때문에 생기는 가격경쟁력, 그리고 그 같은 경쟁력이 유통과정에서 창출시킬 수 있는 가치에 근거하고 있다. 한편, 이와 같은 무역자유화 조항은 남용될 소지가 있고, 그럴 경우 공식경제에 악영향을 미치기 때문에 다양한 감시와 제재의 장치들이 불가피해진다. 1980년대와 90년대에 소프리에서는 공식 자유무역 거래와 비공식 경제활동, 예를 들어, 밀매와 도난이 공존했다. 본 장에서는 소프리의 운영을 담당하고 있는 당국, 소프리사와 소프리 제한구역 안에서 수출입 사업에 종사하는 외국인 사업가(usuario; 소프리의 시설을 사용하는 사용자를 뜻하는 말로, 이하 사용자로 표기)와 현지출신의 직원들이 소프리에서 생성되는 가치를 어떻게 경쟁적으로 확보하고, 그 같은 과정에서 어떻게 서로를 견제하는가를 논의하고자 한다. 더불어, 이러한 경제행위와 관행들이 소프리가 생성하는 수입(revenues)에 어떠한 의미를 부여하고 지역사회에서 어떻게 받아들여지고 해석되는지를 가늠하고자 한다. 왜냐하면 소프리가 지방의 경제를 활성화시키는 데 성공했다 하더라도, 그 궁극적인 목적이었던 지역공동체의 재활성화(revitalization)에는 어떠한 영향을 미쳤는가를 구체적으로 평가해볼 필요가 있다. 경제의 활성화는 일반적으로 지역의 활성화를 의미하는 것으로 오인되는 경우가 많은데, 이는 구분해서 접근되어야 한다. 본 사례를 통해서, 이 구분에 대한 재고를 촉구하고자 한다.

소프리의 공식사업 구조

1975년에 제정된 자유무역지대 법령 D.F.L. 889는 이키케 자유무역지대의 특성을 다음과 같이 설정하고 있다: 1) 자유무역지대로 수입된 모든 물품은 칠레 국세청이 부과하는 수입관세와 부가가치세를 면제받는다; 2) 무기, 마약 등을 포함한 반사회적이거나 파괴적인 물품 외 모든 종류의 상품은 수입가능하다; 3) 수입된 상품은 무역특구에 한해서 현지 이키케 주민과 관광객에게 소매로 판매될 수 있다; 4) 수입물품은 무역특구로 지정된 제한구역 내 창고에 재수출될 때까지 무관세로 보관될 수 있다.[3] 이 법이 지칭하는 자유무역지대는 물리적으로 정부가 지정한 이키케 북서부 지역에 자리 잡고 있다. 이곳은 마치 구치소와 같이 높은 담장으로 둘러싸여 있고, 그 앞에는 큰 주차장을 거느린 쇼핑몰이 세워져 있다. 이 구역 안에서는 물품들이 관세와 부가가치세를 면제받기 때문에 현저하게 값이 싸다. 이 구역을 벗어나면, 예를 들어 이키케 시내에서 소프리를 통해 수입한 물건을 팔게 되면, 관세는 면제되나 부가가치세는 붙는다. 이 조항은 타라파카 지방과 아리카-파리나코타 지방 전체에 해당된다. 그러나 소프리를 통해서 들어온 물품이 이들 지방을 벗어날 때에는 수입관세와 부가가치세 모두가 적용된다. 이는 자유무역지대를 통해서 들어온 물품이 전국적으로 유통되는 것을 방지하기 위함이며, 수도 산티아고와 타 지방에서 유통되는 물품들과 가격경쟁을 일으키지 않도록 하기 위함이다. 소프리 내에서의 수출입 사업은 도매나 소매로 모두 이루어질 수 있다.

1975년도에 소프리가 만들어질 당시에 제한구역은 약 40ha[4]이었으나, 25년 사이에 240ha로 확장되었다. 제한구역은 바둑판으로 짜여 있어, 각 블록(manzana)에는 갈폰(galpón)이라고 하는 수출입 사업체 사무실과 창고들이 자리 잡고 있다. 도매 거래는 이들 갈폰에서 이루어진다. 이 구역 북서쪽 끝에는 소프리몰(ZOFRIMall)이라는 쇼핑센터가 자리 잡고 있으며, 여기서는 모둘로(módulo)라는 상점에서 소매거래가 주류를 이루나, 이곳에서 도매로 물건을 해 가는 상인들도 있다. 소프리몰 역시 확장공사를 거쳐서 200개에 달했던 모둘로의 수가 1998년에는 약 270

---

3 DFL 889; ZOFRI S.A., n.d.

4 헥타르(hectare) 단위: 1만m²

개로 늘어났고, 새로 확장된 구역에는 무대와 푸드코트를 설치해서 주민을 위한 일종의 문화레저 공간으로의 변신도 추진되고 있다.

소프리는 소프리사라는 반국영 기업에 의해 운영된다. 자유무역지대가 설립되었던 초기시절에는 지방정부에서 국가개발공사(CORFO)를 통해 그 운영을 담당했으나, 사업규모가 커지고 복잡해짐에 따라 점차적으로 독립해서 주식의 51%는 국가개발공사가 보유하고, 나머지는 상장되었는데, 90년대에 가장 많은 비중을 차지한 투자가는 칠레의 연금투자기관(Agrupación de Fondos de Pensiones, AFP)이었다. 자유무역지대에서의 소프리사의 역할은 다음과 같다. 먼저, 소프리사는 자유무역지대의 운영을 총괄하는 기관이다. 소프리사의 제일 중요한 기능은 자유무역지대 구역의 부동산을 관리하고 임대 또는 매매하는 일이다. 소프리사는 이곳에서 사업을 하고자 하는 사용자[5]에게 제한구역 내의 땅과 창고, 또

소프리의 제한구역에서 물건을 싣고 가는 트럭

---

5 "*usuario*"는 사업체 명 또는 그 사업체 소유주 모두를 지칭하는 용어로 쓰이지만, 법적으로는 사업주체, 즉 법인을 일컫는다.

는 소프리몰 내의 상점을 임대하거나 매매하여 수익을 창출한다. 동시에 규정에 따라 사업허가를 내주는 역할도 한다. 소프리사는 또한 소프리 내에서의 수출입 사업을 감독하고 단속하기도 한다. 즉, 소프리를 통과하는 물품과 물량에 대한 보고를 받으며 모든 수출입 절차들이 규정대로 지켜지고 있는지 확인하여 이 정보를 국가기관들, 즉 지방정부와 관세청, 칠레 경찰과 공유한다. 소프리에서의 사업 붐은 자유무역지대 안팎의 부동산 가격을 급격히 상승시켰는데, 1980년대에는 부동산 투기가 전국에서 가장 활발했던 지역이기도 했다. 소프리사와 소프리의 사용자 모두가 이 투기에 적극적으로 참여했다. 밀레니엄을 앞두고 소프리사는 자체적으로 구조조정을 감행하여, 사용자가 현지에 있지 않고도 물품 거래를 원격으로 할 수 있는 온라인 물류관리 시스템을 소개했다. 이는 자유무역지대에의 무역관행을 변화시키고자 하는 의지로 해석되기도 한다. 온라인 물류관리 시스템은 무관세 시대로 돌입한 칠레의 특수성에 맞춰 사업방식을 유연화시키는 방편으로 해석될 수도 있다.

소프리사 수익의 15%는 지방정부에 지역발전기금으로 지급되도록 법으로 명시되어 있다. 1975년에 자유무역지대법이 재정되었을 때 피노체트는 지역경제 발전을 강조하고 이를 법적인 조항으로 명시하였다. 소프리사는 이키케 시와 타라파카 지방정부에 이 수익을 나누는데, 그 결과로 이키케 시는 칠레 전역에서 수입이 가장 높은 도시 중 하나이다.

2000년도에 소프리사에 등록된 사용자의 법인수는 1,677개에 달했다. 표 6.1에 나와 있듯이, 사용자의 대다수는 칠레출신이다.[6] 그중에 칠레의 대표적인 전자유통 업체 등 잘 알려진 기업들도 있으나 현지에서 오랫동안 장사를 해온 현지 상인들도 있고, 물품이 제3국으로 통관하는 과정에 필요한 서류를 작성해주고 관장하는 중간상인들도 있다. 외국

---

6   그러나 여기에는 다국적 기업의 칠레 현지법인들도 포함되어 있다. 대표적으로 에소(Esso)와 셸(Shell)과 같은 정유회사들이 있다.

인 사용자의 수는 약 600개의 업체로, 특히 중국과 인도, 파키스탄 출신의 사업이 대부분을 차지했다. 그러나 이들 외국인은 눈에 띄기 때문에 실제 숫자보다 그 존재가 더 크게 느껴지기도 한다. 실제로 소프리에서 활동하고 있는 사용자의 수는 이보다 훨씬 적다. 공식적으로 등록을 하고 있어도 자신의 갈폰이나 모듈로를 보유하지 않고도 영업하는 사업체들도 있고, 수출입 물량이 있을 때만 일하는 사용자들도 있다. 소프리사의 한 직원은 2000년도에 실제로 활동했던 사용자의 수를 약 900 업체 정도로 추정하고 있었다.[7]

〔표 6.1〕 출신국가별 소프리 내 사용자 수 (2000)

사용자의 출신국가	사용자 업체 수
칠레	1,065
인도	111
볼리비아	77
대만	71
중국인민공화국	58
파키스탄	50
미국	35
아르헨티나	35
페루	26
대한민국	23
일본	18
파라과이	13
파나마	13
브라질	9
독일	8
뉴질랜드	5
기타	60
합계	1,677

(출처: ZOFRI S.A., 2000)

---

7   소프리사의 연구개발부장 곤살로 시드 파사리니(Gonzálo Cid Passarini)와의 인터뷰. 2000년 8월. 이키케. 그 외에도 사업이 망했거나 정리가 되었는데도 미처 소프리사 본부에 사용자 철회절차를 거치지 않은 회사들이 등록되어 남아 있기도 하다.

〔그림 6.1〕 소프리 상품 수입 원산지 (1990-2000)

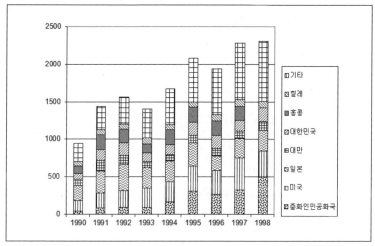

(단위: 백만 달러) (출처: ZOFRI S.A. 1998)

〔그림 6.2〕 소프리 상품 판매 도착지 (1990-2000)

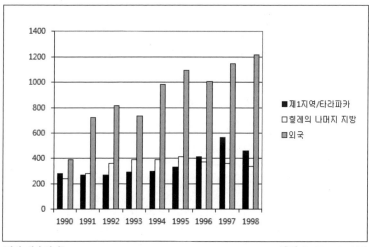

(단위: 백만 달러) (출처: ZOFRI S.A. 1998)

소프리에서 거래되는 물품은 동아시아에서 수입되는 전자제품, 직물, 의류, 중고자동차 등을 비롯해서 북미와 유럽에서는 건축자재, 기계류, 부엌살림, 식품과 주류, 담배 등 그 종류가 다양했다. 그림 6.1과 그림 6.2는 각각 수입된 물량의 원산지와 1990년에서 2000년까지 소프리에서 거래된 물량에 대한 매출액을 도착지별로 구분해서 정리한 것이다.

소프리사는 소프리를 외화를 벌어오는 장치로, 다국적성을 지닌 시장으로 지속적으로 선전해왔다. 당시 소프리사가 내세운 슬로건은 "아시아-태평양으로 통하는 비즈니스 관문(Puerta de Negocio a Asia-Pacífico)"이었다(현재는 "북의 심장[el corazón del Norte]"이다). 소프리사가 내건 이미지는 많은 수의 해외투자가, 곧 사용자가 외국인으로 구성되어 있으며, 이들의 경제활동은 칠레의 소비자보다는 제3국의 소비자에게 다가섬을 강조하고 있다. 여기에 함축된 의미는 수입된 소비재가 현지에서 구매되기보다는 제3국으로 더 많이 팔렸으며, 그 경제활동의 잔여효과(churreo [trickle-down effect])로 현지 고용도 촉진하고 자본이 축적됨을 시사해주고 있다. 더불어 국내 시장으로 유입되는 물건이 제한되어 있어 국내 경제에는 그다지 영향을 미치지 않는다는 고립경제(enclave economy)의 요소를 강조하기도 한다. 그러나 소프리사의 자료를 자세하게 들여다보면, 국내/국외 판매량을 비교했을 때 사실상 수입품의 국내소비가 제3국으로의 재수출보다 약간 적을 뿐이다(그림 6.3 참조). 다시 말해, 소프리를 통과한 물품이 타라파카와 칠레의 여타지역으로 판매된 금액 합치면 제3국으로 재수출된 물량과 큰 차이가 나지 않는다는 것이다.[8]

시장으로서 소프리의 가치를 분석하려면, 이곳을 찾아오는 사용자의 입장에서 생각해볼 필요가 있다. 사용자들이 이곳을 찾아오는 이유는, 국내시장과 제3국(페루, 볼리비아, 에쿠아도르, 파라과이, 브라질 등)의 시장규모

---

8   가전과 중고자동차, 건설자재, 석유는 이 지역에서도 많이 소비되는 소프리 상품들이다.

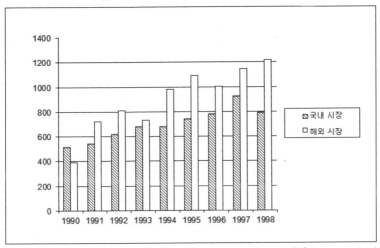

[그림 6.3] 소프리발 국내외 시장 매출 (1990-1998)

(단위: 백만 달러)　　　　　　　　　　　　　　　　　　(출처: ZOFRI S.A. 1998)

가 수지타산이 맞는 규모였기 때문이다. 게다가 소프리의 무관세 조항
은 가격경쟁력을 확보할 수 있게 했기 때문에 어느정도 규모의 경제를
활용한 거래가 가능했다. 소프리가 문을 연 1970년대 중반에 칠레는 아
직도 수입대체산업화의 잔재들이 남아 있어 수입품에 대한 관세가 높았
고(페루와 볼리비아의 경우도 마찬가지였다), 따라서 전자제품, 직물, 의류 등의
소비는 일반서민들의 경우 매우 제한되어 있었다. 1979년의 칠레에서
는, 제품에 따른 차별화된 관세율이 적용됐는데, 전자제품에 대해서는
50%, 그리고 수입자동차에 대해서는 200%의 세금이 부과되었다.[9] 다시
말해서, 당시의 상황에서 이키케에 무관세로 들어오는 차의 가격은 타
지역에 비해 엄청나게 저렴했다는 얘기이다. 소프리에서는 관세가 적용
이 안 될 뿐만 아니라, 부가가치세가 15% 추가로 면제되어 수입품을 더

9　피노체트 정권의 신자유주의 정책의 일환으로 관세율은 점차적으로 낮아졌다.
　　2000년도에는 모든 물품에 대해 일괄적인 6%의 관세가 적용되었다. 지금은 많은
　　나라들과 무관세 협정이 맺어져 있다.

욱 더 싼 가격에 살 수 있었다.

가격경쟁력 덕분에 소프리는 그야말로 수입품의 천국으로 자리를 잡아갔다. 이키케를 비롯한 제1지방에서의 소비는 1990년대부터 꾸준히 증가하여, 1997년에는 총수입량의 27.2%가 현지에서 소비되었다. 자유무역지대가 가져다준 고용기회 덕분에 현지 이키케 주민들은 중산층 가정을 꾸리기 위해(그리고 말 그대로 중산층다운 집을 "꾸미기 위해") 소프리몰의 주고객이 되었다. 이 시기는 또한 칠레 국민을 모두 소비자로 개도시키려는 피노체트 정권의 문화적 기획과 맞아떨어졌다.[10] 이키케뇨들은 보다 싼 가격에 같은 소득소준의 산티아고 시민이 구매할 수 없는, 1980년대 전후로 소위 사치품이었던 각종 전자제품, 특히 텔레비전, 비디오플레이어, 냉장고, 세탁기, 전자레인지 등의 백색가전[11]과 오디오 플레이어, 닌텐도, 카메라 등을 살 수 있게 되었다. 한편, 이키케의 인구가 증가하면서 새로운 주택가들이 형성되기 시작했는데, 이는 건설 붐으로 이

---

10 피노체트가 나라의 경제정책으로 채택한 신자유주의는 개인의 자유, 그리고 개인이 선택할 수 있는 권리를 중시하였다. 발데스에 의하면, 피노체트는 시카고 대학 경제학자인 밀턴 프리드먼(Milton Friedman)이 주창한 소비자의 선택에 근거한 민주주의의 구성에 특히 큰 영향을 받았다고 한다. 개인이 자유롭게 선택을 해서 소비할 수 있는 시장자유주의의 개념은 피노체트에게 칠레의 정치, 경제, 사회체제를 변형시킬 수 있는 철학과 미래의 비전을 제공해주었다. 이 비전하에서 정치적 시민은 경제적 소비자로 대체되어 자신의 이해를 극대화하기 위해 자유로운 선택을 하는 인간형으로 이해된다(cf. Friedman 1962: 15; Valdés 1995: 31). 연금제도를 비롯한 공적부문을 사유화시키고, 관세를 낮추는 경제정책으로 피노체트는 정부의 개입으로부터 자유로운 경제체제를 구출할 뿐만 아니라 개인이 합리적으로 자신의 이해를 극대화할 수 있는 철학을 동시에 설파하고 있었던 것이다. 실제로 이 시기에 칠레는 완전한 대중소비사회로 재편성된다. 칠레 사회학자 물리안은 칠레의 소비문화가 시민정신의 약화를 초래했다고 한다. 칠레는 "시민의 사막, 소비자의 천국(Páramo del ciudadano, paraíso del consumidor)"이라고 했다(Moulian 1997: 13).

11 1980년대부터 2000년까지 소프리에서 가장 대량으로 팔린 전자제품들은 한국 기업들의 백색가전이었다. 특히 (주)대우의 백색가전은 내가 가본 이키케의 거의 모든 가정에서 볼 수 있었다. 그 외에도 삼성전자, LG도 진출하여 많은 가전을 소프리에서 팔았다.

어지고 나아가서 건축자재와 인테리어 소품, 가구 등과 같은 소비재 붐으로 이어지기도 했다. 소프리는 80년대 중반부터 일본과 미국, 그리고 90년대부터는 한국으로부터 중고자동차를 수입하기 시작하여 이키케의 자가용 보유율도 갑자기 증가했다. 소득수준에 따라 차이가 나기는 하지만, 소프리 덕분에 한때 소유할 꿈도 꾸지 못했던 생활용품들을 사람들이 하나씩 장만할 수 있게 되었던 것이다. 현지 소비는 1990년대 중반에 붐을 이루게 되면서 이키케에는 각종 사채업자들(*financieras*)이 공공연하게 간판을 내걸고 등장하기 시작했다. 일부 주민들은 빚을 지면서까지 물건을 사러 다녔던 것이다.[12]

더불어 페루와 볼리비아 국경이 트럭으로 불과 4-5시간 거리에 있는 지리적 입지 덕분에, 이들 국가로 상업의 망을 확대하여 시장을 넓힐 수 있었다. 특히 볼리비아의 경우, 바다와 접목된 영토를 태평양 전쟁에서 칠레에게 빼앗겼기 때문에 자유무역항인 소프리를 통한 수입품의 유입은 환영할 만했다.[13] 물건이 칠레국경을 빠져나가 페루나 볼리비아 영토로 들어갈 때 원칙적으로 이들 나라에서 수입관세를 물어야 하는데, 관행상 1998년도까지 이 원칙이 강제적으로 이행되지는 않았다. 1980년대와 90년대 중반까지만 해도 페루와 볼리비아 바이어들이 줄을 서서 갈폰에서 물건을 해 갔다고 한다. 보통 대형 고속버스로 이키케에 도착해서, 이들 바이어들만 손님으로 받아들이는 저가모텔을 숙소로 잡고,[14] 낮에는 제한구역의 갈폰을 찾아가 도매로 물건을 해 가곤 한다. 이

---

12 2000년도에는 여전히 외상거래가 이루어지고 있었다. 이키케 시내의 상점들의 단골손님들은 일단 주인들과의 친분이 있었기 때문에 신용거래가 가능했었다. 일반적으로 수표를 끊어 구매를 하되, 수표를 현금화하는 날짜를 한 달 후로 잡거나, 할부구매를 하는 경우가 많았다.

13 물론 수입품이 한때 자신들의 영토였던 이키케를 통과해야 한다는 사실을 반기는 볼리비아 사람들은 많지 않다.

14 소프리의 경제적 효과로는 서비스업의 확대를 들 수 있다. 소프리가 영업을 시작하면서 이키케의 숙박업과 운송업이 크게 성장하였다. 내가 가본 볼리비아 바이어의

때 물건이 국경을 넘어가는 일은 그다지 복잡하지 않았다고 한다. 물량이 눈에 띄게 많은 경우 바이어들은 국경을 지키는 자국 세관 직원에게 뇌물을 줘야 하는 경우도 있었지만, 소량으로 물건을 해 갈 때에는 관세를 물지 않는 경우가 더 많았다.[15]

페루 국경 세관에 붙어 있는 "우리는 (돈에) 굴복하지 않는다!"는 포스터. 페루세관원과 경찰들이 뇌물을 받지 않겠다고 주장하는 이 캠페인은 그들이 사실 그간 뇌물을 엄청 받아왔다는 점을 증명하기라도 하는 듯했다.

특별단속이 있는 기간들이 있었는데, 오랜 경험을 통해 단속을 피하는 방법들이 이미 정교하게 개발되어 있었다. 작은 물품을 날라야 할 경우에는 이미 훈련받은 야마(*llama*, 안데스 지역의 가축)로 하여금 단속구역을 벗어난 지역에 물품을 나르게 할 수도 있었다. 물량이 많은 경우, 트럭은 칠레영토에 머물면서 반대편 국경의 세관직원들이 갈 때까지 기다리는 것이 보통이었다. 칠레 쪽에서는 크게 관여를 하지 않았는데, 국경에서의 단속은 한 번 넘어간 물건이 다시 되돌아오지 못하는 것에만 치중되어 있었다(뒤에 서술하지만,

숙소는 한 방에 약 5개의 침대를 놓고 각 침대당 미화 5달러를 받는 수준이었다. 꼭 동해안의 민박집을 연상케 하던 이 시설들은 지저분하고 쾌적하지 못했다. 그러나 이들 바이어들 최저의 비용으로 체류를 했어도, 그들은 때에 따라 전자제품, 직물, 장난감, 의류 등을 컨테이너 규모로 사 가는 경우도 있었다.

15 1998년, 페루국경을 넘어갈 때 직접 목격한 것이 있다. 자동차들이 줄을 서서 페루 입국 수속을 밟고 있는데, 경비초소 벽에 붙은 포스터에는 "우리는 절대로 뇌물을 받지 않는다!(¡Somos insobornables!)"라고 쓰여 있었다. 같이 동행했던 소프리의 한국인 사용자는 지적하기를 저렇게 캠페인을 벌이는 것은 실제로 뇌물을 주고받는 것이 관행이기 때문이라고 했다.

실제로 많은 물량이 다시 국내로 유통된다). 이런 방식으로 페루, 볼리비아의 관세를 물지 않는 것이 이미 상례화되어 있어서 소프리 내에서 이 관행을 두고 밀매(*contrabando*)라고 하는 경우는 없었다. 이 물건들이 불법적으로, 다시 말해 무관세로 이들 국경을 넘어가는 관행을 보통 "국경을 넘는다(*cruzar la frontera*)"라고 했다. 페루와 볼리비아가 각각 1997년과 1999년에 소프리 물품에 본격적으로 관세를 물기 시작했을 때,[16] 사용자들은 이를 두고 "국경이 폐쇄되었다(*cerraron la frontera*)"라고 표현했다. 이 말이 의미하는 것은 말 그대로 국경이 폐쇄되었다는 것이 아니라, 바이어들이 자국 국경에서 관세를 내지 않음으로써 통관이 되지 않는 것을 가리켰다. 이럴 경우, 물건이 세관을 거치면 가격이 상승할 것이기 때문에 바이어들은 더 이상 이키케에 물건을 하러 올 인센티브가 없어져서 거래물량이 현저하게 줄어들었다. 이들 국가와의 거래량이 조금 줄어들었어도, 현지 언론은 이 변화에 대한 우려를 표명하지 못했다. 모두 다 알고 있는 사실이었지만, 기존의 소프리 물건들이 국경을 넘어갈 때 주변국의 관세법을 어기고 거래되었다는 사실을 공식적으로 인정할 수 없었기 때문이다.

소프리 물품의 밀매, 도난, 그리고 감시문화

소프리의 제한구역은 꼭 구치소를 연상시킨다. 제한구역은 철조망과 콘크리트 벽으로 둘러싸여 있고, 화물차와 승용차가 출입할 수 있는 두 개의 대문(*Puerta*)은 각각 무장을 한 경비원 두 명이 지키고 서 있다. 사람들이 넘나드는 행인출입구에도 역시 경비원이 배치되어 있다. 이 경비

---

16 페루와 볼리비아는 이때 각각 이키케와 유사한 자유무역지대를 설립해서 영업을 시작했다. 이들 나라가 직접 무관세로 수입을 하기 시작하기는 했으나, 이키케만큼의 물량을 거래하지는 못했다.

원은 이곳을 지나가는 사람들의 짐을 검문할 수 있는 권한이 있으나 특별한 경우를 제외하고 사람들을 그냥 보내주었다. 자동차는 제한구역에 출입할 때 항상 내부검사를 받아야 했다. 사용자의 승용차는 등록이 되어 있어야 하며, 사용자가 자신의 승용차로 출입하려고 해도 트렁크를 열어 검문을 받아야 했다. 화물차는 정밀한 검문을 받을 뿐만 아니라 물품운송 서류들도 모두 구비하고 있어야 한다. 물건을 제한구역의 갈폰에서 소프리몰의 모듈로로 옮기려고 해도 서류를 갖추지 않으면 과태료를 문다. 흔히 무관세 조항을 국가의 비개입으로 이해하고, 상거래가 국가의 권위와 개입으로부터 보다 자유롭게 이루어진다는 뜻으로 받아들여진다. 그런데 소프리에서는 제한구역 그 자체가 가지고 있는 면세특권 때문에 이를 더욱 더 보호해야 했고, 이에 대한 감시를 강화해야 하는 역설적인 상황이었다. 다시 말해서, 자유무역지대에서 생성되는 가치, 즉 프리미엄은 물품이 출입하는 과정에서 생기는 것이기 때문에 이 과정 자체가 통제의 대상이 되는 것이었다. 그런데 물품이 제한구역을 출입하는 방법에는 공식적이며 합법적인 관행이 있으며, 비공식적이고 비합법적인(즉, 소프리 규정에 어긋나는) 관행이 공존한다. 이 과정에서 생기는 프리미엄을 점유하려고 소프리사, 사용자, 갈폰의 현지직원들을 서로 견제하고 경쟁하기도 한다. 이들은 원활한 상거래를 위해 서로 협력하기도 하지만, 서로를 일상생활에서 견제하고 감시한다.

소프리에서의 공식적인 감시체제는 소프리사가 관리한다. 여기서 일차적인 목적은 소프리를 통해서 수입된 물건들이 칠레의 일반시장, 즉 제1지방인 타라파카 지방을 제외한 타지역으로 흘러들어가는 것은 방지하기 위함이다. 물론 그 이유는 밀매가 가격경쟁을 일으켜서 시장과 유통 질서를 교란시킬 수 있기 때문이다. 소매를 하는 경우, 소프리를 통해서 무관세로 수입된 물품의 경우는 소프리몰에서만 판매될 수 있다.[17] 따라서 경비원들은 제한구역을 넘나드는 화물차들이 모든 서류들을 구비했는지 확인해야 한다. 이 서류들을 준비하는 것 자체가 복잡한 과정이다: 소프리사와 칠레 관세청의 승인을 받아 날인을 일일이 받아야 하고, 공증을 붙이는 등 그 절차가 복잡하다. 소프리에서는 이 절차를 대행해주는 업체들이 더러 있다. 해외로 물건이 나가는 경우, 목적지가 명시되어야 하며, 물건이 국경을 통과할 때 소프리사와 칠레 관세청에 국경통과 확인장을 보내기로 되어 있다. 물건이 해외가 아닌 국내의 목적지로 가는 경우, 제1지방을 지나 제2지방으로 들어갈 때 관세를 물게 되어 있다. 물론 이 절차에서도 확인도장을 받아야 한다. 소프리를 통해 들어온 물건들이 혹시나 일반시장으로 유출될 것을 우려해 심지어 사용자의 자가용까지도 제한구역을 벗어날 때 세세한 검사를 받는다. 많은 경우 사용자들은 이미 경비원들과 안면이 있는 사이지만, 자동차 검문은 항상 받게 되어 있다.

그런데 이 같은 경비망이 존재한다는 것은 촘촘한 감시체제에도 불구하고 소프리 물건들이 일반시장으로 유출되고 있다는 사실을 반영한다. 가장 흔히 눈에 띄는 것은 이키케와 산티아고를 비롯한 칠레의 대도시 시내 한복판에서 판매되고 있는 수입담배이다.[18] 칠레산 담배 한 갑이 800페소(pesos)였을 때, 거리에서 파는 미국산 담배는 한 갑에 500페소였다. 이키케에서는 국산담배를 피는 사람을 거의 찾아볼 수 없었다. 소매로 소프리몰에서 파는 담배 한 보루 가격을 약 7,000페소로, 한 갑당 약 600페소로 친다. 그러나 거리에서 파는 담배는 도매로 약 4,000에서 5,000페소에 팔리고 있었다는 것이다. 담배 외에도 약간의 이윤을 남

---

17 ZOFRI S.A. 1998. Zona Franca Reglas y Regulaciones (revisión)
18 소프리를 통해서 수입된 담배와 공식경로를 통해서 수입된 담배는 그 포장이 달라서 식별 가능하다. 공식경로를 거쳐 들어온 담배는 칠레의 상품 바코드가 찍혀 있다.

기고 노점상에 팔 만한 물건이면 모두 쉽게 유출되었다: 향수,[19] 공테이프와 공CD, 작고 싼 전자제품, 장난감류, 건전지 등을 노점상에서 파는 경우를 전국적으로 볼 수 있었다. 물건의 유통을 막는 촘촘한 통제장치에도 불구하고 어떻게 이 같은 일들이 벌어질 수 있는가?

답은 소프리사가 통제를 하려고 노력하는 만큼, 더욱더 창조적으로 밀매의 방법들을 고안해내는 사람들이 있다는 것이다. 예를 들어, 담배를 빼돌리는 방법은 다양했다. 이 묘안들 중에 가장 합법적인 색채를 띠는 관행은 볼리비아 바이어로 하여금 담배를 도매로 구입하게 한 다음, 모든 서류를 구비하여 국경지대로 운반한 후, 국경에서 칠레 관세청에 물건이 넘어갔다는 확인서류를 제출하고, 물건이 국경을 넘어간 척하는 것이다. 국경 저편에 기다리고 있는 야마들은 다시 담배를 칠레국경으로 넘긴다.[20] 어떤 경우에는 물건 없이 서류만 보내 통관시키는 척하는 경우도 있었다. 이 마지막 경우는 리스크가 컸지만 운송비가 들지 않아 선호되는 방법이었다. 언론은 담배밀매가 적발될 때, 이에 대한 대대적인 보도를 하곤 했었다.

제한구역에서 경비원들이 맡은 또 다른 임무는 갈폰에서 나가는 수출입 회사 직원들이 물건을 훔치고 빼돌리는 것을 검문하는 것이었다. 이 같은 감시는 사용자의 직원들이 물건을 빼돌린다는 전제하에서 이루어지고 있고, 실제로 직원들은 물건을 훔치다가 적발되기도 했다. 직원들이 제한구역을 넘나들 때, 특히 점심시간과 퇴근시간에는 자가용과

---

19 "보따리 장사"를 하는 경우도 많았다. 소프리몰에서 향수를 사고, 산티아고 등지에서 파는 경우이다.

20 스페인과 프랑스의 국경지대에 있는 안도라 자유무역지대에서도 이러한 밀수가 자주 발견된다고 한다. 보따리 장사(paquetaires)라 불리는 밀매꾼들은 험악한 피레네(Pyrénées) 산맥을 넘어갈 수 있는 현대적 운송체제를 확보하고 있다고 한다. 밀매꾼에 대한 한 연구에서, 이곳 현지 사람들은 이 밀매꾼들을 영웅시한다고 하는데, 그것은 그들이 험한 산을 넘어가고, 또 잡힐 위험을 무릅쓰고 소비자에게 싼 가격으로 물건을 제공하려고 하기 때문이라고 했다(d'Argemir and Pujadas 1997: 76).

가방을 검사받는다. 직원에 대한 감시는 소프리사가 대행을 해주고 있는 것인 셈인데, 이는 소프리사 뿐만 아니라 사용자 본인에게도 득이 되는 제도였다. 소프리 내 사용자와 현지 직원들 간에 이 문제를 둘러싸고 신경전이 벌어지는 경우가 적지 않았다. 직원들은 감시체제에도 불구하고 물건을 빼돌릴 묘안들을 찾아냈다. 사무-경리 직원, 회계사, 창고관리자, 모둘로의 세일즈 담당자 등 직위를 막론하고 물건을 빼돌렸다. 경우에 따라서는 제한구역의 갈폰에서 물건을 빼돌리는 것이 어렵기 때문에 같은 회사의 모둘로, 즉 쇼핑몰 직원과 짜서 물건을 모둘로로 빼돌린 다음에 훔치기도 했다. 갈폰에서는 사용자(즉, 사장님)가 직접 운영을 하기 때문에, 그리고 경비원을 거쳐 나와야 하기 때문에 감시망을 빠져나오기가 더 어려웠다. 모둘로에서는 재고품 조사(inventario)를 그다지 자주 하지 않기 때문에, 꼼꼼하게 하지 않으면 물량에 대한 정확한 확인이 불가능했다.

내가 한국인 사용자의 모둘로에서 가게를 돌볼 때의 일이다. 한국의 중저가 브랜드 의류를 수입해서 팔고 있던 이 회사는 소프리 내에서도 규모가 제법 큰 회사로, 갈폰의 창고도 제법 큰 편에 속했고, 소프리 몰에는 모둘로가 3개, 제한구역 밖 시내의 또 다른 몰에 상점 한 개를 더 두고 있는, 나름대로 이키케에서는 준명품에 가까운 명성을 가진 브랜드였다. 한국인 사용자 부부가 운영을 했는데, 직원은 모둘로 판매직원까지 합하면 15명이었고, 이는 소프리 내에서는 상대적으로 큰 회사였다. 매출액은 알 수 없었지만, 이곳에서 부사장을 지낸 세뇨라 베로니카에 의하면 경기가 아주 좋았던 1990년대 중반에는 모둘로 한 개의 하루 매출액이 5만 달러를 육박했던 적도 있었다고 한다. 내가 장기체류를 했던 2000년에는, 페루와 볼리비아의 "국경이 닫힌" 상태라, 경기가 급하락하여 장사가 잘 되지 않았을 때다. 이때는 한 달 매출이 5천 달러에 육박하면 다행이었다. 직원들의 월급을 주기도 어려웠다.

일에 대한 자부심이 대단히 컸던 세뇨라 베로니카 부사장은 장사보다는 인사관리, 그중에서도 직원들의 도난이 가장 큰 골칫거리라고 항상 얘기하곤 했다. 감시망이 촘촘해도 직원들 역시 물건을 빼돌리는 데 아주 세련된 기법들을 고안해내서 따라갈 수 없다는 것이었다. 세뇨라 베로니카는 회사의 창고관리자(bodeguero)가 태도도 불손하고 물건을 빼돌리는 것 같아서 해고하고 싶다는 의사를 사장에게 여러 번 밝혔다는 사실을 얘기하면서, 앞으로 더 큰 일이 벌어지면 본인이 충분히 막으려고 노력했음을 강조하기도 하였다. 창고관리자는 회사에서 고가로 판매되는 가죽자켓을 입고 출근을 했다고 한다. 자켓을 어떻게 구입했느냐고 물었더니 창고관리자는 친척으로부터 받은 선물이라고 잡아뗐다고 했다. 회사직원들이 회사 옷을 구입하고자 하면 직원할인을 받아서 살 수도 있는 것인데, 창고관리자는 그 옷을 산 일이 없었다는 것이다. 그렇다면 감시체제에도 불구하고 물건을 어떻게 빼돌렸을까. 세뇨라 베로니카 말로는 다른 겉옷 밑에 입고 나오면 그만이라는 것이다. 즉, 두터운 외투 안에 입고 나가면 검문에서도 걸리지 않는다는 것이다. 그녀는 이런 일이 한두 번 있는 것이 아니라고 하면서 한숨을 쉬었다.

하지만 보통 직원들이 물건을 빼돌리는 것은 다시 팔기 위한 경우가 더 많이 있었다. 소프리의 또 다른 의류업체에서 모둘로의 판매직원들—주로 젊은 여성들이기 때문에 사용자들은 그들을 "아가씨들(niñas)"이라고 부른다—이 짜서 물건을 빼돌려 시장에 팔 계획을 하다가 적발된 사건이 있었다. 이 경우에는 영수증을 조작하여 실제보다 많이 팔린 것으로 해서 물건을 빼돌렸다. 이 직원들은 해고당하고 퇴직금을 받지 않겠다는 조건으로 경찰에 신고되지 않았다. 사용자, 즉 사장은 역시 경찰이 연루되는 것을 원하지 않았다. 그렇게 되면 현지 언론의 주목도 받게 되어 장사하기에 안 좋다고 했다.

소프리에서 이 같은 사건들은 자주 발생했다. 사용자들은 현지직원들을 으레 의심하는 태도를 가지고 있었다. 이러한 태도는 이키케뇨 직원들에 대한 고정관념으로 쉽게 발전했다. 칠레인과 외국인 사용자 모두 이키케 서민을 원주민에 빗대어 게으르고 성실하지 못한, 도덕성이 결여된 존재로 생각하고 이를 탄식했다.

그러나 소프리에서 더 자주 발생하는 문제는 현금의 도난이었다. 직원들이 사장의 현금을 빼돌리는 경우들이 있었는데, 작게는 푼돈에서 크게는 몇만 달러까지 그 액수가 천차만별이었다. 방법도 다양했는데, 금고의 현금지폐를 한 장씩 빼돌리는 것에서 사장의 백지수표를 끊고 현금을 챙기는 것, 경리직원이 금액을 잘못 입력했다고 우기고 돈을 빼돌리는 방법, 금고의 돈을 털고 잠적하는 방법 등 영화에서 볼 법한 방법들이 모두 동원되었다.

내가 이키케에 머물던 2000년, 페루와 볼리비아 "국경의 폐쇄"로 경기가 좋지 않아 갈폰의 사장님들은 회사가 바쁘지 않아 비교적 시간이 많았고, 따라서 나를 반갑게 맞이하고 회사에 대한 이런저런 얘기들을 많이 해주었다. 가장 인상적인 현금도난 사건은 경리직원이 회사 돈으로 자신의 택시회사를 세운 사례였다. 직원이 택시회사를 운영하는 데 자금이 모자라서, 처음에는 갚을 생각으로 소액의 현금을 빼돌리다가, 그 규모가 눈덩이처럼 불어나서 1만 달러가 넘는 액수가 되었다. 돈의 유출을 눈치챈 사장의 추궁에 직원은 오히려 그간 회사에서 정리한 이중장부의 복사본을 들고 사장을 고발하겠노라고 협박했다. 다시 말해, 사용자들도 소프리사의 감시망을 피해 거래물량과 액수를 조작한다는 얘기인데, 이것을 빌미로 사장은 속수무책으로 협박만 당하고 돈을 보상받지 못했다. 소프리사에 이 사실이 신고되면, 칠레 관세청에 벌금을 물게 될 뿐만 아니라, 재산권을 박탈당한 채 칠레에서 추방당하는 사태도 발생할 수 있어 리스크가 너무 컸다. 이 사용자는 결국 이키케에서의 사업을 정리하고 볼리비아의 자유무역지대로 옮겨갔다.

훔치는 관행에 대해 세뇨라 베로니카는 본인도 현지 사람이지만 이 키케뇨들이 도덕적 의식이 떨어진다고 하며 이 사실을 탄식했다. 그녀는, "여기서는 모두 다 도둑질을 한다(Aquí, todos roban.)"고 하면서 씁쓸해했다. 칠레에 구리가 산업적 규모로 채굴되기 시작했던 1930년대 엘 떼니엔테(El Teniente) 광산에서도 훔치는 것이 아주 상례화되어 있었다고 한다. 구리광산 노동자 계층의 형성을 연구한 클루벅에 따르면, 훔치는 관행은 노동자들이 파업 외에 감행할 수 있었던 또 다른 종류의 저항행위였다. 저임금과 혹독한 노동조건, 도구, 그리고 불확실한 미래라는 삶의 조건에서 그들은 구리원석, 도구 등 광산회사로부터 훔칠 수 있는 것은 모두 훔쳐서 자신의 복지대책으로 활용했다고 한다. 클루벅은 이를 일종의 생존전략의 차원에서 이해하고 접근했다(Klubock 1998).

소프리 사업체 직원들이 도난행위도 같은 선상에서 이해해야 하는 것일까? 소프리의 수출입 사업체에서 일하는 현지직원들의 삶의 조건도 그다지 좋지는 않았다. 아침 10시부터 저녁 8시 30분까지 45분간의 점심시간을 제외하고 계속 서 있으면서 약 200달러에 못 미치는 최저임금을 받고 일해야 했다. 그중에는 현지대학에서 지질학을 공부했던 여성도 있었다. 위에서 소개했던 세뇨라 베로니카는 한국 의류수입업체의 부사장 역시 간부이기는 했지만 혹독한 노동조건에서 일을 하고 있었다. 그녀는 모둘로와 갈폰과 그 직원들을 모두를 관리하고, 그리고 물건의 출입을 승인하는 각종 서류(tramites)도 구비하고 제출해야 했다. 한국인 사용자 부부가 스페인어를 잘 구사하지 못했기 때문에 그녀에게 일에 있어서 그녀에게 의존할 수밖에 없는 구조였다. 오전 8시부터 일을 해서 저녁 8시 30분까지 일을 했는데, 점심식사는 집에서 했기 때문에 오후 2시에서 4시까지는 점심식사를 하고 집에서 잠깐 쉬었다 다시 출근했다. 대학에서 영어교육으로 학사학위를 받아, 소프리 초기부터 대만의 수출입 회사에서 일을 하다가 25년 만에 부사장이 되었건만,

임금은 1,500달러 선이었다. 그것도 1990년대 말에는 경기가 안 좋다고 해서 1,200달러로 삭감되었다. 나를 가장 놀라게 한 것은 이 사람이 자신의 이름으로 된 은행계좌가 없었다는 것이다. 은행계좌가 없다는 것은 신용계좌가 없다는 것과 마찬가지였다. 은행계좌가 없다는 것은 거의 저금을 하지 않는다는 것이다. 그간 남편과 모았던 돈으로 집을 장만하고서는 잔금을 갚아가며 하루하루 생활하고 있었다. 소프리에서는 꽤 유능한 회사간부로 알려져 있던 그녀는 판매직원들을 거느리고 창고관리자 등에게도 일을 시키며 소프리 내에서도 사용자와 현지직원들 모두에게 나름대로 인정받았던 인물이지만, 일을 하는 것에 비해 그 경제적 사정은 사용자들과 비교가 되지 않았다. 여전히 적은 임금을 받는 월급쟁이였던 것이다.

세뇨라 베로니카는 소프리 현지직원들의 훔치는 관행을 칠레 사람으로서 창피하게 생각하였다. 왜냐하면 몇몇의 부정직한 직원들 때문에 칠레 사람들이 모두 외국인들의 눈에 부도덕한 사람들로 비친다고 생각했기 때문이다. 자존심이 센 세뇨라 베로니카는 사용자들이 칠레사람들을 싸잡아서 "게으르다", "정직하지 못하다"고 하는 것을 매우 언짢게 생각했다. 그러나 한편으로는 직원들이 사용자에 대해서 느끼는 반감은 이해할 수 있다고 했다. 사용자들이 법인카드로 이키케 카지노에서 하루에 그들 한 달 월급 이상을 쓰고 오는 경우도 있었고, 시내의 고급호텔에서 약 200달러에 달하는 식사를 했다고 카드 명세서에 나온 것을 보면, 최저임금을 받는 경리직원들이 경악을 금치 못한다고 했다. 사용자들이 모두 돈을 헤프게 쓰는 것은 절대 아니지만, 직원들이 보기에는 본인들의 노동으로 벌인 돈을 사장님이 무모하게 쓰는 것으로 보일 때도 있는 것이다.

그러나 그렇다고 해서 사용자들을 그저 현지 직원들을 착취하는 "프티부르좌(petit-bourgeois)"로 보는 것도 무리가 있다. 소프리에서의 일은 경기를 타는 일이었기 때문에 소위 장사가 잘될 때 기회를 잘 잡아야 했다. 이는 항상 가게, 즉 갈폰을 지키며 판매추이를 파악하고 판매할 준비를 하고 있어야 함을 의미했다. 게다가 직원들이 돈과 상품을 훔치는 일들이 잦았기 때문에 주인이 직접 사업을 관장하고 돌보지 않으면 안 되었다. 소프리에서 18년간 원단사업을 했던 한 한국인 부부 사용자는 그간 휴가를 단 한 번도 같이 떠나본 적이 없었다고 했다. 따로 출장차 다녀보기는 했으나, 당시에 살림이 조금 넉넉한 사람들이 휴양지에 가서 쉬고 재충전을 하고 오는 종류의 휴가 또는 당시에 한국에서 유행하고 있었던 동남아, 미국 또는 유럽여행은 꿈도 못 꾸었다. 돈이 없어서가 아니라 자리를 뜰 수 없는 형편 때문이었다. 게다가 칠레 노동법이 엄격해서, 출산휴가와 퇴직에 대해서도 사용자가 큰 부담을 져야 했고, 외국인으로서 입지가 불안하게 느껴질 때도 있었다. 모국을 떠나 타지에서 텃세가 강한 곳에서 장사를 해야 하는 어려움도 있었다. 남자들은 비즈니스를 했지만, 여성들의 경우 마음을 안착시킬 곳이 없어 우울해 하는 경우도 있었다. 50세가 넘어가면 자녀들도 둥지를 떠나고 갱년기도 찾아와서 몸과 마음 모두가 건강하지 못한 사례들도 봤다. 무엇보다도, 이곳에서 20년 이상 사용자로 있었으면 이키케뇨라고 해도 될 것인데, 본인들 스스로도 그렇게 느끼지도 않고 있었고, 이키케뇨들도 그들을 현지인으로 받아들이지 않았다. 관계망과 교제의 방식, 사고방식 등의 차이를 극복하기 어려웠다.

한국자동차 부속을 수입하여 소프리에서 판매하고 있던, 비교적 젊은 편에 속했던 한 한국인 사용자는 가게에 디지캠(digital video camera, 일명 감시카메라)을 설치하여, 본인이 꼭 현지에 있지 않더라도 가게를 관리할 수 있게 하였다. 약 2년간 동생내외를 한국에서 불러 일을 돕게 하였으나, 제부가 힘들어해서(역설적이지만, 연령이 낮을수록 여성들의 현지적응력과 친화력이 떨어진다) 동생을 한국으로 돌려보내고 다시 현지직원들과 회사를 관리했다. 사용자의 관리운영 방식과 회사분위기에 따라 다소 차이가 있으나, 직원들 월급은 상대적으로 높게 책정해서 지급하여 회사에 대한 충성심을 발휘하게 하거나, 집이나 차를 구매할 때 무이자로 융자를 해주거나 보너스를 지급하는 등, 나름대로의 인사관리 노하우들이 직원들의 태도에 영향을 미치기도 했다. 이 자동차 부속업체의 경우, 소프리 내에서 직원들의 월급이 높고, 회사에 대한 충성도 또한 높기로 소문이 나 있었다.

소프리에서 창출되는 가치는 이 가치를 창출하는 생산관계들의 반영이다. 자유무역지대가 제공하는 유인제를 토대로, 소프리와 사용자, 그리고 현지직원들은 공동의 노력으로 돈으로 반영되는 가치를 창출한다. 가치를 창출하기 위해 모인 집단으로서 각 주체는 서로의 자원을 모으고 협력한다. 그러나 각 주체는 이 가치에서 자신이 차지해야 된다고 보는 합당한 몫을 확보하려고 노력한다. 그 같은 과정에서 소프리는 사용자를, 사용자는 직원을, 직원은 사용자를 견제하고 통제, 감시하는 시스템이 구축되었다. 이 과정에서 위화감과 불신이 생기는 것은 당연한 처사였다. 이 과정에서 누가 과연 가장 정직하지 못하고 부도적적인가 하는 문제는 그 선과 기준이 명확하지 않았다. 오히려 그렇기 때문에 누구나 다 이 가치에 대한 정당한 권리가 있다고 생각하는 문화가 생겼다. 특히 이키케의 붐은 언제, 어떠한 방식으로 끝날지 알 수 없는 처사였기 때문에, "쇠가 달구어져 있을 때 때린다(strike it when it's hot)"는 대장장이의 신조가 여기에도 적용되었다. 이때 대박이 터지지 않으면 안된다는 기대와 긴장감이 항상 맴돌고 있었던 것이다. 이 기대와 긴장감은 소프리 내 각 행위주체들이 상호협력하기보다는 서로 견제하는 문화로 커갔다.

소프리와 이키케의 부동산 붐과 투기

소프리는 마치 거대한 시장이라는 인상을 준다. 제한구역 내에서는 페루와 볼리비아에서 온 바이어들과 인도와 극동 아시아 출신의 사용자들이 가격흥정을 한다. 소프리 몰에는 소매로 일반 면세점에서 자주 볼 수 있는 화장품과 향수, 전자제품, 술과 담배, 초콜렛 등을 볼 수 있다. 물론 한국의 면세점이 일반적으로 명품을 판매하는 것과 차원은 다르지만, 여러 상품들을 넉넉하게 진열하고 "베네통(Benetton)"과 같은 브랜드를 판매한다는 점 등은 상당히 국제적이면서도 패셔너블하고, 현대적인 소비문화의 메카라는 인상도 준다. 무엇보다도 사막 한복판의 상업의 중심지로 이제 꽤 잘 알려진 이곳에서 돈이 흘러들어가고 흘러나오는 것을 강하게 느낄 수 있다.

1990년대 중반에 이키케는 전 칠레에서 실업률이 가장 낮았고, 칠레 남부에서는 많은 이주 노동자들이 와서 이곳에서 돈을 벌어 집에 부치곤 하였다. 대단히 다국적의 인구를 가진 경제권으로서, 돈을 만지고 만드는 작은 전문가 집단과 이주노동자와 현지 하위계층으로 구성된 서비스업 종사자들이 공존한다. 페루와 볼리비아에서는 바이어들도 오지만, 이곳 사람들의 파출부와 식당에서 허드렛일을 하는 잡부들도 페루와 볼리비아 출신의 젊은 여성들이었다. 시내에는 높은 아파트들이 들어서고 계속 공사 중이었으며, 출퇴근 시간에는 인구가 200,000명이 안 됐지만 차가 막히곤 했다. 도시 외곽에는 모래로 된 골프장이 있기까지 했다. 도시의 경계는 남쪽과 동쪽으로 확장되었지만, 그럼에도 불구하고 지형 때문에 한계가 있었다. 1970년과 1997년 사이, 인구는 거의 두 배로 증가했다. 밀레니엄의 이키케는 1950년대의 위기에 처한 도시가 아니었다.

자유무역지대는 이키케를 어떻게 변화시켰는가? 오로지 상업과 그 잔여효과 때문에 도시가 다시 성장할 수 있는 것인가? 이 변화의 요인은 어디에 있는가? 그간 연구에서 다루어지지 않았던 주제는 자유무역지대가 그곳의 부동산 가격을 올린다는 것이다. 이키케의 경우에도 소프리는 제한구역과 쇼핑몰 내의 부동산뿐만 아니라 도시 전체의 부동산 가격을 상승시켰다. 모래 위에 세워진 도시에 이미 쓸 만한 땅이 없어, 땅을 점유하기 위한 쟁탈전은 더욱 거세게 벌어졌다. 도시의 붐은 소프리가 제공하는 상업적 붐뿐만 아니라 이를 동반한 부동산 붐과 함께 일어났다.

일반적으로 자유무역지대는 법적으로 국공립 기관의 감독과 관리를 받는다. 소프리의 경우, 소프리사가 이 역할을 하는데, 사용자들에게 땅을 임대하거나 팔고, 이곳에서 생성된 이윤의 일부를 수수료로 챙기는 방식으로 운영이 되었다. 자유무역지대가 운영을 시작했을 때, 제한구역 내에 들어오고자 하는 사용자의 수를 정확히 가늠하지 못했었다고 한다. 그러나 점차적으로 제한구역 내의 땅과 창고, 사무실은 수요에 비해서 공급이 턱없이 부족했고, 자유무역지대 안에서 높은 가격에 거래되는 중요한 상품이 되어갔다.

70년대 중반, 자유무역지대가 창설되었을 때 관리위원회(Sociedad Administradora y Operadora de Zona Franca de Iquique)에서 일을 했던 곤살로 산체스에 따르면, 관리위원회는 부동산 거래가 가장 중요한 기능이 될 것이라고 예측하지 못했었다고 한다.[21] 그러나 수요가 증폭하자, 1978년 부동산 관리국이 생기고, 기도 테예스(Guido Tellez)가 감독을 맡게 되었다. 관리위원회는 이 시기에 제한구역의 담장을 마무리하는 데 집중했고, 갈폰을 위한 구역을 선정해서 공사하는 데 주력했다고 한다. 그러나 이 일을 주도했던 테예스는 이를 "부동산 개발(creación de propiedades)"로 생각지 못하고 자유무역지대에 물리적이고도 실제적인 "얼굴을 주는 것(darle

---

21 곤살로 산체스(Gonzálo Sanchez)와의 인터뷰. 2000년 11월 23일. 이키케.

una cara a la Zona Franca)"이라고 생각했다고 한다.[22] 그런데 자유무역지대의
땅 가격을 상승시킨 것은 바로 제한구역이 가져다주는 특혜였다. 초기
관리위원회는 자신의 임무를 사용자 등록과 사업허가 정도로 이해했으
나, 자유무역지대의 규모가 커지고 거래량이 증가하면서 부동산 거래와
관리가 주된 기능이 되었다. 등록비는 그다지 높지 않았다(1999년에는 한
사용자 당 약 750 달러였다).[23]

초기의 관리위원회는 창고들을 지을 만한 자본이 없었다. 그러나 제
한구역 내의 소유주로서 이 땅을 임대하여, 사용자로 하여금 갈폰을 직
접 올릴 수 있는 옵션을 주었다. 사용자가 직접 공사를 하게 되는 경우,
칠레은행(Banco de Chile)을 통해 저리로 융자를 대주었다(이것 역시 사용자가
이곳에 사업을 하고자 하는 동기로 선전되었다). 대부분의 사용자들은 갈폰을 직
접 지었다. 사용자들끼리 갈폰을 서로 사고팔기도 했는데, 약 900m²에
해당되는 갈폰은 1977년에 약 2만 5천 달러에 거래되었다. 1990년대 수
요가 증폭하자, 같은 크기의 갈폰은 약 9만 달러에 거래되고 있었다.

관리위원회는 대신 제한구역과 소프리몰 부동산에 대한 임대료를 받
았다. 임대료는 점차적으로 비싸져서 수익이 계속 창출되자, 정부는 관
리위원회를 법인으로 등록하고 반은 주식회사로 운영케 했다. 소프리
사는 제한구역 내의 부동산 관리와 수요가 증가함에 따라 새로운 땅을
개발하고 임대해주는 사업으로 번창했다. 소프리사는 사용자들끼리 갈
폰을 거래할 때 이에 대한 수수료도 챙겼다. 소프리사는 임대료와 수수

---

22 기도 테예스(Guido Tellez)와의 인터뷰. 1998년. 이키케. 기도 테예스는 관리자였지
    만, 소일거리로 초석산업의 역사를 공부하고 발표하는 향토사학자이기도 했다. 원
    래 이키케 출신은 아니었으나 마리오 솔레시(Mario Zolezzi)와 같은 이곳 향토사학
    자들과 친분이 있었다. 테예스는 자유무역지대의 제한구역과 그 안에 자리 잡은 갈
    폰들이 피노체트의 자유무역지대와 그 이전의 면세창고를 확실하게 구분하는 명확
    한 기준이라고 역설했다.
23 ZOFRI S.A., n.d.

료로만 1990년대에는 매년 약 3백만 달러에 해당되는 소득을 올렸다 (ZOFRI S.A. 1995; 1996; 1997). 이 소득이야말로 소프리사를 지탱해주는 기둥이다. 사용자들은 소프리사가 "뜯어내는" 이 같은 수수료에 대한 불만이 매우 많았다. 초기 관리위원회에서 글로리아 델루키와 함께 일을 했던 막스 바레라(Max Barrera)는 사용자로 자신의 사업을 하는 변호사였다. 그는 사용자협회(Asociación de Usuarios)를 조직하여 소프리사의 각종 수수료가 불법임을 주장하고 소프리사에 대한 소송을 1980년대 말에 감행했다. 막스 바레라는 사용자들로부터 많은 지지를 받았는데, 한 한국인 사용자는 "소프리사가 황금알을 낳는 거위를 죽이려고 하고 있다"는 비유를 하며 소프리사의 단기적인 시각을 비난하였다. 수익의 대부분을 소프리사의 수수료로 내야 한다면, 이곳에서 비즈니스를 할 이유가 없었다. 막스 바레라가 이끄는 사용자협회는 별도의 몰을 이키케 시내에 지었다. '라스 아메리카스 몰(Mall Las Americas)'에서 소비자는 부가가치세를 내야 했기 때문에 소프리몰 보다는 물건들의 가격이 다소 비쌌지만, 소프리에서 살 수 없는 산티아고의 백화점 물건들과 영화관 등이 들어서는 등 도시적인 소비레저 공간으로서 자리를 잡아가게 되었다. 사용자협회는 소프리사의 독점적인 관행에 대해 나름의 저항을 했던 것이다. 그러나 이것도 일종의 투자로서, 많은 사용자들은 이 몰 주식으로 큰돈을 벌었다고 소문이 나 있다.

그러나 그럼에도 불구하고, 앞서 제시한 바와 같이 제한구역 내의 부동산 가격이 증폭하는 바람에 사용자들도 역시 이 붐을 타고 갈폰에 대한 투기를 하기 시작했다. 수출입 거래는 일상적 비즈니스로 진행되었지만, 실제로 더 큰 수익을 보게 하는 것은 부동산이었다. 칠레의 대기업들도 제한구역과 몰의 부동산 투기에 참여하기 시작했고, 규모가 큰 사업을 가지고 있었던 사용자들도 활발하게 참여하였다. 수요가 증가하자 소프리사는 갈폰과 모둘로를 아예 경매에 부치기도 했다. 1990년대의 자유무역지대는 그 자체가 가치가 있는 중요한 상품이 되었다.

한편, 상업이 번창하고 인구가 증가하게 됨에 따라, 이키케는 일종의 건설 붐을 겪게 되었다. 사용자들은 소프리에서 거둬들인 수익을 이키케 시내의 부동산을 사고 개발하는 데 투자하기 시작했다. 사용자들은 본인들이 거주할 고급주택을 짓고, 이를 새로 오는 사용자들에게 되팔아 수익을 내기도 했다. 어느새 이키케의 스카이라인은 해변가를 따라 지은 높은 고급 아파트와 캘리포니아 해안가에서 볼법한 고급주택들로 수놓아져 있었다. 사용자들 중에는 집을 서너 채 가지고 있는 경우도 있었는데, 주택가격이 급격하게 상승하면서 기회를 봐서 팔고 새로 사곤 했다. 결과적으로 1990년대 이키케의 부동산 가격은 수도 산티아고와 거의 맞먹는 수준이 되었다.

산티아고의 큰손들과 사용자들이 이키케 부동산 붐에 적극적으로 참여하면서 이키케 주민들 사이에서는 이것은 모두 검은 돈(*plata mafiosa*)의 소산이라는 루머들이 일기 시작했다. 특히 피노체트를 비판하는 시민들은 소프리의 상업성을 매우 부정적으로 바라보고 있었다. 이키케에 페루로부터 마리화나와 코카인이 유입되고 나서부터는, 고층 고급건물들이 실제로 마약상들의 돈세탁 과정에서 올라간 것이라고 하는 주장되는 경우가 많았다. 파키스탄 사용자들이 운영하는 일본중고 자동차 회사가 있었는데, 이는 실제로 마약거래에서 생성된 돈을 먼저 소프리를 통해 세탁하고, 부동산을 통해 다시 세탁한다는 것이었다. 파키스탄과 인도 사용자들은 실제로 시내의 고급 호텔을 소유하는 등 직접 아파트 건설에 참여하는 주된 사용자들이었다.

급기야 미국 언론에서 이키케의 돈 세탁망과 알카에다(Al Quaeda) 테러망과의 연관성을 다루는 기사가 나왔다. 미국의 CIA는 알카에다의 자금조달 통로를 수사하는 과정에서, 팔레스타인의 반 이스라엘 게릴라

단체인 헤즈볼라(Hezbollah)와 하마스(Hamas)에게 자금조달을 해주는 사람을 이키케에서 발견했다고 한다.[24] 이 사람은 소프리에서 공식적으로 사용자로 등록되어 있는 사람이었다. 며칠 후, 칠레의 영자신문 산티아고 타임즈(Santiago Times)는 이 사용자가 알카에다와는 연관이 없다고 보도했다.[25]

개발과 함께 기회와 풍요도 얻었지만, 계층 간의 차이와 차별로 사회적으로 위화감이 조성되고 과거 이키케의 상호의존하는 문화가 파괴된 것에 대한 아쉬움도 대단히 컸다. 이 모든 것은 지나친 욕심의 소산이며 무절제한 자본주의의 폐해라는 비판도 적지 않았다. 2001년 3월에 있었던 모이셋 사건은 이를 잘 보여준다.

후안 카를로스 모이셋(Juan Carlos Moysset)은 소프리사의 마케팅국 국장이었다. 모이셋은 몸이 대단히 비대했으며, 잘난 척하기로 소문이 나 있었고, 여성편력이 심하다는 평가를 받고 있었다. 현지인들은 소프리사의 요직들이 의례 산티아고의 친정부 인사들에게 가는 것으로 생각하곤 했었다. 소프리사에서 국장급 이상으로 일하는 현지 이키케뇨들은 없었다. 당시 정권이 바뀌어 퇴직했던 모이셋은 이키케에 여자친구와 살고 있었는데, 비만이 심해 위장축소수술을 받은 상태였다. 그런데 수술의 부작용으로 그가 갑작스럽게 사망했던 것이다. 장례절차를 모두 마친 후, 여자친구는 수술을 시행했던 병원을 대상으로 소송을 걸고, 모이셋의 아이를 배고 있다는 이유로 모이셋 가족들에게 유산의 일부를 청구했다.[26] 소송이 진행되면서 이미 장례 절차가 끝났음에도 불구하고 묻어둔 시체를 다시 꺼내 부검을 하게 되었는데, 모이셋 사건은

---

24 New York Times, 1996년 3월 27일자. "칠레에서의 풍요는 마약거래를 부추긴다 (Prosperity in Chile nourishes drug trade)".

25 Santiago Times, 2002년 5월 23일자. "칠레 정부는 헤즈볼라 활동에 '손을 봤다'고 한다([Chilean] Government says Hezbollah activity 'under control'."

26 La Estrella de Iquique, 2001년 3월 25-27일자.

온 이키케를 들썩거리게 했다.

　모이셋은 이키케에서 눈이 띄는 산티아고 사람이었다. 먼저 몸이 많이 비대하기도 했지만, 파란 눈에 머리가 하얗게 새어 있어, 독일사람 같다는 인상을 강하게 주었다. 생전에 조사차 방문했던 그의 사무실에는 미국 버클리 대학 M.B.A. 학위가 액자로 걸려 있었다. 모이셋은 당시 친절하게 내 인터뷰에 응해주었으나, 그다지 도움이 될 만한 얘기를 해주지 않았다. 오히려 같은 마케팅국의 직원이 많은 도움을 줬는데, 그에 따르면 모이셋은 복지부동형의 상관이라고 했다. 한편, 소프리 내에서는 그가 여성편력이 심하고, 여성직원들에게 성추행 하는 것으로 유명한 사람이라는 소문이 있었다. 소프리에서 일하는 직원들은 모이셋을 그다지 좋아하지 않았다.

　그가 갑작스럽게 사망함으로써 그의 사생활에 대한 많은 내용들이 언론에 유출되고 스펙터클처럼 공개되었다. 먼저, 언론은 그가 얼마나 부유했던가에 초점을 맞추었다. 자산은 추측할 수는 없었으나, 그는 고급주택에서 살면서, 고급 차를 몰고 다녔다. 위 절제수술을 했다는 사실 하나만으로도 그가 부유했다는 것을 알 수 있었는데, 그 당시에 이런 수술은 꽤 비용이 많이 들었기 때문이다. 비만은 칠레, 그리고 이키케에서도 흔한 편인데, 주로 값이 더 싼 지방흡입수술을 하지, 위절제술은 비싸서 하기 어려웠다. 소문에 의하면 모이셋은 지방흡입수술을 여러 차례 받았으나, 다시 살이 찌는 관계로 더 큰 수술을 했다고 한다. 만일 위절제술을 꼭 해야 하는 경우라면, 이키케 사람이라면 페루에 가서 수술을 하고 오는 경우들이 더 많았다. 페루에서의 수술비는 칠레의 반값이었다. 이키케 사람들은 페루 타크나에 가서 라식수술이나 성형수술을 하고 오는 경우들이 많았다. 이런 정황으로 보아, 모이셋은 크게 돈 걱정을 하지 않는 사람으로 묘사되었다.

　한편, 여자친구가 소송으로 보상을 받기 위해 이미 묻혀 있는 시신을 거둬들이려고 하는 그 자체가 사람들을 흥분케 했다. 대부분의 칠레 사람들이 그러하듯, 이키케뇨들 중에도 가톨릭 신자가 많았는데. 주말마다 미사에 참석하지 않더라도 통과의례에 대해서는 철저한 편이었다. 이미 장례가 끝나 하나님 곁으로 보낸 사람을 다시 꺼낸다는 것은 용납될 수 없었으며, 모이셋의 여자친구는 욕심이 드글거리는, 돈에 눈이 먼 여자로 회자되기 시작했다. 모이셋이 매우 몸이 비대했던 것도 똑같이 욕심을 통제하지 못한 것으로 얘기되곤 했는데, 신문에서는 위절제술은 "절제를 하지 못하여 자신의 의지로 살을 뺄 수 없는" 사람들이 선택하는 시술이라고 하면서 모이셋이 절제력이 부족했음을 시사했다.[27]

모이셋에 대한 비아냥과 그 여자친구에 대한 경멸은 어디에 뿌리를 둔 것일까? 모이셋은 소프리사의 다른 국장들과 마찬가지로 산티아고에서 올라온 사람이었다. 이키케 출신은 아니면서도 소프리사의 핵심에 있었고, 소프리사는 지역경제를 가동시키는 주 엔진이었다. 모이셋은 외부인이었음에도 불구하고 이키케의 "젯 셋(jet set)"의 일부였다. 신문에 자주 나오는 흰 또는 금발머리와 파란 눈의 백인들로, 공식행사에 참여하면서 칵테일을 마시는 부류의 사람이었던 것이다. 내가 머물렀던 하숙집 주인에 의하면(그도 소프리에서 일하는 사람이었다), 이키케의 "젯 셋"은 "쵸콜라타(Cioccolata)에서 커피를 마시고, 가비나 호텔(Hotel Gavina)에서 칵테일을 마신다." 쵸콜라타는 이키케 시내에 있는 고급 커피숍이고, 호텔 가비나 역시 해변가에 있는 고급호텔로, 서민들이 들어갈 수 없는 그런 곳들이었다. 모이셋의 사망을 둘러싼 사건들은 모이셋 개인에 대한 공격과 견제라기보다는, 이처럼 외부인이지만 이키케 경제를 주무른다고

---

27 La Estrella de Iquique, 2001년 3월 22일자. "후안 카를로스 모이셋의 죽음에 대한 재고(Pesar por muerte de Juan Carlos Moysset)". 제목에 나오는 "pesar"는 "심사숙고한다"라는 뜻으로 사용되었으나, "몸무게가 나간다" 또는 "무게를 잰다"는 뜻의 동사로도 쓰인다. 기사의 제목을 이와 같이 붙인 것은 신문이 모이셋의 몸무게를 가지고 말장난을 친 것이었다.

생각되는 "젯 셋"에 대한 거부감이었다. 게다가 모이셋은 절제력이 없었다. 결혼한 상태에서 별거 중 여자친구로 하여금 자신의 아이를 배게 했었고, 지방흡입수술을 여러 차례 시도했으나 결국 위절제술을 택할 수밖에 없었다. 이런 정황들을 모아 현지 언론은 그와 그 여자친구를 욕심 많고 절제력이 없는, 부도덕한 사람으로 그리고, 그런 사람들이 이키케의 거사를 결정하고 이키케에서 대우를 받는 것에 대한 거부감을 나타낸 것이다.

이키케에 돌고 있는 부동산 투기, 절제력의 부재, 돈세탁에 대한 루머, 돈 있는 사람들과 마약경제와의 연관성 등은 소프리가 몰고 온 붐의 다른 단면이다. 역사적으로 초석산업의 도래부터 외부 투자가들이 조성하는 경제활동에 종사하고 의존하게 된 이키케뇨들은 소프리도 역시 "그들만의 리그"의 주변인으로 몰락하는 것을 우려할 수밖에 없는 구도이다. 이들 중에는 고용의 기회를 얻고, 중산층으로서 살아갈 희망을 얻은 사람들도 있지만, 대부분은 소프리의 잔여효과에 의존해야 하는 입장들이다. 게다가 소프리에서 생성되는 가치가 열심히 일한 대가에서 오기보다는 노동과 관계없어 보이는 부동산과 투기에서 발생하는 것 자체가 가치에 대한 문제제기로 이어진다. 소프리는 이 땅에 새로운 경제적 기회를 가지고 왔지만, 한편으로는 계층 간의 위화감과 무절제한 투기를 몰고 오기도 한 양날의 칼이다.

밀레니엄 자본주의와 이키케

밀레니엄의 이키케 자유무역지대는 인류학자 코마로프 부부가 정의하는 "밀레니엄 자본주의"의 특징을 그대로 가지고 있다: "밀레니엄 자본주의는 예측이 안 되는 방식으로 포용도 하고 소외도 시킨다; 글로벌 차원에서 욕망과 기대를 생성하지만[Trouillot 1999] 한편으로 경제적 안정과 일자리에 대한 보장을 약화시킨다; 그리고 계층 간의 차이를 확대시킨다"(Comaroff and Comaroff 2000: 298). 이키케는 심지어 이들이 "기이한 경제(occult economies)"라고 지칭한 경제와 유사한 면도 있다: 겉으로는 세련되어 보이고 멀쩡해 보이지만, 사실상 가치의 창출이 어떤 근거와 기준으로 이루어지고 있는지 알 수 없으며, 따라서 붐이 일어나고 있을 때 빨리 동참해야만 할 것 같은 긴박감과 돈이 어떻게 벌렸는지에 대해 "묻지 마" 태도가 만연하다는 것이다. 이런 예측불허의 실천들은 주민들에게 한 건을 할 수 있는 기회이면서도 걱정과 불안감으로 이전된다.

2000년, 이키케의 주민들은 사막에서 "추파카브라(chupacabras)"들이 나타났다며 이를 불결한 징조로 해석하고 불안해했다. 추파카브라는 직역을 하자면 "양을 빨아먹는 괴물"이라는 뜻인데, 양(또는 개와 같은 작은 동물)들의 시체가 날카로운 이빨 자국에 물린 채, 피가 완전히 빠진 채로 발견되어 사회를 뒤숭숭하게 했었다. 그 어느 누구도 추파카브라를 본 적이 없었지만, 어떤 동물이 어떻게 이들 양떼를 공격했는지 알 수 없었기 때문에 이를 초자연적인 현상, 신비로운 현상, 욕심에 대한 신의 처벌 등으로 해석하는 기이한 일들이 벌어졌다(cf. Robin 2002).

밀레니엄을 앞두고 이키케 위성도시인 알토 오스피시오(Alto Hospicio)[28]에서 젊은 여성들이 연달아 사라지면서 경찰들의 추적이 한창이었다. 사람들은 온갖 상상력으로 이들의 실종을 가늠하고 있었다: 누군가 그들을 미국의 사창가에 팔아넘기고 있는 것인가? 이 여성들이야말로 추파카브라에 당했던 것일까? 우주에서 온 비행접시가 그들을 데리고 간 것일까?[29] 이 추측들은 황당한 것 같지만, 소녀들의 실종은 2000년도 이

---

28 이곳은 현지주민들이 빈민촌으로 생각하는 지역으로, 이키케에 뿌리를 두고 있는 사람들이 사는 곳이라기보다는 최근에 이주해 온 남쪽 사람들의 거주지로 알려져 있다. 이키케 사람들은 이곳을 우범지대로 생각하기도 했다.

29 이곳 지형 때문에 그런 것인지는 몰라도, 비행접시 목격은 이곳에서 매우 자주 언급되는 주제였다. 가장 잘 알려진 사례로 1960년대 유명한 권투경기 중에 비행접시가

키케 라디오의 토크쇼를 밤낮으로 도배했던 주제였다.[30]

소프리는 돈을 벌 수 있는 기회를 제공하는 매혹적인 존재이면서도 그 감시체제는 누구나 범죄자일 수도 있다는 메시지를 동시에 전하고 있었다. 게다가 돈으로 해석되고 유통되는 가치의 원천이 궁극적으로 어디에 있는가가 명확하지 않은 상황에서도, 지금이 아니면 언제 돈을 벌겠는가 하는 한탕주의와 조바심이 도시 전체에 드리워져 있었다. 소프리로 인해서 이키케의 '가치', 특히 그 땅의 가치는 급상승했지만, 사회적으로 이키케는 밀레니엄 자본주의를 안전장치 없이 겪어야만 하는 의문과 불신의 사회가 되어버렸다. 자유무역지대는 돈을 만들어냈지만, 공동체의 사회적 재생산에는 실패한 것으로 보인다. 오히려 이키케는 일확천금을 꿈꾸는 사람들이 모이는 곳으로 변하여, 이곳에 뿌리를 두고 있는 사람들은 중산층 되기의 꿈을 안은 채 투기와 소비의 스펙터클을 이해하지 못한 채, 주변인으로 참관만 하거나 도둑질과 같은 소극적인 저항을 하고 있었다.

2000년이 끝나갈 무렵, 더 심각한 그림자가 이키케를 덮쳤다. 페루와 볼리비아의 국경폐쇄로 경기가 매우 나빠졌다. 소프리의 매출은 떨어지고 있었고, 사용자들은 이 같은 상황에서도 경기와 관계없이 높은 수수료를 챙기는 소프리사를 맹비난하고 있었다. 기예르모 로스 무레이 (Guillermo Ross-Murray)와 같이 이곳 역사를 잘 알고 있던 지식인들은 올 것이 왔다는 식으로 불경기를 이해하고 있었다—마치 흥망성쇠는 이곳의 운명이라는 듯이. 이키케에서의 경기순환은 거의 숙명적인 것처럼, 붐(boom, *auge*)이 오면 언젠가 버스트(bust, *caída*)가 오는 것이 불가피하다는

하늘을 날아 그 자리에 있었던 모든 사람들이 이를 목격했다고 하는 일화도 있다. 그때 이키케에 비행접시 전문가들이 와서 공개강의도 했는데, 주민들은 줄을 서서 표를 구하려고 했다는 보도가 있다.

30 훗날 알토오스피시오에 거주하는 한 청년이 주범으로 소녀들을 살해했다는 사실이 밝혀졌다. 그는 정신질환을 앓고 있는 환자였다고 한다.

시각들이 있었다. 실제로 경기가 나빠졌다가 2000년대 중반에 가서 다시 회복이 되었다. 경기순환은 계속 되풀이되었다.

세뇨라 베로니카와 돈 레온

(Sra. Veronica & Don León)

세뇨라 베로니카와 돈 레온. 부부가 소프리에서 일해 모은 돈으로 마련한
집 이층 발코니에서 우리 아들 인경이를 안고 있다.

세뇨라 베로니카와의 인연은 다음과 같이 시작되었다. 이키케를 처음
방문했던 1998년에 산티아고 지인을 통해서 소프리에 수출입 사무소를
운영하던 박사장님을 소개받았다. 박사장님은 소프리의 다른 한국 사
용자들을 소개해주셨고, 내가 이키케의 역사를 공부하러 왔다는 얘기에

누군가 "베로니카의 아들을 만나면 좋겠다"고 권유해주셨다. 세뇨라 베로니카의 아들 마리오는 나와 동갑내기로, 당시 이키케 시공무원으로 시의 문화예술국에 근무하고 있었다. 마리오는 원래 연극배우였다. 본인이 들으면 기분 나빠하겠지만 당시에 스탈린과 같은 콧수염을 하고 있어 꼭 코미디 배우를 연상시켰다. 키는 나보다 작았지만 무대에서는 강한 카리스마를 뿜을 수 있는 친구 같았다. 나는 마리오를 그 해만 몇 번 만났을 뿐, 그 이후로는 한 번도 보지 못했다. 그가 바로 벨기에 극단으로 스카웃되어 이키케를 떠났던 것이다. 그러나 그의 어머니인 세뇨라 베로니카는 그 이후로 나를 "아들의 친구"로 받아들여주어서 오늘날까지 나를 딸로, 때로는 동생처럼 대해주고 있다.

그런 인연으로 2000년도에 현장조사를 하러 갔을 때 하숙집을 구하고 있던 내게 세뇨라 베로니카는 큰 아들의 방이 비었으니 그 방을 쓰라고 했다. 세뇨라 베로니카에겐 서른이 넘은 아들이 있었지만, 그 아들을 15세에 낳았으니, 나에게는 엄마이자 언니와 같은 존재이기도 했다. 처음에는 그 사실이 무척 당황스러웠지만, 이곳 사람들이 결혼도 일찍 하고 아이도 빨리 낳는다는 것에 눈을 뜨게 해준 경험이었다.

세뇨라 베로니카의 부모님도 팜파스에서 이키케로 내려온 사람들이었다. 아버지는 스페인계 노동자였고, 어머니는 독일계였다. 세뇨라 베로니카는 아버지에 대한 얘기를 거의 하지 않았다. 특별히 나쁜 감정이 있어서라기보다는 사실상 그를 잘 알지 못했기 때문인 것 같다. 아버지와 어머니 사이에는 큰언니 욜란다가 있었고, 세뇨라 베로니카는 둘째 딸이었다. 그런데 아버지는 세뇨라 베로니카가 5세가 되기 전에 발파라이소로 떠났다고 한다. 일을 구하러 갔다고 하는데, 그 후로 한 번 가족들이 아버지를 보러 발파라이소로 갔지만 그것이 마지막이었다고 한다. 그 이후에는 연락이 끊겨 아버지가 어떻게 살았는지, 어떻게 돌아가셨는지, 묘는 어디에 두었는지도 모른다고 했다. 어머니는 생활력이 강해서 파출부를 하면서 아이들을 키웠다. 그리고선 재혼하여 아이 둘을 더 낳았다. 세뇨라 베로니카의 남동생인 레오나르도는 잘 생기고 키도 훤칠한 데다, 목소리가 좋아서 이키케의 모든 행사에서 사회를 보는 준 연예인이었다. 막내 동생 데이시는 평범한 가정주부였다. 이들 형제들은 모두 바빴지만, 어머니를 극진하게 모시기도 했다. 어머니는 그녀의 동생과 같이 시내에 살았는데, 세뇨라 베로니카는 일요일에 너무 피곤하지 않으면 어머니를 아침에 모시고 와서, 점심식사를 해드리고 담소를 나누곤 했다. 어머니는 신문을 보다가 낮잠을 잠시 주무시고, 저녁에 이곳 사람들이 식사 대신에 갖는 티타임을 같이한 후, 세뇨라 베로니카가 다시 집으로 모셔다 드리곤 했다.

세뇨라 베로니카의 어머니 도냐 욜란다를 보면 파출부를 했을 것 같다는 인상을 전혀 받을 수 없었다. 도냐 욜란다는 그야말로 전형적인 독일여성 같았다. 큰 키에 어깨와 가슴이 떡 벌어졌으며 다리는 길고 가늘었다. 금발머리는 하얗게 셌지만, 눈은 옅은 청회색이었고, 옷도 항상 단정하고 깨끗하게 입고 다니셨다. 세뇨라 베로니카도 이곳에서는 자주 보지 못하는 '금발미인'이었다. 집안사정은 어려웠지만 학교에서 공부도 잘하고, 선망의 대상이 되는 흰 피부와 금발을 가지고 있었기에, 세뇨라 베로니카는 학창시절 인기가 많았다. 열네 살에는 이키케에서 해마다 열리는 "봄축제"에서 여왕으로(소위 "메이퀸") 선발되기도 했다.

돈 레온은 외조부가 일본사람이었다고 한다. 필리핀 어선을 타고 우연히 이키케에 정박하게 되었는데, 이곳에서 눌러앉게 되어 결혼하고 살림을 꾸렸다. 그래서 돈 레온의 어머니 도냐 레온티나의 사진을 보면 동양사람의 모습이 있다(도냐 레온티나는 고인이 된 지 꽤 되었다). 그녀는 돈 레온의 아버지로부터 버림받고 난 후 다른 남자와 혼인하여 아이들을 둘 더 낳았다. 이렇게 해서 세뇨라 베로니카와 돈 레온의 가족은 모두 모계 가족이며, 아버지가 다른 형제가 있어도 그것은 전혀 중요하지 않았다.

형제들 간의 관계는 서로 돈독했다.

돈 레온의 가정사도 순탄하지만은 않았다. 아버지는 초석광산의 복지관리자로 산티아고에서 파견 나온 사람이었다. 그가 돈 레온의 어머니, 도냐 레온티나를 산타 카탈리나 초석캠프에서 만났을 때 결혼한 상태였는지 여부는 알 수 없다고 한다. 그런데 그녀와 아이 둘을 낳고 산타 카탈리나를 떠났다. 그는 여성편력이 심한 사람으로, 십수 명의 여성들 사이에서 태어난 자녀가 21명이라고 했다. 돈 레온은 그가 성인이 되었을 때 아버지를 찾아갔다고 했다. 그것이 그가 기억하는 아버지와의 첫 만남이자 마지막 만남이었다. 기구한 것은 그가 우연히 이복동생을 만나게 된 사연이다. 지인이 닮아도 너무 닮았다는 말과 함께, 아버지 성씨가 같다고 판단하여 분명 서로 연관되어 있었을 것이라 하여 한번 만나본 것인데, 이복동생이 맞았다. 한국의 드라마에서 볼 법한 드라마틱한 사연들은 여기서 끝나지 않았다.

돈 레온은 세뇨라 베로니카가 예뻐서 필사적으로 쫓아다녔다고 한다. 세뇨라 베로니카가 임신을 했으니, 빨리 결혼을 하는 수밖에 없었다. 돈 레온은 그때 학교를 중퇴하고 조선소에서 이미 일을 시작한 터였다. 세뇨라 베로니카는 대학에 꼭 진학하여 영어선생님이 되는 꿈을 안고 있었는데, 출산 후에도 보모를 찾아 아이를 맡기고 고등학교를 졸업하고 대학까지 갔다. 세뇨라 베로니카는 살바도르 아옌데의 민중연합 정권을 지지했었는데, 그 정부가 아니었으면 자신과 같은 사람이 대학을 어떻게 갔겠느냐고 했다. 세뇨라 베로니카는 민중연합 정권이 국립대를 무상으로 다니게 한 덕을 톡톡히 보고 이에 항상 감사하는 마음을 가졌다. 문제는 돈 레온이었다. 딱히 사회주의자도 아닌데, 독재정권이 숨을 막히게 한다며 어느 날 처자식을 홀로 두고 훌쩍 브라질로 떠났다. 군인들에게 "살인마!"라고 소리쳐 감금과 구타를 당한 일이 있어도 수배자는 아니었는데, 세뇨라 베로니카는 망명이 "별거를 위한 위장"

이었을 것이라고 얘기하곤 했다. 그뿐만 아니라, 돈 레온은 바람기도 있어서 세뇨라 베로니카에게 마음고생을 많이 시켰다. 그러다 1985년에는 둘째 아들을 낳았다. 아들 폴리는 2000년에 고등학교를 다니던 풋풋한 학생이었다. 세뇨라 베로니카와 돈 레온은 항상 다투고 서로에게 화를 내면서도 지금까지 같이 잘 살고 있다.

이들 부부를 보면 "이키케에서 자수성가를 했다는 것이 이런 것이구나"라는 사실을 새삼 발견하게 된다. 두 사람 모두 넉넉하지 않은 살림에, 아버지의 존재감이나 지원 없이 일찍 커버린 경우이다(돈 레온은 새아버지를 친아버지처럼 모셨으나, 그분도 어머니 사망 후 재혼한 상태라 왕래가 많지는 않았다). 돈 레온은 누이들도 있어 가계에 일찍 보탬이 되려고 학교를 중퇴하고 일찍 직업전선으로 나섰다. 그들이 신혼에 차린 살림은 "귀신이 나올 것 같은 집"이라며 세뇨라 베로니카는 자주 일러주었다. 세뇨라 베로니카는 돈 레온이 브라질에 가 있을 때 버스 승차비를 아끼기 위해서 대학까지 한 시간씩 걸었다고 한다(브라질에서 돈 레온은 3년 동안 돈을 한 푼도 부쳐주지 않았다). 소프리가 생기면서 영어를 구사하는 사람을 찾는 사용자가 많아져 세뇨라 베로니카는 졸업하는 대로 취직했다. 대만 사용자의 직원으로 10여 년 가까이 일을 하고 신임을 얻어 대만에 6개월간 파견근무를 나간 적도 있었다. 돈 레온도 귀국해서 소프리에서 일을 구해 둘은 결혼한 지 10여 년 만에 시내 북부에 있는 라 푼티야(La Puntilla) 해변가에 작은 아파트를 하나 장만했다. 90년대 중반에는 이키케 남쪽 지역이 개발되자 그곳에 땅을 사서 집을 짓기 시작했다. 세로 드라곤(Cerro Dragon)은 엄청난 부촌은 아니었지만, 가지런한 집들이 모여 있는 이곳 중산층이 사는 동네였다. 시내 근처에 있는 아파트는 세를 내주어 매달 월세를 받고 있었다.

처음에 세뇨라 베로니카 집에 갔을 때 받았던 인상은 집이 무슨 전자제품 전시장 같다는 느낌이었다. 소프리에서 그간 저렴하게 샀던 오디오, 텔레비전, 비디오 플레이어 등은 신·구 모델로 서너 대씩 있었고, 소형 냉장고도 4개나 되었다. 물론 그 모든 물건이 사용되는 것은 아니었지만, 두 사람은 물건을 버리지 못했다. 두 사람 모두 일을 했기 때문에 각자의 자동차가 있었다. 이키케에서는 새 차(*auto zero kilometro*)를 사는 것이 부의 상징이기도 한데, 두 사람 모두 수입된 중고차를 몰고 다녔다. 중고차들은 대체적으로 에어컨이 안 달려 있어서 그곳 여름에는 다소 답답할 수 있었다. 내가 현지조사를 길게 했던 2000년에 세뇨라 베로니카는 소프리에서 베테랑 직원으로 소문이 나 있었는데, 그때 그녀는 많이 힘들어하고 피곤해했다. 소프리에서 20년 넘게 회사의 일을 오너보다 열심히 했지만 보상은 적었다. 본인은 엄마를 닮아 생활력이 강하고 성실하게 일을 하는 것에 대단한 자부심을 느낀다고 자주 얘기했지만, 앞으로 20년도 이렇게 살아야 한다는 생각이 그녀를 힘들게 했다. 그때 돈 레온도 일이 없어 심적으로 불안했던 때이다. 그때 당시 회사는 잘 되지 않아서 정리되었지만, 오너는 동업을 제안해서 세뇨라 베로니카는 다른 형태로 일을 다시 시작하게 되었다.

오너는 갈폰을 정리하고 모둘로 두 개만 운영하자는 제안을 했는데, 비대한 조직을 정리하고 유연하고 가볍게 가자는 제안이었다. 오너 본인도 이키케에 거주할 것 없이 세뇨라 베로니카에게 운영의 모든 책임을 맡기고, 판매직원 3-4명만 데리고 충분히 운영을 할 수 있는 형태로 사업이 재조정되었다. 무엇보다도 세뇨라 베로니카는 월급을 받는 직원이 아니라 동업자로서 수익의 절반을 받게 되었다. 세뇨라 베로니카는 자기 때가 왔다는 듯이 본인이 그간 소프리에서 쌓은 경험, 세일즈 노하우, 머천다이징, 인맥 등을 총동원하여 열심히 일을 했다. 결과적으로 매출이 오르고 사업은 번창했다. 한 모둘로에는 마땅한 직원이 없어 돈 레온과 아들 폴리가 운영하기 시작했다. 아들은 재고관리와 창고정리를 해주기도 했다. 2014년도에 와보니, 세뇨라 베로니카는 엄연한 "사용자"의 모습이었다. 세뇨라 베로니카는 집에서 남편에게 휘둘리는 편이었지만, 이제는 남편과 아들까지 고용했으니 집에서도 "혜파(jefa, boss)"인 셈이라고 내가 자주 놀렸다. 세뇨라 베로니카는 일단 자신의 차를 새 차로 바꾸고, 연이어 남편의 차도 새 차로 바꿔주었다. 소득의 차이는 사회적 위상의 차이까지 나게 했다. 세뇨라 베로니카는 코야와시 광산 임원들의 '사모님'들과 소프리 사용자 중 여성 사장들이 함께 꾸린 모임에 정기적으로 나갔다. 세뇨라 베로니카는 사교모임에 거의 나가지 않고 친구들도 자주 만나는 편이 아니었는데, 이 모임은 챙기고 있었다. 평생 소프리에서 일해온 그녀가 자신의 자리(niche)를 찾은 듯했다. 이전에는 사용자도 아니고, 임원이었기 때문에 직원들과 쉽게 섞이는 것도 어려웠다. 오히려 그들을 감시해야 했는데, 사용자, 즉 오너가 아니니 그만한 권위와 권력은 주어지지 않았다. 세뇨라 베로니카는 이 모임에 나가면 반 농담으로 "그링가스(gringas, 서양사람 또는 서양사람처럼 생긴 사람)"를 만나러 간다며 좋아했다.

더 중요한 것은 세뇨라 베로니카가 자신의 명의로 저금을 하기 시작했다는 것이다. 세뇨라 베로니카는 저금한 돈으로 부동산을 살 생각을 하고 있었다. 이키케에는 공사 붐이 한창 일고 있었다. 여름철에 피서객을 주 단위 또는 월 단위로 받으면 수입이 괜찮았다. 세뇨라 베로니카는 여러 가지 구상을 하고 있었다. 그러나 그것은 어디까지나 소프리의 직원에서 사용자로 전환이 가능했기 때문이다. 직원으로 남아 있었으면 이런 변화는 꿈도 꾸지 못할 일이었다. 본인은 큰 욕심 없이, 살아 있는 동안 편안하게 살다가 가고 싶다고 했다. 아들들도 넉넉한 살림은 아니었지만 그런대로 잘살고 있었다. 그녀는 이키케를 떠날 생각이 전혀 없다고 했다. 이키케는 그녀에게 이 세상에서 가장 살기 좋은 곳이었다.

7장　자유무역지대의 쇠퇴와 칠레의 마지막 카우디요

자유무역지대의 쇠퇴

2000년에 소프리의 상거래는 주춤했다. 90년대에는 매출이 제법 잘 올랐으나, 2000년에 상황은 많이 달랐다. 사용자 사장님들은 찾아오는 바이어들이 없어 낮에 사무실을 조용하게 묵묵히 지키고 있었다. 1998년 이키케에 사전조사차 들렀을 때 많은 정보를 제공해주었던 한국인 사용자가 있었다. 아르헨티나의 한국인 1.5세였던 그는 부인과 함께 이키케에서 중고트럭 장사를 하고 있었다. 연령도 나와 비슷해서 나는 이들 부부로터 소프리에 대한 많은 정보를 얻을 수 있었다. 그런데 2000년에 이키케에 와서 그들을 찾았더니, "도망"가고 없다는 것이었다. 회사가 부도 나서 어느 날 집과 차, 사무실 뒷정리를 하나도 하지 않고 야반도주를 한 것이다. 이 부부가 살고 있던 해변가의 고급아파트에는 가구와 살림들이 그대로 남아 있었고, 그들이 타고 다니던 흰색 포드 익스플로러(Ford Explorer)는 길가에서 보이는 주차장에 세워져 있었다. 그런데 이들 부부만 여기를 떠난 것이 아니었다. 이제 막 하숙집을 구해서 작은 살림들을 구하고 있는데, 최근에 다른 한국인 사용자가 회사를 정리하고 간 바람에 남은 한국인들은 그 살림을 처분해주고 있었다. 그렇게 해서 나는 아주 기능적인 책상과 책장을 얻어 조사기간 동안 아주 요긴하게 썼다.

1997년에는 제법 장사가 잘 됐으나, 2000년에 들어서서 이처럼 부도가 나는 회사들이 많았다. 큰 규모의 회사들은 건실했으나, 작은 규모의 회사들은 손실을 극복할 길이 없었다. 외국인 사용자의 경우, 사업을 정리하고 칠레를 떠나면 됐지만 그렇다고 해서 도처에 사업기회가 널려있던 것은 아니다. 사용자 중 소수는 야반도주를 선택했다(2014년도 수도 산티아고의 한인사회에서도 가끔씩 일어나는 일이었다). 한 사용자는 페루 리마(Lima)가 "사기꾼들의 안식처"라고 하면서, 칠레뿐만 아니라 라틴아메리카 전역에서 도망 나온 한국인들을 모두 만날 수 있다고 했다. 또 경기에 따라 라틴아메리카의 자유무역지대들을 옮겨 다니면서 사는 사람들도 있었다: 이키케에서 타크나(Tacna-페루)로, 타크나에서 산타크루즈(Santa Cruz-볼리비아)로, 산타크루즈에서 도미니카 공화국 등지로 옮겨 다니면서 사업기회를 봤다. 그중에 몇몇은 "사기꾼" 낙인이 찍혔는데, 실제로 비즈니스를 하다가 부도가 나면 "뛰는" 행적들이 있었기 때문이다. 법을 준수하며 사업을 돌보는 사람들이 대부분이었지만, 부도가 날 경우 "사기꾼", "장사꾼", "사업가", "사용자" 간의 차이는 애매해졌다. 이러한 도덕경제와 실물경제 간의 차이는 이곳 사업자들을 도덕적으로 애매한 회색지대에 자리매김하고, 이를 인식하는 정직한 사용자들은 그러한 시선을 부당하게 여기고 부담스러워한다.

소프리에서의 상거래가 주춤하자, 사용자 사장님들은 소프리에 대해 질문하고 다니는 나와 같은 나그네를 반갑게 맞아주고 각자 경기불황의 원인에 대해 설명해주었다. 소프리의 쇠퇴는 칠레경기를 타서 발생했다기보다는 다른 요인들로부터 영향을 받았다. 가장 많이 회자되는 것은 페루와 볼리비아 국경의 폐쇄였다. 이들 나라가 이키케에서 들어오는 물건에 관세를 물기 시작하면서 바이어들의 발길이 주춤해졌다는 것이었다. 볼리비아의 경우, 종교축제에 여성들이 입는 여러 겹의 치마(*pollera*)에 들어가는 원단들이 거의 한국산이었는데, 이 원단을 사 가는 사람들의 발길이 끊기자 창고에는 재고만 쌓이고 물건이 전혀 팔리지 않는 날들이 이어졌다. 그 외에도 사람들은 1998년의 아시아 경제위기를 거론하곤 했다. 아시아의 파동이 라틴아메리카의 주요국가, 즉 브라질과 같은 국가에 영향을 미쳐 긴축정책들이 그보다 규모가 작은 경제, 예컨대 칠레와 페루, 볼리비아 모두에 영향을 미쳤다는 것이다. 한편, 칠레가 그 어떤 나라보다 더 적극적으로 체결하기 시작한 무관세조약(Free Trade Agreements, FTA)들은 자유무역지대의 무관세 특혜를 약화시켰다. 그러나 이유가 어쨌든 간에, 거래가 주춤해지고 돈이 돌지 않자, 이키케는 숙명적으로 또다시 쇠하는가(*otra caída*)에 대한 걱정이 일기 시작했다.

본 장에서는 이키케가 또다시 경기불황을 맞았을 2000년 말의 상황을 전하고, 불황에 대한 이키케 각계의 반응을 서술한다. 불황에 대해서 소프리사와 사용자들은 어떻게 반응하고 사태를 추슬렀는가? FTA 시대에 자유무역지대는 이제 그 생명을 다한 것인가? 그리고 때마침, 이곳에서는 지방자치단체장 선거가 진행되고 있었다. 5장에서 얘기된 바와 같이, 이키케 경제를 살렸다고 하는 피노체트를 향한 열렬한 지지는 여전했다. 그러나 그럼에도 불구하고, 2000년 말에 시행된 지방자치단체장 선거에서는 지방주의를 표방하는, 중도좌파의 포퓰리스트 후보 호르헤 소리아(Jorge Soria)가 압도적인 지지로 또 한 번 당선되었다. 1960년대에 젊은 청년으로 처음에 이키케 시장을 역임했던 소리아는 피노체트의 군부정권 시절 국내오지로 '귀향(*relegado*)'을 갔다가, 민주화 이후 1992년도에 이키케 시장으로 다시 당선된 이래로 2004년까지 4회 연속으로 당선이 되어 전국적으로 화제를 일으켰던 인물이다. 2008년에는 부정부패혐의로 조사받은 관계로 출마를 하지 못했으나, 소리아는

2012년에 다시 시장자리에 올라앉아 있었다. 이는 칠레에서 전례가 없는 일로, 분명 이 지방의 흥망성쇠의 역사의 맥락에서 해석해야 하는 현상이다.

물론 이키케는 더 이상 1930년대의 이키케도 아니었고, 1950년대의 이키케도 아니었다. 이곳 내륙에 들어선 코야와시(Collahuasi) 광산은 한창 흑자를 내고 있는 데다, 지역경제에 큰 공헌을 하고 있었다. 시의 관광수입도 늘어나서 지역경제에서 소프리가 결정적인 역할을 하는 시기는 끝난 듯했다. 그러나 소프리의 쇠퇴는 그 경제적인 임팩트보다는 상징적으로 더 큰 여파를 미쳤다. 상거래 활동의 주춤거림에서, 임대가 되지 않아 텅 빈 상태로 남아 있는 상점에서, 관리의 손길이 미치지 않아 지저분하게 남아 있는 시내의 거리에서 모두 마치 과거의 흥망성쇠의 망령이 도사리는 듯했다. 그리고 무엇보다도 사람들이 불안해하기 시작했다. 그 불길한 기운이 어떻게 그 정체를 드러내고 있었는지 알아보도록 한다.

소프리사의 구조조정

2000년, 소프리에서 위기의 기운이 돌기 시작할 때, 즉 소프리 내의 매출이 큰 타격을 받기 시작할 때 소프리사도 영향을 받지 않을 수 없었다. 그럼에도 불구하고, 소프리사의 부동산관리국장인 기도 테예스(Guido Téllez)는 사용자의 수가 크게 줄어들지 않았다고, 별일 없다고 손사래를 쳤다. 갈폰의 가격은 조금 하락했어도, 사업은 그대로 지속된다는 것이었다. 그러나 소프리에서는 빈 갈폰과 모둘로가 생기기 시작했고, 더 심각한 것은 소프리의 주식가격이 하락세를 타고 있었다는 점이다.

수천만 달러의 매출을 올리는 회사답게, 소프리사는 독자적인 연구개발국을 두고 있었고, 이 연구개발국은 지난 몇 년간 미래의 소프리를 구상하고 계획하는 일을 해왔었다. 사업조건과 환경의 변화를 예측하고 이에 대한 대응책을 마련하는 일을 우선적으로 했던 연구개발국은 곤살로 시드 파사리니(Gonzálo Cid Passarini)라고 하는 30대 초반의 젊은 국장을 둔 유일한 부서였다. 곤살로는 내가 소프리사에서 만난 사람 중에 가장 유능하고 합리적인 사람이었다. 앞 장에서 소개되었던 후안 카를로스 모이셋과는 너무나도 대조적인 사람으로(그는 매우 마른 체형에 키도 많이 작았다), 매우 샤프한 데다 사고가 유연하고 성실하기까지 했다.

곤살로가 이끄는 연구개발국은 칠레의 관세가 지난 5년간 점차적으로 5% 선으로 떨어질 것을 예측하고, 소프리가, 나아가서 소프리사가 무관세의 특혜 없이도 어떻게 생존할 수 있는가에 대한 연구를 해왔다. 연구개발국은 소프리사의 영업방식을 점차적으로 바꿔야 한다는 제안을 했는데, 본부에서는 이를 적극적으로 받아들였다. 소프리사는 과거의 갈폰과 모둘로를 임대하고 판매하는 부동산 관리회사에서 점차적으로 창고유통업으로 전환하는 계획을 세웠다. 일명 이키케 자유무역지대유통센터(Centro Logístico ZOFRI, 이하 CLZ)는 미래지향적 글로벌 유통 인프라를 이곳에 구축하는 시스템으로서 구상되었다. 소프리사는 기존의 방식으로 더 이상 생존하는 것이 어렵다고 판단하고, 적극적으로 CLZ를 선전하고 기존의 관행을 바꾸려고 노력했다. 소프리사는 CLZ의 1차 구축계획에만 8천 4백만 달러를 투자했다.[1]

CLZ에 대한 구상은 무관세 시대를 앞두고 소프리에서의 거래물량이 하락하면 사용자들이 떠날 것이라는 전제하에서 시작되었다. 사용자들이 떠나면, 그간 소프리사를 지탱했던 부동산업도 침체되고 소프리사

---

1 ZOFRI S.A, n.d. "Centro Logístico de ZOFRI (CLZ), Zona Franca de Iquique. Principales Antecendes del Proyecto." ZOFRI S.A., Departamento de Investigación y Desarollo.

도 큰 타격을 받게 되어 있었다. CLZ는 상품의 보관과 유통을 전담하는 시스템으로, 사용자가 현지에 있지 않고도 원격으로 이를 조정할 수 있게 하여 물품의 흐름을 관리하게 하는 시스템이다. CLZ는 인근국가뿐만 아니라 더 멀리까지 물품이 이송될 것을 내다보고 더 가볍고 유연한 체제를 만들어냈던 것이다. 여기에는 미래의 상업이 그간의 상업과 다르다는 전제가 깔려 있다. 그간 소프리사는 바이어(buyer)와 셀러(seller)가 물건을 직접 다루어가면서 거래하는 장소를 제공해주었다면, 이제는 바이어와 셀러가 서로 만날 필요 없이 원격으로 얼마든지 거래할 수 있다는 전제가 있다. 뿐만 아니라, 거래 상품도 이제는 전 세계적으로 비교적 규격화된 것으로, 꼭 물건을 보고 품질을 확인해야만 하는 절차가 필요없는 경우도 많아져 이 절차도 없앨 수 있다는 것이다. 특히 똑같은 모델들이 전 세계적으로 유통되는 전자제품의 경우가 그 대표적인 사례였다. 소매를 할 것이 아니면, 사양별로 모두 카탈로그로 정리되어 있는 상품을 물리적으로 확인하는 절차가 꼭 필요한 것은 아니었다. 정리하자면, CLZ에 등록된 사용자는 원격으로 물품에 대한 오더를 받고 내보낼 수 있는 시스템으로, CLZ는 그간 창고에서 보관했던 물건을 빼고 도착지까지 배달하는 업무를 맡게 된다. 소프리사 보고서에서 설명하기를, CLZ는 "현재 소프리의 사용자와 미래의 고객들에게 유연(agil)하고도 총체적(total)인 상품유통서비스를 제공하기 위해" 탄생하였다. CLZ는 "사용자가 그간 지불했던 창고와 재고운영의 고정비용을 가변비용으로 지불할 수 있게 한다"(ZOFRI S.A. 1998: 33).

이 계획에 따르면, 사용자는 CLZ를 활용하게 되면 이곳에 부재중에서도 거래를 관장할 수 있다. 이는 부동산에 들어가는 비용을 대폭 줄일 수 있을 뿐만 아니라, 회사와 재고를 관리해주는 직원도 필요 없게 되어 임금에 대한 지출도 없다는 것이다. 그리고 CLZ의 주된 고객은 더 이상 물품의 판매자만이 아닌 구매자일 수도 있게 된다. 다시 말해서, 그간 소프리사의 주 고객이 이곳에 수출입 사업을 세운 사용자들로, 이들의 주된 기능이 물건을 파는 것이었다면, 이제는 CLZ를 통해 물건을 사 가는 사람들도 이곳 창고를 이용하고 재고관리를 맡기면서 사업을 할 수 있게 한다는 것이다. 무엇보다도 이 시스템은 최신의 통신기술에 의존하고 있었다. 원격으로 사업을 관리할 수 있다는 것은 비용을 대폭 감축시키는 것이었다. 초기 투자비용이 많이 들어가지만, 장기적으로는 남아메리카로 시장의 서쪽 관문으로서의 역할을 톡톡히 할 수 있는 기회이기도 했다.

CLZ의 구축은 1998년에 11,200m²가 되는 땅에 창고를 짓는 것에서부터 시작되었다. 그러나 창고보다 더 중요한 것은 이 시스템을 가동시키는 운영 소프트웨어와 컴퓨터 하드웨어였다. 하드웨어는 미국의 오라클(Oracle)이 구축하고, CLZ의 소프트웨어는 스페인의 백화점 체인으로 잘 알려진 엘 코르테 잉글레스(El Corte Inglés)의 유통부문 자회사가 맡게 되었다. 소프리사로서 CLZ는 큰 모험이었다. 투자비용의 규모도 컸지만, 무엇보다도 그간의 소프리 운영방식을 바꾸는 계기가 되었기 때문이다. 과연 새로운 시스템이 기존의 시스템보다 더 효율적일지, 과연 수익을 보장해줄 것인지에 대한 걱정들도 있었다. 그러나 곤살로 시드 파사리니의 말을 빌자면, "이제는 더 이상 뒤만 돌아볼 수 없다. 이것이 미래의 상업이다."[2] 거래방식은 무수한 조합으로 성립될 수 있었다. 등록된 사용자가 물건을 원격으로 움직일 수도 있었지만, 이제는 소프리사가 직접 아시아의 판매자와 남아메리카 내륙의 구매자 간의 중간상인 노릇을 할 수도 있게 되었다.

CLZ는 무엇보다도 소프리가 이 지역에 몰고 온 고용의 기회와 잔여효과(trickle down effect)에도 영향을 미치게 되어 있었다. 소프리는 그간 무

---

2   곤살로 시드 파사리니(Gonzálo Cid Passarini)와의 인터뷰, 2000년 3월 20일, 이키케.

수한 이키케뇨들을 고용했었고, 이곳에서 운송업, 숙박업, 기타 서비스업이 클 수 있게 한 조건이었다. 물론 소프리사가 수익의 15%를 타라파카 지방과 이키케 시에 매년 지불하게 되어 있지만, 오히려 이런 지원금은 자생적인 경제의 형성과 성장을 저해하는 요인이기도 하다. CLZ는 매우 세련된, 경제적이고도 미래지향적인 계획이었지만, 물과 기름처럼 이키케뇨 사회와 분리되어 운영될 소지가 많았다. 신용기반에 면대면 상거래 대신에 온라인 컴퓨터 시스템으로 관리운영할 수 있는 체제에는 오차의 요소나 불확실성의 요소가 개입될 수 있는 소지가 없었다. 대신 모든 것이 추적가능하고, 빡빡한 관리가 가능한 시스템이었다. 그간 소프리에서의 상거래가 딱히 신용기반이라고 할 수는 없지만, 그래도 사람의 왕래와 상호작용이 집중되어 있던 곳이었다. 그런데 이제는 이곳에 종사하는 사람의 수를 전격적으로 줄이는 체제로 전환된 것이다. 흥망성쇠 얘기하기를 좋아하는 이곳 향토사학자들과 나는 조만간 사람은 없고 거대한 창고와 수퍼컴퓨터만 사막 한복판에 떡 하고 서 있는 공상과학영화에서나 볼 법한 장면을 연상했다. 소프리가 앞으로 경쟁력을 유지할 수 있도록 고안되었던 CLZ는 도리어 이 도시에 또다시 위기를 자초하는 요인이 될 수도 있었다. 초석산업이 인공초석의 개발로 완전히 붕괴된 것처럼, 통신기술의 혁명이 유통업의 지형을 완전히 바꿈으로써 이키케에는 또 한 번의 침체, 또 한 번의 위기가 도래하는 듯했다.

정체된 비즈니스와 생활고

페루와 볼리비아와의 거래가 주춤해지자, 많은 사용자들이 타격을 받았다.[3] 큰 규모의 비즈니스를 운영하던 사용자들은 이미 사업을 다변화

---

3 이키케와 칠레 내수시장을 겨냥하여 한국 자동차 부속을 팔던 업체는 예외였다. 이키케와 페루의 타크나는 수년 전부터 한국의 중고자동차를 수입해왔던 터라, 자동

시켰기 때문에(예를 들어, 인도 사용자들은 아파트와 호텔 건설업 등을 겸하고 있었다) 큰 타격을 받지 않은 듯했다. 그러나 소위 잘나간다고 했던 이키케의 유서 깊은 회사들도 규모를 줄이고 있었다. 규모의 축소는 다양한 형태로 진행되었다: 소프리 내의 가게의 수를 줄이거나, 시내에 있는 상점을 파는 등 그 과정은 가시적인 형태로 나타났다. 소규모로 수출입 사업을 하던 칠레 사용자들 중에는 부도가 나서 말 그대로 "길에 나앉는" 경우들도 있었다.

한국 의류를 취급하는 업체의 부사장이었던 세뇨라 베로니카는 매일 퇴근할 때마다 "판매는 최악의 상태(las ventas son pésimas)"라며 한숨을 계속 내쉬었다. 최악의 경우에 매출이 일주일에 200달러에도 못 미치는 경우가 있었다. 지금의 상태가 계속되면 본인도 언젠가 정리해고될 수 있겠다는 생각을 불안감이 있었다. 이미 소프리몰에 있었던 4개의 모듈로를 2개로 줄인 상태였고, 소프리에서 20년 이상을 일했어도 단 한 번도 경험해보지 못했던 월급삭감을 담담하게 받아들이고 있었다. 월급삭감이 아직은 정리해고보다는 나은 것이었다. 이 상태에서 회사를 유지한다는 것은 그녀에게 큰 부담이었다. 세뇨라 베로니카는 이 회사가 자기 회사는 아니지만, 밤에 잠을 이루지 못할 정도로 걱정이 많다고 했다.[4]

그녀를 더욱 안타깝게 하는 것은 소프리에서 함께 일했던, 또는 알고 지내던 사람들의 처지였다. 소규모의 전자제품 수출입 업체를 운영하던 한 사용자는 부도를 내고, 해변가를 바라보고 있는 아메리카 공원(Parque de las Americas)에서 사탕장사를 하고 있었다. 화장품 수출입 사업을 하던 친구는 부도를 내고 집을 팔게 되어 어머니 집에 들어앉았는데, 아이들

차 부속에 대한 수요는 높았다. 게다가 이 지역에서는 부품을 판매하는 업체가 없었기 때문에, 이 부문은 거의 독점하다시피 하고 계속 매출을 올릴 수 있었다.

4 이 회사는 결국 2005년도에 문을 닫았다. 갈폰을 모두 정리하고 모듈로에서 소매로 의류만 판매하는 사업을 전환하여 훨씬 축소된 규모로 사업을 하고 있다.

까지 들어가서 어머니 눈치를 보며 살아가고 한다. 그리고 덧붙이기를, 과연 그 자녀들이 계속 타라파카 중고등학교(Colegio Tarapacá)에 다닐 처지가 될 것인지를 걱정하고 있었다. 타라파카 중고등학교는 시내의 사립학교로, 해안가에 있는 리리마 학교(Colegio Lirima)만큼 학비가 비싸지는 않았지만, 이키케의 중산층 아이들이 다니는 학교로 학비가 싸지는 않았다. 경기가 나빠지면 도미노 현상처럼 일상생활의 모든 것들이 영향을 받게 마련이었다.

소프리에서 가장 타격을 많이 받은 사용자들은 중간상인 역할을 하는 이곳 현지인 사용자들이었다. 소프리에는 이키케 출신의 잘 알려진 사업가들도 사용자로 등록이 되어 있었지만,[5] 중간상인 역할을 하며 소규모로 사업을 하는 사람들이 대부분이었다. 이들 사용자들은 자신들의 이름으로 법인을 등록하지만, 다른 지역에 있는 바이어 또는 셀러의 사업을 대행해주는 역할을 하고 있었다. 별도의 자본 없이, 일종의 프리랜서처럼 판매자 또는 구매자로부터 수수료를 받고 서류를 대행해주고, 물건이 이키케를 지나갈 때 이를 옮기는 역할을 하였다. 이 중간상인의 역할이야말로 앞으로 CLZ가 하고자 하는 역할이었다. CLZ가 정착되면 이 중간상인들은 불필요한 존재가 될 소지가 컸다.

소프리에서 페루와 볼리비아로 물건이 원활하게 건너가지 못하게 되자, 주로 페루와 볼리비아의 바이어들과 연결이 되어 있던 이 중간상인들이 타격을 받기 시작했다. 여기 중간상인을 해왔던 돈 레온(Don León)의 사연을 적어본다.

돈 레온은 앞 장에서 소개했던 세뇨라 베로니카의 남편으로, 소프

---

5 예를 들어 전자제품을 취급하는 솔라리(Solari), 직물류와 가구를 취급하는 간돌포(Gandolfo), 철물을 취급하는 투셋(Tuset)의 라스 도스 에스트레야스(Las Dos Estrellas) 등은 시내에서 오래전부터 가게를 운영하던 이키케에서 잘 알려진 가문들이다.

리에서 오랫동안 일해온 사람이다. 이키케뇨로 이곳 사립명문 초등학교인 돈 보스코 학교(Don Bosco)를 다녔지만, 고등학교를 중퇴하고 칠레개발공사에서 기능교육을 받고 그곳에서 일을 했다. 그는 독재정권 때 자발적으로 브라질에 망명 갔다가, 3년 후 이키케로 돌아와 소프리에서 세일즈와 수금으로 커리어를 쌓아올린 사람이다. 80년대에 한국전자 제품들이 한창 팔리던 시절, 대우의 직원으로 일한 경력이 있어 한국 사용자들과도 잘 알고 지낸다. 그러나 자존심이 강하고 입바른 소리를 잘 해서 한국인들은 그를 그다지 좋아하는 것 같지는 않았다. 내가 이키케에 가 있던 2000년도에 돈 레온은 페루, 리마 주재의 한국인과 일하고 있었는데, 동업이라기보다는 대행인 역할을 이곳에서 하고 있었다. 세뇨르 리(Sr. Lee)라고 하는 이 한국인은 한국으로부터 원단을 수입했는데, 리마에서 도매업을 하고 있었다. 돈 레온의 역할은 본인이 대표로 있는 법인으로 사용자 등록을 해서 들어오는 물건을 받아, 통관절차를 관장하고, 서류를 구비하여 다시 페루로 보내는 일이었다. 물건이 소프리에 머물러 있어야 할 때에는 제한구역 내의 갈폰에 보관되어 있어야 했는데, 돈 레온은 인도 출신의 다른 사용자 갈폰의 일부를 임대하여 필요할 때 쓰곤 했다. 거래물량이 많을 때에는 이와 같은 대행업이 성행했었다.

페루와의 거래가 주춤해지자, 돈 레온은 사용자로 등록은 되어 있었지만, 실질적으로 물건을 움직이는 것도 아니고 매출을 올리는 것도 아니었다. 돈 레온은 경기가 호전되기를 기다리는 소위 "노는 남자," 즉 실직자가 되어버리고 말았다. 돈 레온의 아내 세뇨라 베로니카는 여전히 소프리에서 일을 하고 있었고, 고등학교 1학년에 재학 중인 아들이 있었던 관계로, 돈 레온은 집안살림을 맡게 되어 가정주부 역할을 했다. 칠레에서 남자가 살림을 하는 경우가 거의 없지만, 돈 레온은 기꺼이 살림을 도맡아 적극적으로 밥이며, 빨래며 다 챙겼다. 그러나 돈 레온은 경기가 회복되는 대로 다시 일할 것이라고 자주 얘기하면서, 기다리고 또 기다렸다.

그러나 몇 달째 경기는 회복되지 않고 살림이 쪼들리게 되자, 돈 레온은 심각하게 다른 방법을 찾기 시작했다. 이키케 서민들을 상대로 열리는 가장 중요한 시장은 테르미날(Terminal)이라고 하는 우리나라 가락시장과 같이 도·소매를 겸하는 큰 시장이다. 이곳에서는 거의 모든 종류의 것들을 발견할 수 있는데, 아주 넓은 면적을 차지하고 있는 것이 중고의류이다. 아시아에서 중고자동차들이 수입된다면, 미국과 유럽으로부터 중고의류가 수입된다. 미국과 유럽에서 들어오는 중고의류는 디자인이 세련된 것에 비해 가격이 싸기 때문에 이곳 서민들이 애용한다. 돈 레온은 유럽으로부터 수입된 중고 가죽의류를 팔겠다고 하면서 어디로부턴가 3개의 커다란 가마니(fardos)를 가지고 와서 보따리 장사를 하겠노라고 선언했다. 소프리의 지인을 통해서 인수받은 이들 가마니는 각각 약 100달러 선이었다. 돈 레온의 판매전략에 대해서 문의했더니, 가족과 지인들에게 입소문으로 가죽옷들을 팔겠노라고 했다.

나는 약 보름에 걸쳐 돈 레온의 중고가죽의류 보따리 장사를 따라다녔다. 보따리, 즉 가마니에서 꺼낸 옷들은 모두 구겨져 있었고, 소독을 해서인지 화학약품 냄새가 심하게 났다. 옷들을 손질하고 환기시켜야만 했다. 그중에는 판매할 수 없을 정도로 낡고 지저분한 것들이 있어, 돈 레온은 이것들을 따로 모아, 가죽조각으로 퀼트를 뜨거나 소파 덮개로 팔겠노라고 했다. 처음에는 누가 이 옷들을 사겠는가 했지만, 의외로 가죽 옷들은 조금씩 팔리기 시작했다. 돈 레온은 가죽자켓을 약 10~20달러에 팔았는데, 입소문이 나기 시작하면서 돈 레온이 구매자를 찾아가서 물건을 보여주면서 세일즈를 하는 경우도 있었고, 사람들이 집에 찾아오는 경우도 있었다.

대우에서 일했을 때 수십만 달러에 달하는 물량을 거래했었지만, 지금 이런 푼돈을 만지는 것이 짜증 나지 않은가 하고 질문을 한 적이 있었다. 답은 예상했던 대로, 지금 찬 밥, 더운 밥 가릴 때가 아니라는 것이었다. 그도 그럴 것이, 물건을 팔러 다니면서 유난히 자주 주유를 했는데, 현금이 생기는 대로 5,000~10,000페소(약 10~20달러) 단위로, 즉 최소한의 현금으로 주유를 했기 때문에 그랬다. 나는 항상 세뇨라 베로니카 부부를 이곳 중산층으로 이해하고 있었는데, 이러한 주유관행과 가죽 옷 세일즈는 이곳 중산층에 대한 새로운 인식을 갖게 되는 계기가 되었다. 이곳의 생활기반은 너무나도 불안정했다. 이 가족이 빚을 지고 있던 것도 아니고, 자신들이 거주하고 있는 집 한 채와 임대하고 있는 아파트 한 채가 있었지만, 생활에는 여유가 없었다. 생활양태와 겉모습은 안정되어 있어 보였지만, 그 기반은 대단히 취약했다. 중고자동차이지만, 집에는 자동차 두 대가 있었고, 모든 방에 텔레비전과 오디오가 있는 등, 전자제품은 넘쳐났다. 그러나 세뇨라 베로니카는 당시 본인의 이름으로 된 은행계좌도 없었다. 은행계좌가 없으니 신용계좌도 없었다. 그간 모은 돈으로 집을 장만하기는 했지만, 여전히 한 달 일하고 한 달의 월급을 받고 이를 생활비로 거의 모두 지출하는 살림을 하고 있었던 것이다.

2005년도에 다시 이곳에 왔을 때 상황이 그다지 호전된 상태는 아니었다. 그간 사업을 정리하고 간 한국인 사장님들이 더러 있었다. 사용자들은 경기가 좋지 않고 회복이 안 되면 투자한 것을 생각하여 버틸 때까지 버티지만, 더 이상 버틸 수가 없을 때에는 남은 것을 추스르고 떠날 수밖에 없다. 소프리는 결국 이처럼 유동성이 높은 투자가 집단에 의존하고 있던 셈인데, 이는 마치 이키케의 그간 역사가 되풀이되는 것 같은 불길한 예감을 주었다. 그간 도시가 크고 안정되어 보였으나, 지방경제는 여전히 취약하고 불안했다.

지방주의와 소리아마니아

6장에서 본 바와 같이, 자유무역지대가 설립된 1975년부터 오늘날까지 이키케에는 피노체트 지지자가 많으며, 그 지지의 성도에서도 다른 지방과 차별화된다. 이키케의 정치비평가와 독재정권에 대해 비판적이었던 학자, 또는 학대를 받았던 사람들은 이 사실을 매우 당혹스럽게 받아들이고 피노체트 추종자들을 돈에 눈이 먼 사람들로 취급하고 있었다.

그런데 현지학자들을 더욱 더 당혹스럽게 하는 것은 이키케 시장 호르헤 소리아(Jorge Soria)의 포퓰리즘이다. 호르헤 소리아는 이키케 엘리트 집안 출신이지만, 고등학교 졸업 직후부터 정치활동을 시작해서 (독재정권 때 잠시 국내망명길에 오른 것을 제외하면) 오늘날까지 본인이 이곳 서민들의 대변인임을 자처하는 인물이다. 소리아는 1992년부터 이키케 시장선거에서 4회 연속으로 당선되었는데,[6] 이 같은 전례는 칠레의 정치사 어디를 뒤져도 찾아볼 수 없는 것으로서, 중앙언론에서도 많은 주목을 끌었다.[7] 초기의 소리아는 사회당 소속으로 활동했으나, 2004년에 중도좌파 연합(Concertación Democrática)이 다른 후보를 세우자, "새로운 지방 세력(Nueva Fuerza Regional)"이라는 당을 세워 중도좌파연합의 후보를 무난하게 이겼다. 그의 정치성향은 포퓰리즘에 지방주의를 가미한 것으로, 필요할 때에는 특정 정당과 동맹을 맺기도 하는 등 정치적인 유연성을 발

---

6 소리아는 1992년(25,197표; 36.93%), 1996년(33,924표; 48.44%), 2000년(41,337표; 54.34%), 2004년(33,602표; 51.61%)에 승리하였다. 2008년도 선거에서는 부정부패 혐의로 재판이 진행되는 관계로 출마를 못하였으나, 2011년에 무죄가 선고되고 난 후, 2012년 또다시 시장후보로 출마하여 다시 당선되는 이변을 일으켰다 (29,396표; 51.56%) (Guerrero 2004: 37).

7 보수 언론의 중앙일간지 엘 메르쿠리오(El Mercurio)는 2000년 소리아 당선에 대한 대대적인 특집기사를 실었는데, 칠레에서 이 같은 예외적인 현상이 일어나고 있는 것에 주목하는 기사였다. El Mercurio, 2000년 11월 30일자, "소리아 현상에 대하여 (El fenómeno Soria)."

휘하기도 한다. 2008년 대선에서 우파 후보 세바스티안 피녜라(Sebastián Piñera)를 지지하여 이키케의 좌파와 중도좌파 인사들을 경악하게 하기도 하였다. 2012년에는 "북의 힘(Fuerza del Norte)"라는 새로운 정당을 세워, 본인은 시장으로 출마하여 당선되고, 그 아들을 시의원으로 두었다.

소리아는 시에서 운영하는 라디오와 공중파 TV방송에서 시종일관 "나는 민중행복의 건설자(Yo soy el constructor de la felicidad del pueblo)"[8]식의 발언을 하면서 서민과 이키케에 대한 남다른 애정을 표명해왔다. 시가 운영하는 텔레비전 지역방송인 RTC를 두고 사람들은 "소리아 채널(Canal Soria)"라고 하는데, 소리아의 선전도구로 너무 적나라하게 사용되기 때문이다. 본인이 추진하는 프로젝트를 중앙정부에서 반대하면, 대통령에게 직접 공개적으로 "당신은 이키케를 죽이려고 한다"[9]고 하면서 윽박지르는 등, 상식을 초월하는 행태를 보인다. 한편, 이키케에서는 모든 사람들에게 친숙한 "너(tú)"라는 호칭을 사용하면서 자상한 아버지상과 다정한 이웃의 이미지를 풍기며 활동하고 있다(심지어 대통령에게도 "너"라는 호칭을 사용한다고 한다). 거구의 체격으로, 넘쳐흐르는 에너지를 주체하지 못하는 듯, 수많은 프로젝트를 수행하면서 소리아는 현지주민들로부터 "엘 로코 소리아(el loco Soria, 미치광이 소리아)"라는 별명을 얻었고, 본인은 스스로를 "엘 초로 소리아(el choro Soria, 멋진 소리아)"라고 한다. 소리아는 서민구제 프로그램을 항상 새로이 개발하고 도시 내에 시민을 위한 위락시설을 세우는 등 자칭 "[모든 것을 행동으로 옮기는] 실천지향적인 사람

---

8 이 말은 소리아가 가장 애용하는 말 중 하나이다(Revista Apsi, No. 442, 1993년 2월호).

9 2002년도에 당시 대통령이었던 리카르도 라고스(Ricardo Lagos)가 저녁식사를 하려고 하는데, 그때 소리아가 갑자기 문을 박차고 들어와 흥분된 어조로, "당신은 이키케를 죽이려 한다!"고 호통치고 대통령과 언쟁을 나눈 후 나갔다고 한다. 이 사실이 전해지면서 소리아는 또 한 번 중앙언론의 스포트라이트를 받았다(Guerrero 2004: 15). 라고스 대통령이 반대했던 프로젝트는 이키케에서 시작되어 브라질 항구 산투스(Santos)로 이어지는, 태평양과 대서양을 잇는 고속도로 "이토 60(Hito 60)"의 건설이었다. 이 프로젝트는 소리아의 원대한 꿈이기도 하다.

(*un hombre de acción*)"이고, 그 덕분에 살림이 펴진 덕을 본 이키케뇨들은 그의 열렬한 지지자이다.

이키케 사회인류학자 베르나르도 게레로(Bernardo Guerrero)는 소리아의 포퓰리즘이 이키케의 정치를 전근대적인 수준에 머물게 하는 원인이라고 보고 있다. 본인은 공산당원이 아니지만, 그의 책에서뿐만 아니라 사석에도 공산당을 발족시킬 만큼 정치적 의식이 높았던 이 지역에서 소리아 같은 사람이 두 번도 아니고 이처럼 여러 번 시장으로 당선된 것은 수치스러운 일이라고 했다. 마찬가지로 이곳 사회학자 후안 포데스타(Juan Podestá)는 소리아의 돈 키호테적인 정치 스타일을 안타까워하면서 이 정치적 현상에 대한 분석의 필요성을 제기한다(Podestá 2004: 288).[10] 이키케의 우파 정치가인 페르난도 몬테롤라(Fernando Monterola)는 "소리아야말로 칠레에서 가장 우고 차베스[Hugo Chávez, 베네수엘라의 포퓰리스트 대통령]를 닮은 인물"이라고 하면서 그를 비난한다.[11]

이키케에 불경기가 덮쳐오자 소리아는 선거 때마다 꺼내는 지방주의 카드를 활용했다. 1992년 민주화 이후에 시장으로서 한 임기를 마친 후, 소리아는 당연히 자신이 2004년 콘세르타시온(Concertación, 칠레의 중도좌파 정당 연합)의 후보로 지명될 것이라고 생각했다. 그러나 콘르타시온이 다른 후보를 지지하고 내세우자, 소리아는 별도의 정당, "새로운 지방 세력"을 세워 지방주의를 내걸고 자신의 정치적 이미지를 중앙정부에 대항하는 지방의 수호자로 다졌다. 콘세르타시온의 타 후보 지

---

10 이키케에서 크게 조선업을 하고 있는 좌파성향의 사업가 이반 오스코비치는 본인 뿐만 아니라 많은 이키케뇨들이 소리아를 사실상 싫어하고 심지어 이런 인물이 대중적 인기를 끌고 있음을 안타깝게 생각하고 있었다. 특히 소리아의 감언이설(甘言利說)이 이곳 사람들에게 그렇게 쉽게 먹힌다는 사실이 그 민도를 반영한다고 탄식했다. 그는 "우리가 꼭 베네수엘라의 차베스를 추종하는 무식한 서민"인 것 같은 인상을 준다는 비유를 쓰면서 포퓰리즘의 부정적인 면에 대해 탄식했다. 이반 오스토비치(Iván Ostovich)와의 인터뷰, 2005년 7월 15일, 이키케.

11 http://www.emol.com/noticias/documentos/pdfs/El_caso_Soria.pdf. 2쪽.

명 그 자체가 본인과 동일시되는 이 도시에 대한 모독이라며 선거캠페인을 했다.

소리아는 1992년 이키케 시장을 역임한 후부터 자신의 정치적 기반을 다분히 조합주의적인 방식으로, 즉 공직과 특혜를 나누어 주면서 정치적 지지기반을 확보해가는 방식으로 쌓아갔다. 소리아의 조직은 각종 체육회, 반상회, 노동조합 등 정치적으로 딱히 특정한 정당과 연루되지 않은 서민조직들과 긴밀하게 연결되어 있다. 소리아는 이들 서민조직 행사에 빠지지 않고 참여하는데, 등장할 때에는 항상 서민의 언어로 연설을 하고, 웃으면서도 모두에게 인사를 하는 옆집 아저씨와 같은 친밀감을 풍긴다. 물론 여기서 존칭 대신에 "너(tú)"를 쓰는 것도 서민들과의 친밀함의 표시이다. 이키케 시민은 누구라도 그를 직접 대면했을 때 존칭을 쓰면서 "당신(usted)"이라고 하는 경우가 없었다. 그는 인터뷰나 공식석상에도 주저하지 않고 정부와 대통령을 겨냥해서 욕을 하는 경우가 다반사였으며, 항상 거칠고도 열정적인 연설을 한다.[12]

소리아에게 자주 붙는 "미쳤다(loco)"는 수식어는 소리아의 공격적인 추진력을 의미하기 한다. 소리아의 모든 언행에는 본인이 이키케를 살리는 메시야라는 틀이 작동하고 있다. 이키케는 항상 경제적으로 취약하여 중앙의 세력과 음모로부터 보호해야 하고, 도시를 발전시켜서 시

---

12 "앞 뒤 안 가리는" 거침없는 성격 때문에 그를 싫어하고 경계하는 사람들도 있다. 이 키케의 지식인 집단과 사업가들이 대표적으로 그를 싫어하지만, 서민들 사이에서도 그의 태도를 불손하고 천한 것으로 생각하는 사람들도 있다. 이키케 슬럼가의 한 주민은 소리아의 서민적 언행에 대해 다음과 같이 불만을 토로했다고 한다: "소리아는 똥보다 못한 더러운, 못 배운 자식이다. 그는 불행하게도 서민이라면 바보 같고, 민중적이고, 부스러기나 핥아먹는 것으로 착각하고 있다. (…) 우리는 모두 서민이지만, 서민이라고 해서 모두다 소리아처럼 욕을 하지는 않는다(es un inculto de mierda, porque lástimamente él cree que ser del pueblo es un ser tarado, de pueblo, de rasca, pero está equivocado. ... Ser del pueblo, todos somos del pueblo, pero el ser rasca, con el garabato...) (Guerrero 2004: 41).

민들의 행복을 지켜야 한다는 자신의 사명감을 모든 언행과 프로젝트에 반영시킨다. 1990년대 중반부터는 이키케를 관광도시로 육성하여 남아메리카의 칸쿤(Cancún, 멕시코의 휴양도시) 또는 미국의 마이애미(Miami)로 만들겠다는 의지로 해안가에 자전거 길과 산책로를 만들고 라스 아메리카스 공원(Parque Las Americas)을 조성하였다. 이키케 시 동쪽에 자리잡은 알토오스피시오(Alto Hospicio)의 토지를 헐값에 팔아 서민들의 주택난을 해결한 것을 두고 한 켠에서는 "시장이 자신의 직권으로 그냥 나눠 준 것"이라고 할 정도로 비난도 받지만, 이로 인하여 집이 생긴 사람들에게는 소리아가 영웅이 되었다. "소리아를 지지하는 사람은 대체 어떤 사람인가?"라는 질문에 이곳 역사학자인 기예르모 로스-뮤레이(Guillermo Ross-Murray)는 "소리아 덕분에 집이 생긴 사람들(los que tienen casa gracias a él)"이라고 했다. 그는 덧붙여 소리아야말로 "칠레의 마지막 카우디요(caudillo)"라고 했다. 카우디요는 라틴아메리카의 지방유지로, 멕시코와 베네수엘라, 콜롬비아에서는 중앙정부의 손이 닿지 않는 먼 지방에서 자체의 경제력과 군사력을 가지고 엄청난 영향력을 행사하는 사람이다. 사실 칠레는 다른 라틴아메리카 국가들에 비해 카우디요가 없고, 그런 세력이 성장할 수 없을 정도로 중앙집권제가 발달한 나라인데, 소리아를 두고 "칠레의 마지막 카우디요"라고 하는 것은 그의 별난 특징("미쳤다"는 것)과 중앙정부를 견제하고 지방주의를 강하게 내세우는 정치적 성향을 빗대어 말한 것이다.

소리아의 가장 잘 알려진 말 중에, "이키케를 건드리면 그것은 내 분노의 뇌관을 건드리는 것과 같다(Cuando tocan a Iquique, tocan las venas de mi ira)"라는 말이 있다.[13] 소리아는 끊임없이 이키케를 중앙정부, 수도권 지역과 대립적으로 설정하여 본인을 이 지방의 수호자로 내세우고 있다. 소

---

13 소리아의 성격을 대표적으로 보여주는 말로서, 이 말은 소리아를 비판적으로 다룬 게레로의 책 제목으로도 쓰였다(Guerrero 2004).

리아는 1930년대, 1950년대 중앙정부가 "이키케를 버렸다(los gobiernos santiaguinos abandonaron a Iquique)"는 사고방식을 강화하고 재생산하여 이곳의 반중앙, 반산티아고 감정을 부추긴다. 중앙의 지방에 대한 음모는 다양한 형태로 회자된다. 앞서 언급한 브라질 산투스와 이키케를 연결시키는 고속도로 건설에 대한 정부의 반대부터 시작해서, 중앙언론에서 이키케 해안가에 상어가 나타날 가능성에 대한 뉴스, 북쪽에 지진과 쓰나미가 일어날 가능성에 대한 뉴스 등과 같이 사소한 뉴스거리도 음모로 해석된다: 북쪽에서 일어날 수 있는 일의 위험성에 대해 경고하여 관광객들이 오지 못하게 하려는 음모라는 것이다. 소리아는 그간 오랫동안 축적된 중앙정부에 대한 불신을 부채질하고 대안적인 영웅으로서 등장하여 문제해결사, 서민들의 수호자로 자신을 끊임없이 미화하고 이 이미지에 상응하는 정책을 펴왔다.

베르나르도 게레로는 소리아에 대한 열광적인 지지는 이키케의 정치적 후진성의 증거라고 한다. 이키케에 만연한 소리아마니아는 이곳 정치가 "전근대적인 정치적 수준(premodernidad política)"이라고 하면서 이를 탄식한다. 게레로와 그 외 지식인들에게는 이키케처럼 정치적 수준이 높았던 지역이 소리아의 포퓰리즘에 휘둘린다는 것 자체가 용납할 수 없는 일이다. 게다가 이는 정치적인 악순환을 촉발시키는데, 본인이 권력을 강하게 쥐고 있기 때문에 새로운 정치세력과 인물이 등장하기 어렵다. 새로운 세력이 등장할 여지가 없기 때문에 소리아의 정치세력은 강화만 된다. 소리아는 자신의 아내와 아들을 이 지방 국회의원 후보로 내세운 적이 있으며, 끊임없이 가족들을 참여시켜서 자신의 세력을 공고히 하려고 한다.

돈 레온과 세뇨라 베로니카는 젊은 시절 소리아와 같은 길에 사는 이웃이자 자녀들이 같은 반 친구였던 관계로 그를 개인적으로 알고 지낸다. 그러나 사회당 지지자인 돈 레온과 세뇨라 베로니카는 소리아를 지지하지 않는다. 개인적인 허물을 너무나 많이 본 데다가 게레로처럼 소리아가 이 지역에 기여하지 않으면서 정치적 발전을 저해하고 있다고 생각하고 그에 대한 피곤함을 느끼고 있다. 그러나 그렇다고 해서 딱히 대안이 있는 것은 아니었다. 그리고 중앙을 견제하는 태도는 정부의 무관심 때문에 항상 경제적 어려움을 겪었던 이곳 사람들을 감동시킬 수 있는 가장 좋은 근거라고 했다.

급기야 2003년에 지방감사원은 소리아와 시 소유의 주차장 건설과 관리를 맡은 위트만사(Empresa Whittman)를 소유·운영하던 소리아의 친구 위트만을 부정부패 혐의로 검찰에 고소했다. 소리아게이트(Soriagate)[14] 라고 하는 이 사건을 통해 그간 소리아의 후견주의 (clientelism)와 보스정치, 시 부동산의 불법적 전유, 시 재정의 방만한 운영과 재정적자 등 수십 년간 곪아 있던 시의 부정부패가 표면으로 드러났다. 소리아와 위트만은 각각 재판을 피하기 위하여 건강상의 이유로 병원에 입원을 하는 등의 수작을 부려, 반대파는 경악을 금치 못했지만, 지지자들은 병원 앞에 꽃을 들고 줄을 지어 밖에서 소리아에 대한 지지구호를 계속 외치면서 출동한 경찰들과 대치하고 있었다.[15]

소리아는 그러나 모든 혐의에 대해서 무죄선고를 받고, 2012년 시장

---

14 가장 중요한 혐의는 위트만사와 관련된 혐의였다. 위트만사는 시의 주차장 건설과 관리를 맡은 회사로, 거의 100% 시 재정으로 운영되었다. 공사에 필요한 재료와 기계도 모두 시에서 실비로 정산하고, 위트만사는 들어가는 인건비만 지급하기로 되어 있었다. 위트만사는 그러나 2000~2003년 사이에 인건비를 약 23만 달러에 상응하는 금액의 인건비를 지급하지 않은 데다, 약 2만 달러는 아예 존재하지 않는 직원에게 지급했던 것으로 허위영수증을 발급했었다고 한다. 그러나 이것도 빙산의 일각으로 이해되고 있다. http://www.emol.com/noticias/documentos/pdfs/El_caso_Soria. pdf.

15 이에 대해 그를 가까이 계속 보고 자라온 환경운동가 파블로 카냐르테(Pablo Cañarte)는 소리아가 잘못한 것도 있지만, 소리아의 오른팔 역할을 해온 "엘 치노 로 (el chino Lo)(Ernesto Lo)"가 재정관리를 잘못했다고 주장한다.

선거에 다시 출마해 지금까지 시장자리에 앉아 있다. 소리아 반대파는 소리아를 지지하는 사람들은 이곳의 오래된 주민들이 아니라, 남쪽에서 이주해온 서민들이라고 한다. 새로온 이주민들에게 집을 나누어 주면서, 그 가족들이 또 올라오면 그것으로 표를 확보한다는 것이다. 이렇게 지지기반을 새로이 다지고, 시에서 빼돌린 돈으로 아들명의로 해운회사를 차리면서 사업을 다변화하여 경제적 기반도 다진다. 최근에는 2008년에 본인이 재판을 받느라 시장선거에 출마하지 못했던 관계로 당선되었던 우파의 미르타 두보스트(Myrta Dubost)와도 사업적 제휴를 해서 한때 그를 지지했던 이키케뇨들도 그를 변절자로 보기 시작했다. 그러나 지금의 이키케는 1950년대의 이키케가 더 이상 아니다. 새로운 이주민들이 정착하고 새로운 기회와 삶을 세우러 오는 곳이 되어버렸다. 소리아는 그 꿈을 실현시켜주는 유능한 마법사이다. 이키케는 고립경제(enclave economy)를 가짐과 동시에 그 속성 때문에 고립정치(enclave politics)를 떨쳐내지 못하고 있는 실정이다.

중앙에 대한 반감과 포퓰리즘

최근의 인류학 연구들은 제3세계에서 신자유주의적 경제관행이 낳은 기이한 방법으로 돈벌이를 하는 술수의 급속한 확산을 두고 근대적 발전모델이 의도했던 것과 반대로, 경제에 주술적인 요소와 폭력이 핵심적인 역할을 한다고 지적한다(Comaroff and Comaroff 1999, 2000). 근대화와 발전에 대한 욕구는 20세기 말의 서구에서와 같이 합리성을 근거로 발전되지 않고 오히려 사회문화적 관행의 재주술화로서 표현된다. 보다 나은 삶의 질, 부의 축적, 보다 나은 미래에 대한 욕구와 희망은 눈을 멀게도 하고, 이성을 마비시키기도 한다.

이키케 시민들이 한때는 피노체트에 열광하고, 오늘날까지 소리아와 같은 인물에 희망을 거는 것 역시 비이성적이고도 비합리적인 처사처럼 느껴진다. 그러나 이 책의 앞부분에서 소개된 것처럼, 이키케에 처음부터 이 같은 주술적 요소가 강했던 것은 아니다. 돌이켜보면 역사적으로 이키케의 시민들은 오히려 매우 충실하게 서구의 근대적 정치발전 모델을 밟아왔다고도 할 수 있다. 19세기 말에 등장했던 노동운동이 그러하고, 1950년대 지방의 시민운동으로서 활발했던 이키케 발전위원회의 활동역시 '합리적 계산'을 기반으로 전개되었다. 그러나 노동운동도, 발전위원회의 활동도 이키케를 붐과 폭락의 사이클로부터 자유롭게 해주지 못했다. 그리고 시민들의 '깬' 의식에 근거한 이런 운동과 노력들은 중앙정부로부터 지속적으로 무시되어왔다. 이키케의 발전위원회는 민주적 절차와 관행을 통해서 중앙정부의 개입으로 북쪽 지방의 개발을 촉구했으나, 이러한 요구는 번번이 무시되었다. 중앙정부는 노동운동에 대해서는 폭력으로, 발전위원회에 대해서는 침묵으로 일관해왔다. 결과적으로, 역사적으로 반복되는 이런 경험이 서구의 근대적 발전모델과 정치적 과정의 주술을 푼 셈이다. 실제로 이곳 주민들이 새로운 이주민들이고, 과거에 이키케가 '무시당했던 시절'을 기억하지 못하더라도, 이곳 역사는 지역정체성을 국가에 대립적으로 설정하고 지방주의를 주장할 수 있게 하는 매우 비옥한 토양이 되어버리고 말았다. 이러한 지역적 속성과 역사는 끊임없이 소리아와 같은 '카우디요'에 의해 이용되고 재생산된다.

포퓰리즘은 근대적 합리성이 지배하는 학계와 정치현장에서 지양하고 극복되어야 할 봉건성의 잔재로 인식되어왔다. 그러나 지금 이키케의 상황을 두고 봐서라도, 서구적 잣대에서 본 포퓰리즘에 대한 비판과 탄식보다는 왜 이토록 포퓰리즘이 라틴아메리카와 아프리카에 지속적으로 나타나는가에 대한 질문으로 이어져야 한다고 본다. 지금은 고인이 된 베네수엘라의 차베스(Chaves), 볼리비아의 모랄레스(Morales) 정권은 그간 사회지도층의 서민에 대한 배제와 차별, 멸시가 낳은 결과이다. 말로만 민주주의를 표방하면서 실제로는 봉건적 정치경제를 극복하지 못했던 이들 나라들에서는 그간 누적된 서민들의 분노가 정치를 결정해버리는 사태가 벌어지고 말았다. 세계에서 최초로 사회주의 대통령을 당선시킬 만큼의 정치적 세련됨을 보유한 칠레에서마저 소리아와 같은 카우디요가 활개 치는 것은 이 지역의 불안한 정치경제와 과거의 망령이 함께 만들어낸 결과이다. 이키케의 흥망성쇠의 역사는 이곳에 항상 해가 비추어도 한 켠에 그늘을 드리우고 있는 것이다.

8장

에필로그 **2014년, 다시 사막으로**

9년 사이에 이키케는 많이 변해 있었다. 가장 먼저 느낄 수 있는 것은 사람들이 많아졌다는 것이다. 2012년 센서스에 의하면 이키케 군(Comuna)의 인구는 184,953명이었다. 소프리가 제공하는 다양한 경제적 기회들은 사람들을 이곳에 계속 끓어들이는 모양이다. 사람들이 증가하니 주택난도 여전히 심각하다. 곳곳에 올라가는 아파트 공사는 또다시 이곳에 공사 붐이 일고 있음을 보여주고 있다. 부동산 가격이 많이 비싸졌다고 한다. 산티아고와 맞먹는 가격이라고 한다.

지금은 여름철이라 관광객들이 많지만, 그래도 유난히 눈에 띄는 것은 이키케 시내(centro)와 소프리 제한구역 안에서 일을 하는 콜롬비아 사람들이다. 거의 모두가 흑인계인 콜롬비아 사람들은 이주노동자들이다. 칠레와 콜롬비아가 맺은 조약의 결과로 많은 콜롬비아 사람들이 이키케에 정착했다. 그들은 시내의 허름한 구역의 쓰러져가는 집들에서 산다. 이키케는 또다시 새로운 이주노동자를 맞이한 셈이다. 이키케는 글로벌 시티로서의 면모를 유지하고 있다. 예전에 페루와 볼리비아에서 불법이민이 성행했던 것에 이어 이제는 콜롬비아로부터 사람들이 이주해 온다. 이키케에 붐이 일 때, 항상 있었던 일이다. 경기가 좋으면 외부로부터 사람들이 계속 들어온다. 이키케 이민의 역사는 현재형으로 계속 진행된다. 데자뷰의 반복이다.

여름 휴가철이라, 산티아고에서 오는 관광객들이 많다. 그러나 그럼에도 불구하고 이키케 언론에서는 산티아고 신문과 텔레비전에서 이키케에서 발생할 수 있는 지진과 쓰나미의 위험성을 대대적으로 선전하여 관광객들이 이곳에 오는 것을 방해하고 있다고 불만을 토로한다. 지진과 쓰나미의 위험은 칠레 어느 해안 지역에서도 있는데, 유독 이키케만 위험하다고 하는 것은 산티아고의 반 이키케 감정 때문이라는 것이다. 이곳 사람들 표현으로는 "산티아고는 이키케가 잘 되는 꼴을 못 본다"는 것이다. 나는 실제로 중앙 신문이나 TV에서 이와 같은 보도를 본 적은 없지만, 이곳 사람들 사이에서 자주 얘기되는 것을 보면 중앙의 이키케에 대한 거대한 음모가 있는 것처럼 느껴지곤 한다. 중앙의 "그들"과 사막의 "우리"는 그토록 명확하게 구분되는 것일까.

도시가 커지고, 외부인의 유입이 많아지면서 이키케에서는 치안문제가 심각해졌다. 핸드백 소매치기는 너무나도 흔한 일이었고, 신문에는 매일 살인사건, 마약사건에 대한 기사를 볼 수 있었다. 과거에는 해가 진 후에도 길에 걸어다니는 것이 전혀 문제되지 않았으나, 이번에 지인들은 날더러 혼자 다니지 말고, 아무 콜렉티보 택시(colectivo, 합승택시)를 타지 말라고 신신당부했다. 목에 항상 걸고 다니는 금목걸이는 빼라고 권유했다. 카반차 해수욕장(Playa Cavancha)에서는 대낮에 마리화나 담배(un pito)를 공공연하게 천페소(약 2000원)에 팔고 사람들이 피우고 있다고도 했다. 마약을 사는 것은 너무나 쉽고, 중독자들이 거리를 배회하고 있으며, 또 소매치기나 약탈을 하는 등 문제가 많았다.

소프리는 2000년도의 불황을 극복하고 다시 안정된 시장으로서의 면모를 갖추었다. 1998년 수출입 물량의 규모가 약 20억 달러였던 것이 2012년에는 40억 달러를 육박하여, 금액수로 따지면 약 2배에 달한다

(ZOFRI S.A. 2012). 그러나 그렇다고 해서 '호황'을 모두 느긋하게 누리는 것은 아니었다. 큰 변화라면 사용자와 소프리 판매직원 노조가 합동으로 일종의 파업을 감행했다는 것이다. 2013년 말에 소프리사는 임대계약을 갱신할 경우(4년, 8년, 12년 단위로 계약할 수 있다), 임대료를 135%로 인상한다는 발표를 했다. 이미 오를 대로 오른 갈폰과 모둘로 땅에 대한 임대료를 이만큼 올린다는 것은 사용자에게 사업상 터무니없는 비용을 발생시키는 것이기도 했지만, 그간 비싼 임대료와 각종 수수료를 챙겨간 소프리사에 대해 불만을 누적해온 사용자들을 뭉치게 하고 파업을 감행하게 했다. 그러나 그럼에도 불구하고 이곳에서 30여 년간 사업을 해온 한국인 사장님은 "그래도 이곳에서는 편하게 장사를 할 수 있다"는 말을 덧붙였다. 페루나 도미니카공화국 같은 나라에서는 정부기관이 개입하고 뇌물을 요구하는 등 사업하는 것이 여간 골치 아프고 복잡한 게 아니라고 한다. 칠레에서는 최소한 규정대로 하고, 사람이나 기관의 눈치를 볼 일도 없고, 주는 이도 없다는 것이다. 칠레는 제도적인 틀과 규정을 지키고 이에 자부심을 갖는 나라임에는 틀림없다.

사용자 협회와 소프리 판매직원 노조는 소프리사 규정에 따라 일요일에도 영업을 해야 하는 소프리몰 직원들의 불만을 수렴해 파업에 돌입했다. 이키케에서 일요일은 사람들이 가족들과 긴 식사를 즐기거나 바닷가에 가는 날로, 소프리몰에서는 손님의 발길이 그다지 많이 닿지 않은 날이다. 사용자들과 소프리몰 직원들은 "가족들과 시간 보낼 권리가 있다"는 사실을 강조하면서 이날 영업하는 것을 거부하였다. 소프리사 규정에 따라 일요일 문을 열지 않으면 모둘로 주인은 벌금을 물게 되어 있었다. 이에 대해 소프리사 판매직원 노조는 다음과 같은 스펙터클로 반대시위를 벌였다: 판매직원 노조는 소프리사의 사장 루이스 알베르토 시미안(Luis Alberto Simian)의 관을 짜서 사장의 장례행렬과 예식을 연출하였다. 시미안의 과부로 변장한 한 여인은 "그는 오로지 당신들이 일요일 일하기를 바랐을 뿐이에요!" 하면서 오열하는 과장된 연기를 했다. 사용자들과 소프리의 판매직원들은 남들이 쉬는 일요일에 쉬는 것은 당연한 처사이고, 가게가 그날 돈을 벌지 않고 문을 닫기 원한다면 그러한 옵션을 사용자에게 제공해야 한다고 주장했다. 사용자 협회와 판매직원 노조와 소프리사간의 협상은 2014년으로 넘어가고 말았다.

　데모와 파업은 소프리에만 있었던 것은 아니다. 소프리의 짐꾼들(cargadores), 이키케 항구의 노동자들은 틈틈이 개선된 처우와 점심식사 비용의 제공과 같은 요구사항을 걸어 2011년부터 지속적으로 파업을 하고 있었다. 내가 이키케에 가 있던 1월 중에 시내와 항구가 연결되는 도로망에는 항구직원들이 확성기로 구호를 외치며 9시부터 5시까지(정확하게) 주말을 제외하고 매일 음악을 틀어놓고 있었다. 이번에는 임금인상뿐만 아니라 점심식사비를 지원받고자 파업이 계속되었는데, 점심식사비 요구를 하면서 지난 5년간의 밀린 점심식사비도 당국이 대주어야 한다고 해서 협상이 계속 결렬되곤 했던 것이다. 항구 직원들이 파업을 할 때 사용자들은 골치가 아팠다. 배가 이키케 항구로 들어오지 못하면 배가 인근 아리카 또는 페루의 일로(Ilo) 또는 북쪽 도시 아리카(Arica)에 가서 컨테이너를 내리기 때문에, 그곳까지 가서 짐을 찾아야 하는 데다, 육로로 그 짐을 이키케로 싣고 오면 운송비가 많이 들기 때문이다. 그럼에도 불구하고 파업은 끝날 기미가 보이지 않았다. 칠레가 그간 신자유주의 경제로 회선하고 노동자를 보호하지 않는 길로 가고 있다는 비판도 많이 받지만, 그렇다고 해서 노동운동이 쇠한 것은 아니었다. 일하는 사람들이 권리주장과 항의를 하는 풍토는 여전히 강하게 남아 있었다. 휴가철 인파로 이키케가 붐비는 시기에 거행된 파업들은 도시규모가 크지 않아서 더 크고 거센 것으로 느껴졌다. 소프리사는 파업이 소프리 경기에 도움은커녕 해가 된다고 언론에 인터뷰를 계속했지만, "잘살아보세"보다는 "제대로 살아보세"를 강조하는 이곳 노동자들은 쉽게 물러서지 않았다.

그러나 과연 "이곳 사람들"이라는 얘기를 계속할 수 있는지, 이 점도 짚고 넘어가야 한다. 이곳 지역신문인 엘 롱기노(*El Longino*) 기자 마리오 비얄로보스(Mario Villalobos)에 의하면, 이키케뇨라고 할 수 있는, 이곳에서 탄생하여 성장한 사람들은 약 30,000명에 불과할 것이라고 했다. 그러면 이키케 군의 약 150,000명은 수도권과 남부에서 온 사람, 그리고 그들 중에는 내륙의 구리광산에 일하는 "흘러가는 사람들", 즉 오고 가는 사람들로 이곳에 장기체류할 생각 없이 와 있는 사람들, 그리고 페루와 볼리비아의 불법노동자, 콜롬비아 노동자와 소프리의 외국인 사용자들인 것이다. 이키케는 더 이상 과거의 이키케, 즉 이곳 사람들이 얘기하는 "작은 공동체, 큰 지옥(*pueblo chico, infierno grande*)"이 아니었다. 이키케의 문화를 새로 온 이주민들이 만들어가고 있다. 그러나 크게 보면, 이것도 또한 이키케 역사가 반복되는 것이다. 이키케는 이주민이 만든 도시이다. 원래 사막에 사는 사람이 없었기 때문에 모두들 이주해 온 사람들이다. 이 사실은 이곳 1번 시립 공동묘지에 가면 확인할 수 있었다. 이곳에 묻힌 사람들은 세계 각 곳에서 온 사람들이었다. 이키케는 여전히 사람들이 흘러들어오고 흘러나가는 곳이다. 보다 나은 삶의 기회를 찾아 사람들은 이곳에 계속 흘러들어 오고 있었다. 기예르모 로스-무레이 처럼 이곳 토박이 주민은 이 사실을 안타깝게 생각하지 않았다. 새로운 사람들의 영입으로 이키케는 달라졌지만, 어찌 보면 큰 틀에서는 달라지지 않은 것일 수도 있다. 이키케에서의 역사는 변주로 반복된다.

새로 온 이주민들이 이곳에 정착을 하고 국적을 취득하게 되면 "칠레노(chileno)"로 거듭나게 될 것이다. 외국인 사용자들 중에 자녀들이 이곳에서 태어나 칠레 국적을 가진 경우도 꽤 많다. 얼굴도 다르고 성씨도 다르지만, 어쨌든 이키케 출신의 새로운 사람들이 계속 생겨나는 것이다. 그러나 이들 중 상당수는 이미 이키케를 떠났다. 산티아고로 옮겨서 중고등학교를 다니고, 대학은 산티아고나, 미국이나 한국으로 가서 다니는 경우들을 보았다. 이제는 출신지역이란 정체성에서 큰 비중을 차지하는 것 같지는 않다. 장소라는 것은 사람들이 "기회"가 있을 때만 머물고 이제 "거쳐가는 곳"으로 탈바꿈해서, "지긋한 지역성"이란 더 이상 급박하고 경쟁적인 현대사회를 살아가는 이키케뇨들에게마저도 옛시대의 산물처럼 느껴지곤 했다. 그런데 기회를 따라 장소를 옮길 수 있는 것도 경제적 자본, 문화자본, 교육자본이 있을 경우에 가능했다. 다시 기회는 계층에 따라 분화되고 다르게 주어졌다. 이키케는 국민국가의 언저리에 있을 때 "지방"으로서 "칠레국민"으로 인정받고자 했지만, 이제 "국민"은 계층적인 성격이 짙은 "소시민"으로 재편성되었다. 칠레의 신자유주의로의 선회는 소시민을 대의민주주의를 따르며, 소비자로서 취사선택할 수 있는 그런 존재로 자리매김하고 있다. 그러나 이에 대해 국민들은 1988년 독재정권에 종지부를 찍는 국민투표의 과정을 그린 영화, "노(No)"의 제목과 같이 "노(No)"라고 지속적으로 주장하고 있다. 소비자로서 취사선택할 수 있는 권리는 충분한 권리가 아닌 것이다. 칠레 소비사회의 확산을 우려하는 현지 지식인의 거센 목소리에도 불구하고, 칠레사람들은 자신들이 중요하다고 규정하는 권리에 대한 주장을 계속한다. 이키케에서는 소프리 사용자와 직원들, 항구노조원 등의 파업이 이 점을 잘 드러내고 있다. 산티아고에서는 계속 치솟는 대학등록금과 증가하는 대졸실업자(어찌 우리나라와 이렇게도 유사한가?)에 대해 항의하는 대학생들의 데모가 끊기지 않는다. 칠레에서의 국가에 저항하는 맥은 국가가 정권에 따라 여러 번 탈바꿈을 해도 지속된다.

소리아와 같은 포퓰리스트 성향의 지도자에 대한 지지는 칠레에서 유례가 없는 것이지만, 이곳에서는 "말이 된다." 1950년대에 이키케 발전위원회가 중앙정부에게 이곳을 자유무역지대로 선포해달라고 부탁했을 때, 그들은 무시당하고 외면당했다. 그 기억들이 여전히 이키케의 집단무의식에 도사리고 있다. 여기에는 "제대로 살고 싶다"는 욕구도 있지만, 이곳 사람들이 강하게 지니고 있는 정의에 대한 욕구와 일맥상통한다. 이키케 발전위원회의 활동은 지역에 경제발전을 가져올 프로젝트를 위한 캠페인이기도 했지만, 이것은 단지 경제적인 문제가 아니라, 사회정의의 문제였다. 그들이 국가가 이곳에 진 빚을 두고 "명예의 빚(deuda de honor)"이라고 한 것은 이 문제가 단지 경제적인 문제가 아니라 도덕적인 문제라는 것을 강조하기 위함이었다. 이 도덕적인 문제의 깊은 곳에는 타라파카가 과연 칠레라는 국민국가에서 어떤 위치를 점하고 있는가라는 지역의 존재론적인 문제가 자리 잡고 있었다. 이키케 주민들은 그간 타라파카가 칠레라는 "국민국가"의 "국민"이 아니라는 것을 여러 번 확인했었다. 그들의 활동은 다시 타라파카의 시민권을 확실하게 점찍기 위함이었다. 칠레에서 그들의 위치를 확인시키고 주지시키기 위한 운동이었던 것이다.

현재 칠레를 라틴아메리카의 "성공사례", "라틴아메리카의 재규어(급발전을 한 동아시아의 호랑이와 같은 맥락의 비유이다)" 등으로 바라보는 시각에, 라틴아메리카에서 신자유주의 "개혁"을 처음으로 과감하게 감행한 나라로 엇갈린 평가를 받고 있지만, 칠레에서는 여전히 정의에 대한 욕구와 갈망이 대단히 크다. 20세기 초에 급격하게 발전한 노동운동에서, 1973년의 살바도르 아옌데 대통령의 당선까지, 칠레는 근대화 기제에 저항한 집합운동을 연구하기에 너무나도 좋은 사례이다. 이키케의 시민정신도 그 같은 전통의 맥락에서 이해해야 한다. 그런 면에서 이키케에서 지난 한 세기 동안 드러난 역사적 사건들은 별개의 것들이 아니라 서로 긴밀하게 연관이 된다. 20세기 초의 노동운동은 50년대의 중앙정부와 대립했던 발전위원회의 운동으로 이어지고, 오늘날의 소프리사에 대한 저항으로까지 이어진다. 처음에 이곳을 접했을 때 어떻게 "칠레 노동운동의 요람"이 "피노체트의 애완동물과도 같은 도시"가 되었을까를 연구의 화두로 잡았지만, 지금, 퍼즐 조각을 모아보니, 그 두 개의 단서는 별개의 것, 서로 상반되는 것이 아니었다. 지역경제의 흥망성쇠와 국가를 위한 희생에 대한 정당한 보상은 겉으로는 일관되어 보이지 않은, 그러나 그 표면 밑에는 일관되게 흐르는 흥망성쇠 문화의 잔재들이 남아 있었다. 이곳은 그 역사를 여전히 되풀이하고 있다. 그러나 그것이 이곳의 힘이기도 하다. 이키케는 칠레에서 자신의 자리를 그렇게 만들어가고 있다.

참고문헌

일차자료

Allende, Salvador. Senado de la República. December 6, 1955. Opening address for the Referendum of nitrates (Archivo Salvador Allende Vol. 5, 1990)

_____. Senado de la República. December 4, 1956. (Archivo Salvador Allende Vol. 5, 1990).

_____. "Las Tareas de la Juventud." Discurso de inauguración del Primer Plan Piloto de Deportes, Iquique, May 24, 1972. (Archivo Salvador Allende Vol. 2, 1988)

Banco Interamericano de Desarollo & Instituto Para La Integración de América Latina (BID-INTAL) & AZOLCA (Asociación de Zonas Francas de Latinoamérica y el Caribe), 1992. Zonas Francas: Guía de las zonas francas de América Latina y el Caribe. Buenos Aires: BID-INTAL.

Cámara de Diputados de Chile. 1913. Comisión Parlamentaria encargada de estudiar las necesidades de las provincias de Tarapacá y Antofagasta. Santiago: Zig-Zag.

Centro Para el Progreso. 1957. Pasado, Presente y Futuro de Tarapacá: El Centro Para el Progreso fundamenta sus aspiraciones para obtener una Ley especial que posibilite el desarollo de Tarapacá. Iquique.

CORFO. 1997. Dossier - La Modernización del Estado. El Caso CORFO. Santiago: Corporación de Fomento de la Producción.

_____. 1979. CORFO 1939-1979. Memoria Informativa 40 Años. Santiago: Corporación de Fomento de la Producción.

Ford, Bacon and Davis Inc., Engineers. 1951 (February 1) Report: Determination of Relative Values of Anglo-Chilean Nitrate Corporation and the Lautaro Nitrate

Company, Limited. New York, Philadelphia, Chicago, Los Angeles.

La Colonia Italiana en Chile, n.d.

Lopez Heise, Eduardo. 1998. Breve Resena Historica y Legal de la Zona Franca de Iquique.

Semana Tarapaqueña 1959

ZOFRI S.A., 1997. Promotional Pamphlet. Iquique and Santiago, Chile.

_____, Boletín estadístico 1995-2000.

_____, n.d. Duty Free Zones Bill, Iquique and Santiago, Chile.

_____, n.d. Iquique's Duty Free Zone Internal Regulations, Iquique and Santiago, Chile.

_____, 2012, Boletín estadístico.

통계자료

INE (Instituto Naciónal de Estadíticas), 2002. Resultados Generales: Censo de Población y Vivienda, República de Chile.

INE (Instituto Naciónal de Estadíticas), 1992. Resultados Generales: Censo de Población y Vivienda, República de Chile.

Chile. Dirección de Estadística y Censos. Boletín 24 No. 1-2 1951

_____. Dirección de Estadística y Censos. Anuario Estadística 7 1953

_____. Dirección de Estadística y Censos. Boletín 28 No. 11 1955

_____. Dirección de Estadística y Censos. Boletín 29 No. 1-12 1956

_____. Dirección de Estadística y Censos. Boletín 30-31 No. 11-12 1957-58

_____. Dirección de Estadística y Censos. Censo Población 1960 Resúmen País.

_____. Servicio Nacional de Estadística y Censos. Estadística Chilena Año XXIX No. 1-2, Enero-Febrero de 1956.

_____. Servicio Nacional de Estadística y Censos. Estadística Chilena Año XXX No. 11-12, Noviembre-Diciembre de 1957.

신문

La Estrella de Arica

La Estrella de Iquique

La Unión de Valparaíso

El Diario Oficial

El Mercurio

El Nortino de Iquique

El Tarapacá de Iquique

Revista Apsi

Santiago Times

The New York Times

www.emol.com

중앙일보

공문서 아카이브

Archivo Nacional de Chile

Archivo Jorge Alessandri, Bilioteca Nacional

Archivo Salvador Allende

Biblioteca del Congreso Nacional de Chile

개인소장 문서

Tomás Tuset Ros

Domingo Sacco

Guillermo Ross-Murray Lay-Kim

이차자료

Abrams, P. 1988. "Notes on the difficulty of studying the state," Journal of Historical Sociology 1 (1) : 58-89.

Aguilar Ibarra, Alonso, Chris Reid, and Andy Thorpe. 2000. "The Political Economy of Marine Fisheries Development in Perú, Chile and Mexico," in

Journal of Latin American Studies 32: 2 (503-527).

Ahumada, Jorge. 1969 [1958]. En Vez de la Miseria. Santiago: Editorial del Pacifico.

Anderson, Benedict. 1991 [1983]. Imagined Communities. 2nd Ed. London and New York: Verso.

Amirahmadi, H. and P. Wu. 1995. "Export-Processing Zones in Asia," in Asian Survey 358 (9): 828-849.

Appadurai, Arjun. 2001. Globalization. Durham and London: Duke University Press.

_____. 2002. "Deep Democracy: Urban Governmentality and the Horizon of Politics," in Public Culture 14 (1): 21-47.

D'Argemir, Dolors Comas and Joan Josep Pujadas. 1997. Andorra, un País de Frontera. Estudi etnogràfic dels canvis economics, socials ii culturals. Barcelona: Editorial Alta Fulla.

Bahamonde, Mario. 1945. Pampa Volcada. Santiago: Ediciones Cultura.

_____. 1951. De Cuan Lejos Viene el Tiempo. Antofagasta: Grupo Letras.

_____. 1973. Pampinos y Salitreros (Series Nosotros Los Chilenos). Santiago: Editorial Quimantú.

_____. 1991. Geografía Poetica de Chile: Norte Grande. Banco del Estado de Chile (Dirección de Bibliotecas, Archivos y Museos) Santiago: Editorial Antártica S.A.

Barr-Melej, Patrick. 2001. Reforming Chile. Cultural politics, Nationalism, and the Rise of the Middle Class Chapel Hill and London: The University of North Carolina Press.

Bengoa, José. 1985. Historia del Pueblo Mapuche. Siglo XIX y XX. Santiago: Ediciones SUR. Colección Estudios Historicos.

_____. 1999. Historia de un Conflicto. El Estado y los Mapuches en el Siglo XX. Santiago: Planeta/Ariel.

Bermúdez, Oscar. 1987. Breve Historia del Salitre: Síntesis histórica desde sus origenes hasta mediados del siglo XX. Santiago: Ediciones Pampa Desnuda.

Bhabha, Homi K. 1990. Nation and Narration. London and New York: Routledge.

Blakemore, Harold. 1974. British Nitrates and Chilean Politics. London: The Athlone Press.

Bloch, Maurice and Jonathan Parry. 1989. "Introduction: Money and the Morality of Exchange," In Parry, J. and Bloch, M. eds., Money and the Morality of Exchange. Cambridge: Cambridge Univ. Press.

Bonacich, E. 1973. "A Theory of Middlemen," in American Sociological Review 38: 583-94.

Braudel, Fernand. 1984 [1979]. The Perspective of the World. Civilization and Capitalism 15th-18th Century. Vol. 3. New York: Harper and Row.

Bravo Elizondo, Pedro. 1983. Los "enganchados" en la era del salitre. Madrid: Ediciones Literature Americana Reunida.

Canales, José Miguel, 1995. Lo Regional y Lo Local: Algo Más que Cifras. Iquique: Ilustre Municipalidad de Iquique, Dirección de Desarollo Comunitario.

Cánepa-Koch, Gisela. 1993. "Máscara y Transformación: La Construcción de la Identidad en la Fiesta de la Virgen del Carmen en Peru," in Romero, Raúl ed., Música, Danzas, y Máscaras en los Andes. Lima: Pontifica Universidad Católica de Peru.

_____. 1998. Máscara, Identidad y Transformación en los Andes. Lima: Pontifica Universidad Católica de Peru.

Cardoso, Fernando and Enzo Faletto. 1979. Dependency and Development in Latin America. Berkeley: Univ. of California Press.

Castro, Luis. 2002. "El temprano Regionalismo de los tarapaqueños durante el ciclo salitrero: De los discursos económicos a la identidad socio-cultural, 1880-1930", Revista Ciencias Sociales vol. 12.

_____. 2004. "Recursos hídricos, altoandinos, estrategias de desarollo económico y proyectos de riego: Tarapacá, 1880-1930," in Chungará 36 (1) : 205-220.

Caviedes, César. 1979. The Politics of Chile: A Sociogeographical Assessment. Boulder: Westview Press.

Collier, Simon and William Sater. 1996. A History of Chile: 1808-1994. New York and Cambridge: Cambridge Univ. Press.

Comaroff, Jean and John Comaroff. 1999. "Occult economies and the violence of abstraction: Notes from the South African post-colony," in American Ethnologist 26(2): 279-303.

_____, 2000. Millenial Capitalism. Public Culture. Vol. 12, No. 2. Spring 2000. 291-343.

Constable, Pamela and Arturo Valenzuela. 1991. A Nation of Enemies. Chile Under Pinochet. New York and London: Norton.

Coronil, Fernando. 1997. The Magical State: Nature, Money and Modernity in Venezuela, Chicago: Univ. of Chicago Press.

Correa Prieto, Luis. 1962. El Presidente Ibañez La Política y los Políticos. Santiago: Editorial Orbe.

Derby, Lauren Robin. 2002. "Vampires of Empire, or Why the Chupacabras Stalks the Americas." Unpublished paper presented at the Carribean Studies Workshop, University of Chicago.

Derrida, Jacques. 1993. Specters of Marx. The State of the Debt, the Work of Mourning and the New International. New York and London: Routledge.

Despres, Leo. 1991. Manaus: Social Life and Work in Brazil's Free Trade Zone. Albany: State University of New York Press.

Diniz, Clélio Campolina and Fabiana Borges Santos. 1999. "Manaus, Vulnerability in a Satellite Platform," in Markusen, Ann, Yong Sook Lee, and Sean DiGiovanna eds., Second Tier Cities. Rapid Growth beyond the Metropolis. Minneapolis and London: University of Minnesota Press.

Dorfman, Ariel. 1998. Heading South, Looking North. A Bilingual Journey. New York: Penguin Books.

_____. 2002. Exorcising Terror. The Incredible Unending Trial of General Augusto Pinochet. New York: Seven Stories Press.

Douyon, Guy. 1972. Chilean Industrialization Since CORFO. Ph.D. Dissertation. The American University.

Driessen, Henk. 1992. On the Spanish-Moroccan Frontier: A Study in Ritual, Power, and Ethnicity. New York and Oxford: Berg.

Encina, Francisco. 1972 [1911, 1955]. Nuestra Inferioridad Económica: Sus causas, sus consequencias. Santiago: Editorial Universitaria.

Escobar, Arturo. 1994. Encountering Development: The Making and Unmaking of the Third World. Princeton: Princeton Univ. Press.

Evers, Hans-Dieter. 1994. "The traders' dilemma: a theory of the social transformation of markets and society," in Evers, Hans-Dieter, and Heiko Schrader eds., The Moral Economy of Trade: Ethnicity and developing markets. New York and London: Routledge.

Evers, Hans-Dieter, and Schrader, Heiko, 1994. "Introduction to the Sociology of Trade," in Evers, Hans-Dieter, and Heiko Schrader eds., The Moral Economy of Trade: Ethnicity and developing markets. New York and London: Routledge.

Ferguson, James. 1994. The Anti-Politics Machine: "Development," Depoliticization, and Bureaucratic Power in Lesotho. Minneapolis: Univ. of Minnesota Press.

_____. 1999. Expectations of Modernity: Myths and Meanings of Urban Life on the Zambian Copperbelt. Berkeley and L.A.: Univ. of California Press.

Fermandois, Joaquín. 1997 Abismo y Cimiento. Gustavo Ross y las Relaciones entre Chile y Estados Unidos 1932-1938. Santiago: Ediciones Universidad Católica de Chile

Fernandez-Kelly, Maria. 1983. For We Are Sold, I and My People: Women and Industry in Mexico's Frontier. Albany: State Univ. of New York Press.

Fernandez, James. 1986. Persuasions and Performances. The Play of Tropes in Culture. Bloomington: Indiana University Press.

_____. 1996. "Relative Deprivation and the Qualities of Life: Some Once and Future Challenges to Anthropological Inquiry." Distinguished Lecture Central States Anthropological Society.

_____. 2001. "The Disease of Language and the Language of Disease."

Radcliffe-Brown Lecture.

Finn, Janet. 1999. Tracing the Veins: The Cultural Politics of Copper, Class, and Gender in Butte, Unites States and Chuquicamata, Chile. Berkeley and L.A.: University of California Press.

FLACSO. n.d. "Cuaderno de estadisticas comunales: 1ra Región de Tarapacá." Santiago: FLACSO & SUBDERE.

Foxley, Alejandro. 1983. Latin American Experiences in Neoconservative Economics. Berkeley: Univ. of California Press.

Foucault, Michel. 1992. "Governmentality," in Burchell, Graham, Collin Gordon, and Peter Miller eds., The Foucault Effect. Chicago: Univ. of Chicago Press.

Frank, Andre Gunder. 1967. Capitalism and Underdevelopment in Latin America: Historical Studies of Chile and Brazil. New York: Monthly Review Press.

Frazier, Lessie Jo. 1998. Memory and State Violence in Chile: A Historical Ethnography of Tarapacá 1890-1995. Ph.D. Dissertation. University of Michigan.

_____. 2002a "Forging Democracy and Locality: Democratization, Mental Health, and Reparations in Chile," in Montoya, Rosario, Lessie Jo Frazier and Janice Hurtig eds., Gender's Place. Feminist Anthropologies of Latin America. New York, Houndmills, Basingstoke, Hampshire (England): Palgrave Macmillan.

_____. 2002b. "Space of death," Paper presented at the Annual Meetings of the American Anthropological Association, New Orleans.

_____. 2007. Salt in the Sand. Memory, Violence, and the Nation-state in Chile, 1890 to the present. Durham and London: Duke Univ. Press.

Freud, Sigmund. 1995. "The Uncanny," in Gilman, Sander ed., Psychological Writings and Letters. New York: Continuum Press.

Friedman, Mylton. 1962. Capitalism and Freedom Chicago: University of Chicago Press.

Gazmuri, Cristián. 1992. El "48" Chileno. Igualitarios, Reformistas, Radicales, Masones, y Bomberos. Santiago: Editorial Universitaria.

Gil, Federico. 1966. The Political System of Chile. Boston: Houghton Mifflin Co.

Gellner, Ernest. 1983. Nations and Nationalism. Oxford: Blackwell.

González Miranda, Sergio. 1985. "ZOFRI: Un enclave comercial". Cuadernos de Investigación Social, Centro de Investigación de la Realidad del Norte, 1(14). Septiembre.

_____. 2002[1991]. Hombres y mujeres de la Pampa. Tarapacá en el ciclo de expansión del salitre (segunda edición). Santiago: LOM Ediciones.

Gonzalez Zenteno, Luis. 1956. Los Pampinos. Santiago: Editorial Prensa Latinoamericana S.A.

Griffith-Jones, Stephany, and Osvaldo Sunkel. 1986. Debt and Development Crisis in Latin America: The End of an Illusion. Oxford & New York: Oxford University Press.

Guerrero Cossio, Victor, Juan Podestá Arzubiaga, Francisco Pinto Madariaga, and Bernardo Guerrero Jímenez. 1990. Ganamos, Pero Nunca Tanto: Análisis del comportamiento político-electoral en Tarapacá. Iquique: El Jote Errante.

Guerrero, Bernardo. 1996. Del Chumbeque A La ZOFRI: La identidad cultural de los Iquiqueños, Tomo II. Iquique: CREAR.

_____. 2004. Las Venas de mi Ira. Jorge Soria Quiroga. Iquique: Ediciones el Jote Errante.

Guzmán, Nicomedes. 1951. La Luz Viene del Mar. Santiago: Ediciones Aconcagua.

Gwynne, R. N. 1986. "The Deindustrialization of Chile, 1974-1984," in Bulletin of Latin American Research 5:1 (1-23).

Haggard, Stephen. 1990. Pathways from the Periphery: The politics of growth in the newly industrializing countries. Ithaca: Cornell Univ. Press.

Handler, Richard. 1988. Nationalism and the Politics of Culture in Quebec. Madison: Univ. of Wisconsin Press.

Harvey, David. 1989. The Condition of Post-modernity. London: Basil Blackwell.

Hidalgo Guerrero, Raul. 1973. Breve Resumen Histórico de Tarapacá. Iquique. Unpublished manuscript.

Hirschman, Albert. 1963. Journeys Toward Progress: Studies of Economic Policy-making in Latin America. New York: The Twentieth Century Fund.

Honneth, Axel. 1995. The Struggle for Recognition. Cambridge: Polity Press.

Hubert and Marcel Mauss. 1964 [1898] Sacrifice: Its Nature and Function. Chicago: Univ. of Chicago Press.

Kelly John D., and Martha Kaplan. 2001 Represented Communities: Fiji and World Decolonization. Chicago and London: University of Chicago Press.

Klubock, Thomas. 1998. Contested Communities: Class, Politics, and Gender in the El Teniente Copper Mines in Chile. Durham: Duke University Press.

Lagos Escobar, Ricardo. 1962 [1961]. La Concentración del Poder Económico. Su Teoria. Realidad Chilena. Santiago: Editorial del Pacífico.

Lomnitz, Larissa and Ana Melnick. 1991. Chile's Middle Class. A Struggle for Survival in the Face of Neoliberalism. Boulder and London: Lynne Rienner Publishers.

Lomnitz, Claudio. 2001. Deep Mexico, Silent Mexico. St. Paul: Univ. of Minnesota Press.

_____. 1993. "Times of Crisis: Historicity, Sacrifice, and the Spectacle of Debacle in Mexico City," in Public Culture. 15 (1): 127-147.

Loveman, Brian. 1988. Chile. The Legacy of Hispanic Capitalism. 2ndEd. Oxford: Oxford Univ. Press.

Lynch, John. 1986. The Spanish American Revolutions. New York: W.W. Norton.

Lyotard, Jean François. 1984. The Postmodern Condition: A Report on Knowledge. Twin Cities and Minneapolis: The Univ. of Minnesota Press.

Martinic, Mateo. 1988. Magallanes 1921-1952: inquietud y crisis. Punta Arenas: Ediciones Prensa Austral.

Meltzoff, Sarah Keen, Michael Lemons, and Yair G. Lichtensztajn. 2001. "Voices of a Natural Prison: Tourism Development and Fisheries Management among the Political Ghosts of Pisagua, Chile," in Journal of Political Ecology 8 (45-80).

Monedero, Juan Carlos. 1995. "En donde esta el peligro... El desborde de la representación y el surgimiento de alternativas," in La nueva izquierda ei Latinoamerica.

Monteón, Michael. 1982. Chile in the Nitrate Era: The Evolution of Economic Dependence, 1880-1930. Madison: University of Wisconsin Press.

_____. 1990. "Latin America, Underdevelopment, and the Rentier State," in Crítica (2: 2) Fall. (64-76).

_____. 1993. "Exchange Rates and Political Survival in Chile During the 1930's," in Global Change, Resource Shocks and Economic History. Paper given at the Conference in the Celebration of the 125thAnniversary of The University of California. Pasadena, California.

_____. 1998. Chile and the Great Depression: The Politics of Underdevelopment, 1927-1948. Tucson: Arizona State University Center for Latin American Studies Press.

Moulian, Tómas. 1997. Chile Actual: Anatomía de un Mito. Santiago: Universidad Arcis

Nugent, David. 1996. "From devil pacts to drug deals: Commerce, unnatural accumulation and moral community in "modern" Peru," in American Ethnologist 23 (2): 258-90.

_____. 1997. Modernity at the Edge of Empire. Stanford: Stanford University Press.

Nunn, Frederick. 1976. The Military in Chilean History. Albuquerque: University of New Mexico Press.

O'Brien, Thomas. 1982. "'Rich Beyond the Dreams of Avarice': The Guggenheims in Chile," in Business History Review 63. 122-159.

Ong, Aiwa. 1987. Spirit of Resistance and Capitalist Discipline: Factory Women in Malaysia. Albany: State Univ. of New York Press.

Orlove, Benjamin and Arnold Bauer. 1997. "Chile in the Belle Epoque: Primitive Producers, Civilized Consumers," in Benjamin Orlove ed., The Allure of the Foreign. Ann Arbor: Univ. of Michigan Press.

Orlove, Benjamin. 1995. "Beyond Consumption: Meat, Sociality, Vitality and Hierarchy in 19th Century Chile," in Jonathan Friedman ed., Consumption and Identity. Berkshire, England: Harwood Academic Publishers.

Ortega Martínez, Luis, Carmen Norambuena Carrasco, Julio Pinto Vallejos, and Guillermo Bravo Acevedo. 1989. Corporación de Fomento de la Producción. 50 Años de Realizaciones 1939-1989. Santiago: Universidad de Santiago de Chile.

Peña-Torres, Julio. 1997. "The Political Economy of Fishing Regulation: The Case of Chile," in Marine Resources Economics 12: 253-280.

Pierson, Christopher. 1996. The Modern State. London and New York: Routledge.

Petras, James, and Leiva, Fernando Ignacio. 1994. Democracy and Poverty in Chile: The Limits of Electoral Politics. Boulder: Westview.

Pike, Frederick. 1963. Chile and the United States. Notre Dame: Notre Dame Univ. Press.

Pinochet, Augusto. 1978. Geopolítica de Chile. Santiago: El CID editor.

_____. 1980. El Día Decisívo. 11 de Septiembre 1973. Santiago: Editorial Andres Bello.

_____. 1990. Camino Recorrido. Biografía de un soldado. Santiago: Talleres gráficos del Instituto Geográfico Militar de Chile

Pinto Santa-Cruz, Aníbal. 1962 [1958]. Chile: Un caso de desarollo frustrado. Santiago: Editorial Universitaria.

Pinto Vallejos, Julio. 1991. A Desert Cradle: State, foreign entrepreneurs and workers in Chile's early nitrate age Tarapacá, 1870-1890. Ph.D. Dissertation, Yale University.

Pizarro, Crisostomo. 1986. La Huelga Obrera en Chile. Santiago: Ediciones SUR.

Plivier, Theodor. 1937. Revolt on the Pampas (translated by Charles Ashleigh). London: Michael Joseph Ltd.

Podestá Arzubiaga, Juan. 2004. La Invención de Tarapacá. Estado y desarollo regional en Chile. Iquique: Ediciones Campus.

Power, Margaret. 2002. Right-wing Women in Chile. Feminine Power and the Struggle Against Allende. 1964-1973. University Park: The Pennsylvania State Univ. Press.

_____. 2003. "Modernity, Politics, Science and Technology during the Popular Unity Government in Chile (1970-1973)." Paper presented at Technology, Politics and Culture Seminar, Newberry library, Chicago.

Prebisch, Raúl. 1971. Change and Development. Latin America's Great Task. Report presented to the Inter-American Bank. New York and London: Praeger.

Reck, Gregory G. 1983. "Narrative Anthropology." Anthropology and Humanism Quarterly. Vol. 8, Issue 1. 8-12. February.

Renan, Ernest. 1990 [1882]. "What is a Nation," published in Bhabha, Homi K. 1990 Nation and Narration. London and New York: Routledge.

Rios Flores, Marcelo. 1992. Política y Prospuestas de Desarollo en Arica desde 1930 a 1973. CREAR Cuaderno de Investigación Social no. 32. Iquique: El Jote Errante.

Roberts, Paul Craig, and Karen LaFollette Auraujo. 1997. The Capitalist Revolution in Latin America. New York and Oxford: Oxford Univ. Press.

Sabella, Andres. 1966. Norte Grande 1866-1936. Santiago: Editorial Orbe.

Sagredo, Rafael. 2001a. El Viaje Presidencial como Práctica Política en Chile Siglo XIX. Santiago: DIBAM and Mexico City: Colegio de Mexico.

_____. 2001b. La Gira del Presidente Balmaceda al Norte: El Inicio del "Crudo y Riguroso Invierno de su Quinquenio" Santiago: LOM Ediciones. Centro de Investigaciones Diego Barros Arrana.

Sassen, Saskia. 1991. The Global City: New York, London, Tokyo. Princeton: Princeton Univ. Press.

Sater, William, 1973. The Heroic Image in Chile: Arturo Prat, Secular Saint. Berkeley: Univ. of California Press.

_____. 1986. Chile and the War of the Pacific. Lincoln: Univ. of Nebraska Press.

Schmitter, Philippe C. 1974 "Still the Century of Corporatism?" in Pike, Fredrick, and Thomas Stritch eds., The New Corporatism. Social-Political Structures in the Iberian World. Notre Dame and London: University of Notre Dame Press.

Silva, J. Pablo. 2000. White-Collar Revolutionaries: Middle-Class Unions and the Rise of the Chilean Left, 1918-1938. Ph.D. Dissertation, University of Chicago.

Simmel, Georg. 1978 [1907]. The Philosophy of Money. New York and London: Routledge.

Skuban, William E. 2007. Lines in the Sand. Nationalism and Identity on the Peruvian-Chilean Frontier. Albuquerque: Univ. of New Mexico Press.

Smith, Adam. 1976. An Inquiry into the Nature and Causes of the Wealth of Nations. Chicago: Univ. of Chicago Press.

Spooner, Mary Helen. 1994 Soldiers in a Narrow Land: The Pinochet Regime in Chile. Berkeley and L.A.: Univ. of California Press.

Steinmetz, George. 1999. State/Culture: State-Formation after the Cultural Turn. Ithaca: Cornell Univ. Press.

Stewart, Kathleen. 1996. A Space on the Side of the Road. Cultural Poetics in an "Other" America. Princeton: Princeton Univ. Press.

Stickell, Arthur Lawrence, Jr. 1979. Migration and Mining. Labor in Northern Chile in the Nitrate Era 1880-1930. Ph.D. Dissertation Indiana University.

Sunkel, Osvaldo, and Carmen Cariola. 1990. Un Siglo de Historia Económica de Chile 1830-1930. Santiago: Editorial Universitaria.

Taussig, Michael. 1986. The Devil and Commodity Fetishism. Chapel Hill: Univ. of North Carolina Press.

———. 1992. "Maleficium: State Fetishism," in The Nervous System. New York and London: Routledge.

Taylor, Charles. 1994. "The Politics of Recognition," in Guttman, A. ed., Multiculturalism. Princeton: Princeton University Press.

Teitelboim, Volodia. 1995 [1952]. Hijo del Salitre. Santiago: LOM Ediciones.

Thoman, Richard. 1956. Free Ports and Foreign-Trade Zones. Cambridge,

Maryland: Cornell Maritime Press.

Trouillot, Michel Rolph. 2001. "The Anthropology of the State in the Age of Globalization. Close Encounters of the Deceptive Kind," in Current Anthropology Vol 42. Number 1

UNIDO, 1980. 'Export Processing Zones in developing countries," in UNIDO Working Paper on Structural Change, 19.

Van Kessel, Juan. 1992. Holocausto al Progreso: Los Aymaras de Tarapacá. La Paz: Hisbol.

Valdés, Juan Gabriel. 1995. Pinochet's Economists: The Chicago School in Chile. New York and Cambridge: Cambridge Univ. Press

Valenzuela, Arturo and J. Samuel Valenzuela. 1986. Military Rule in Chile. Dictatorship and Opposition. Baltimore and London: Johns Hopkins University Press.

Verdugo, Patricia. 2001. Chile, Pinochet, and the Caravan of Death. Miami: North-South Center Press. University of Miami.

Vial, Carlos. 1952. Cuaderno de la Realidad Nacional. Santiago: Editorial del Pacífico.

Vial, Gonzalo. 2002. Pinochet. La Biografía Tomo I. Santiago: El Mercurio Aguilar.

Villalobos, Sergio. 1979. La economía de un desierto. Santiago: Ediciones Nueva Sociedad.

Weber, Max. 1978. Economy and Society Vol. 1, ed. by Guenther Roth and Claus Wittich. Berkeley and L.A.: Univ. of California Press.

_____. 1981. General Economic History. New Brunswick and London: Transaction Books.

White, Hayden. 1987. The Content of the Form: Narrative Discourse and Historical Representation. Baltimore: Johns Hopkins Univ. Press.

Wiarda, Howard J. 1981. Corporatism and National Development in Latin America. Boulder: Westview Press.

Winn, Peter. 1986. Weavers of Revolution. The Yarur Workers and Chile's

Road to Socialism. Oxford: Oxford Univ. Press.

Wintersteen, Kristen. 2012. "Protein from the Sea. The Global Rise of Fishmeal and the Industrialization of Southeast Pacific Fisheries, 1918-1973." Working Paper No. 26. desiguALdades.net. Research Network on Interdependent Inequalities in Latin America

Wolf, Eric. 1982. Europe and the People Without History. Berkeley and L.A.: Univ. of California Press.

Zukin, Sharon. 1995. The Cultures of Cities. Oxford and Cambridge: Blackwell.

김병국 · 서병훈 · 유석춘 · 임현진 공편. 1991. 『라틴아메리카의 도전과 좌절』. 서울: 나남출판사.

이성형. 1999. 『신자유주의의 빛과 그림자. 라틴아메리카의 정치와 경제』. 서울: 한길사.

_____. 2002. 『라틴아메리카. 영원한 위기의 정치경제』. 서울: 역사비평사.

정진영. 1994. "세계화와 국민국가의 장래 -이분법적 사고의 극복을 위하여-", 『경제와사회』, 제23권 (가을호): 301-319.

조돈문. 2005. "칠레 민주정권의 신자유주의 경제정책: 다시 생각해보는 '성공신화'" 조돈문 · 이남섭 · 이내영 편. 『신자유주의 시대 라틴아메리카 시민사회의 대응과 문화변동』 서울: 오름.

조혜정. 1994. 『탈식민시대 지식인의 글 읽기 삶 읽기 2. 각자 선 자리에서』. 서울: 또하나의 문화.

_____. 2006. 「토건국가에서 돌봄 사회로」. 조한혜정 외 지음. 『가족에서 학교로, 학교에서 마을로』. 서울: 또하나의 문화.

한국문화인류학회(엮음). 2006. 『낯선 곳에서 나를 만나다』. 서울: 일조각.

찾아보기

가

가브리엘 곤살레스 비델라 155
감시 41, 195, 197-198, 209-215, 218-219, 230, 238
감시문화 41, 195, 209
검은 깃발의 시위 40, 74, 93, 102, 109-110, 114, 127, 132, 135-136, 138-139, 142-144, 163, 169
공산당 30, 32, 37, 57, 67, 74, 94, 101, 110, 133, 155, 164, 167, 254
공업자유무역지대 146, 179
공청회 90-91, 123
구리 12, 29, 38, 52, 55, 59, 83, 93, 216, 267
국가개발공사 125, 158, 169, 200
국민국가 11, 33-35, 38, 46, 54, 122, 136, 143, 268-269
군사정부 160, 165
글로리아 델루키 168, 172, 177, 180, 223
글로벌 시티 263
급진당 53, 58, 100, 107, 117, 163, 181, 190
기민당 100, 107

기예르모 로스-뮤레이 레이-킴 179, 188

나

노동운동의 요람 27, 57, 93, 101, 269
노르테 그란데 77, 80-81, 83-84, 86, 91, 96, 128
노르테 치코 83, 96
노르티노 78, 149

다

도둑질 216, 230

라

레시 조 프레이저 45, 59
리카르도 라고스 253

마

마나우스 172, 177, 197
마리오 바하몬데 97
마푸체 36-37, 67
막스 바레라 169, 223
메스티소 36, 50

면세 17-19, 33, 41, 170-171, 210, 220, 222
면세특구 17, 19, 170
명예의 빛 40, 109, 114, 121, 123, 125, 136, 269
무관세 창고법 169, 173
민족지 20-21
민주주의 수호를 위한 법 74, 133, 155
민중연합 32, 37, 57-59, 75, 82, 155, 160, 163, 176, 181, 183-185, 235
민중전선 53, 58, 182
밀레니엄 자본주의 229-230
밀수 114, 212

바

발전위원회 40, 70-71, 74-75, 87, 92-93, 95-97, 99-100, 102, 104, 106-107, 111, 114-120, 122, 124, 126-127, 129-132, 135, 137, 140-142, 144-147, 155, 172, 182, 260, 268-269
베르나르도 게레로 68, 254, 257
볼리비아 19, 30-31, 36-37, 47-50, 61, 109, 115, 131-133, 152, 185, 204-205, 207, 209, 212-213, 215, 220, 230, 240-241, 246, 248, 260, 263, 267
북방지역회의 127-128, 134

북의 힘 253

사

사용자 협회 104, 265-266
사용자 39, 104, 198, 200-202, 204, 208-225, 231-232, 236-249, 251, 265-268
사회당 32, 37, 67, 100, 107, 117, 136, 158, 163, 167, 182, 252, 257
산업공동체 125
산타마리아 학교의 대학살 30, 59, 113
산티아고 11, 30, 32, 37, 44, 56-57, 59-60, 78, 86, 93, 97, 101, 115, 118, 125, 147-148, 156, 160, 164-165, 171, 173-175, 182-183, 186, 190, 197, 199, 206, 211-212, 223-227, 232, 235, 240, 257, 263-264, 267-268
살바도르 아옌데 28, 32, 37, 163, 180-181, 235, 269
서사 22, 27, 45-46, 54, 60, 66, 73-74, 76, 92
소작농 15
소프리 17-20, 25, 30-32, 41-42, 104, 107, 145-147, 149, 167-172, 180, 195-228, 230-232, 236-251, 263-269
소프리사 17, 42, 168, 196-198, 200-202, 204, 210-213, 215,

221-225, 227, 231, 241-246, 265-266, 269

수입관세 19, 164, 168-169, 198-199, 207

스토리텔링 19, 22

시카고 보이스 162, 166

신자유주의 경제학 162

신화 29, 41, 54, 58, 107, 135, 145-146, 167, 185, 196

실직 74, 77-79, 83, 85-86, 90-92, 94-95, 126, 249

아

아르투로 프라트 13, 15, 55, 129-131

아리카 47-48, 63, 115, 153, 156, 164, 166, 174-176, 186, 266

아서 스티켈 17

아우구스토 피노체트 28, 32, 147, 176, 180

아이마라 36, 48

아타카마 12, 28-29, 47-48, 77, 96

안초베타 16

안토파가스타 12, 43, 47, 49-51, 54, 77, 85-87, 95-97, 109, 115, 127-128, 149, 152-153, 156, 158, 166, 174, 190-191

알레한드로 소리아 158, 180

알토오스피시오 230, 256

어분 16-19, 67, 142, 166, 172

어분산업 19, 67, 142, 166

에두아르도 프레이 루이스-타글레 147

에두아르도 프레이 몬탈바 180

에스노그라피 20, 22-24, 27, 39, 46

엔간차도르 79-80

엔간체 79-80

연방주의 127, 129, 134

위트만사 258

이주 13-14, 35, 52, 69, 71, 74-78, 81-82, 85-86, 91, 101, 112, 114, 124, 132, 220, 229, 259-260, 263, 267

이키케 사회발전공사 179

이키케 시 13, 30, 41, 58, 63-64, 74, 92, 95, 97-98, 100, 104-105, 112, 114, 116, 118-120, 124, 126, 130-134, 136-140, 142, 144, 148, 151, 154, 163, 168-169, 179-180, 182, 199, 201, 207, 223-224, 227, 233, 241, 246, 252, 255-256, 259, 263

이키케 해상전투 55

이키케뇨 25-26, 104, 107-108, 148, 175, 187-189, 206, 215-216, 218, 225, 227-228, 246, 249, 254, 259, 267-268

일용노동자 59, 98

자

자유무역 17, 19-20, 25, 32-33, 38-42, 54, 67, 93, 102-103, 107, 111, 113-127, 135, 140-141, 144-146, 150, 164-181, 185, 195-201, 206-207, 209-210, 212, 215, 219-222, 224, 229-230, 239-241, 243, 252, 268

자유무역지대 17, 19-20, 25, 32-33, 38-42, 54, 67, 93, 102-103, 107, 111, 114-115, 117-119, 122, 126, 135, 141, 144-146, 150, 164-181, 185, 195-201, 206, 209-210, 212, 215, 219-222, 224, 229-230, 239-241, 243, 252, 268

자유무역지대유통센터 243

자유무역항 115-118, 120-125, 127, 207

자유무역협정 19

정치문화 144

제한구역 17, 197-200, 208-213, 220-223, 249, 263

죽음의 카라반 32, 161

중산층 75, 92-93, 97, 99, 101, 106-107, 137, 143, 162, 206, 228, 230, 236, 248, 251

지방주의 41, 241, 252, 254, 256, 260

집단적 상상계 111

짙은 묘사 21

차

초석 14-16, 19, 29-32, 38, 40, 43-46, 49-61, 64, 66-97, 99, 101-102, 105-106, 108-116, 119, 121-123, 129, 135-136, 138, 140-141, 156, 163, 170, 173, 182-183, 188-189, 222, 228, 235, 246

초석 노동자 74

초석 붐 15-16, 29, 66

초석산업 19, 44-45, 49-51, 53-56, 59-61, 64, 66-69, 71-73, 75-77, 79, 81, 83-89, 92, 94-95, 101, 110-113, 116, 119, 123, 135, 170, 183, 222, 228, 246

초석캠프 73, 76, 84-85, 87, 89, 91, 93-94, 99, 188-189, 235

칠레 철도공사 170

칠레 초석공사 84

칠레 항만공사 170

카

카를로스 이바네스 델 캄포 84, 92, 163

카마로네스 164

코킴보 12, 78, 96, 115

크리오요 36

파

팜파 49, 51, 56, 61, 77, 94-95, 98-
99, 105, 109, 233

페루 19, 31, 36, 47-50, 55, 61, 63,
77, 109, 129, 132-133, 152, 156,
182, 185, 192, 204-205, 207-
209, 213, 215, 220, 224, 226,
230, 240-241, 246, 248-249,
263, 265-267

풀뿌리 민주주의 144

프리메이슨 14, 106-107, 163, 181-
182

피노체트 재단 147, 149

피노체티스타 32, 148, 150

피사과 32, 91-92, 101, 112, 124,
136, 140, 156, 161, 163-164, 174

하

호르헤 소리아 30, 41-42, 158, 179,
241, 252

후견주의 258

훌리오 핀토 바예호스 65

흥망성쇠 11, 19, 25-26, 31, 34,
38-41, 46, 66-71, 75, 92, 96,
101, 104, 108, 146, 231, 242,
246, 261, 270

사막의 기적?
칠레 북부 흥망성쇠의 문화와 지역개발신화

초판 1쇄 발행 2014년 5월 30일
　　 2쇄 발행 2015년 9월 3일

지은이 조경진
펴낸이 강수걸
편집장 권경옥
편집 양아름 문호영 정선재
펴낸곳 산지니
등록 2005년 2월 7일 제14-49호
주소 부산광역시 연제구 법원남로15번길 26 위너스빌딩 203호
전화 051-504-7070 | 팩스 051-507-7543
홈페이지 www.sanzinibook.com
전자우편 sanzini@sanzinibook.com
블로그 http://sanzinibook.tistory.com

ISBN 978-89-6545-250-8 93300